ULLSTEIN

Das Buch

Janet steht am Anfang einer Erfolg versprechenden Karriere als Radiomoderatorin. Doch plötzlich hat sie kein Gefühl mehr in ihren Beinen. Die Diagnose lautet: multiple Sklerose. Janet beschließt, das Leben mit all seinen Abenteuern noch einmal so richtig zu genießen. Sie zieht in das Land ihrer Träume – Alaska. Mit ihrer Schwäche für schwarzen Humor, kaltes Bier und gut aussehende Männer verbringt sie dort wundervolle Jahre: Sie besteigt Gletscher, geht auf Walfang, nimmt an Schlittenrennen teil, zieht am Abend durch Bars und lebt glücklich in einer kleinen Hütte ohne Elektrizität und fließendes Wasser. Doch immer wieder schlägt die Krankheit zu. Janet ist schließlich an den Rollstuhl gefesselt und muss nach Hause zurückkehren. Aber ihren unbändigen Lebenswillen hat sie sich bis heute bewahrt ...

Die Autorin

Janet Lee James war eine sehr bekannte Radiomoderatorin an der Ostküste Amerikas. Heute lebt sie schwer krank in ihrer Heimatstadt Pittsburgh, Pennsylvania. *Der Hafen meines Lebens* ist ihr erstes Buch.

Janet Lee James

Der Hafen meines Lebens

Trotz schwerer Krankheit wagt Janet
einen Neuanfang in Alaska

Aus dem Amerikanischen
von Heike Rosbach

Ullstein

Ullstein Taschenbuchverlag 2000
Der Ullstein Taschenbuchverlag ist ein Unternehmen der
Econ Ullstein List Verlag GmbH & Co. KG, München
Deutsche Erstausgabe

Titel der amerikanischen Originalausgabe: One Particular Harbor
(Noble Press, Inc., Chicago)
Übersetzung: Heike Rosbach
Redaktion: Dagmar Rosenberger
Umschlagkonzept: Lohmüller Werbeagentur GmbH & Co. KG, Berlin
Umschlaggestaltung: DYADEsign, Düsseldorf
Titelabbildung: Premium, Düsseldorf
Gesetzt aus der Galliard, Linotype
Satz: Josefine Urban – KompetenzCenter, Düsseldorf
Druck und Bindearbeiten: Clausen & Bosse, Leck
Printed in Germany
ISBN 3-548-35994-9

Dieses Buch ist in Liebe meinen Eltern gewidmet,
Richard und Anna Marie James,
meiner Schwester Cindy und meinem Bruder Richard
sowie den kleinsten, strahlendsten Lichtern
in meinem Leben,
Matthew Josua und Deborah Rose Brooks,
und Pooch.

Danksagung

Weil ich keine besonders gute Schriftstellerin bin, fiel es mir schwer, zu beschreiben, wie viel sie mir all die Jahre hindurch bedeutet hat. Ich habe nicht einmal den Versuch dazu unternommen. Stattdessen sah ich in meinen Aufzeichnungen unter »Dollie Bucci, Multiple-Sklerose-Patientin« nach und schrieb einige Worte nieder, die ihr meiner Meinung nach am besten gerecht werden. Dazu gehören: loyal, stark, mitfühlend, intelligent, zerbrechlich, entschlossen, lustig und vor allem *großzügig*. Sie wird solange ich lebe und darüber hinaus meine Freundin bleiben.

Dasselbe lässt sich über Ira und Barb Rosenblatt sagen, die ihre Freundschaft tausendfach unter Beweis gestellt haben. Sie haben mich niemals vergessen und haben mir so viel gegeben. Dr. Carole Kunkle-Miller, mit der ich seit meinem siebten Lebensjahr befreundet bin, ist seit nunmehr fünfunddreißig Jahren für mich da, und ich weiß, dass ich mein Leben lang auf sie zählen kann.

Mir ist es auch wichtig zu sagen, dass die lieben und unerschütterlichen Freunde, die in diesem Buch vorkommen – Jane Hein, Cindy DuBois Rouse, Ryan Hixenbaugh, Ron Cash, Dave Gagnon, Tony Stone und all die anderen –, mir auch heute noch zur Seite stehen und ich sie sehr liebe und schätze.

Es gibt auch neue Freunde, etwa Barbara Dockins und Bob Wellman, meine hingebungsvollen und viel geliebten Helfer; und Laura Wallencheck, eine Autorin, die mir mit ihrem verderbten Charakter und ihren Macken geholfen hat, während dieser ganzen Geschichte nicht völlig den Verstand zu verlieren.

Neben meiner engsten Familie haben mir meine »erweiterten« Familien, darunter die Lovetts und der ganze Glavinic-Clan (vor allem mein Onkel Joe, dem dies sicher gefallen hätte), sehr viel Liebe und Unterstützung gegeben.

Auf medizinischer Seite schulde ich tiefste Dankbarkeit Dr. Benjamin J. Eidelman vom Presbyterian University Hospital in Pittsburgh. Er war mein Neurologe, mein Rettungsanker und vor allem mein Freund. Doch ohne seine fähigen Assistentinnen Judy Webb und Fran Brant wäre er bloß ein genialer Arzt gewesen.

Und da gerade von Genies die Rede ist, möchte ich natürlich auch meine literarische Agentin Elizabeth Frost Knappman von New England Publishing Associates und meinen Lektor bei Noble Press, Doug Seibold, nennen. Ich weiß nicht recht, was ich an dieser Stelle sagen soll, außer dass ich euch beide liebe – und *danke.*

Andere, deren Freundschaft und bereitwillige Hilfe mir viel bedeuten, waren unter anderen Jack Bogut, die Pittsburgher Radiolegende, Bruce Van-Wyngarden, der mit leichter Hand meine Schriftstellerkarriere mit einem Blitzstart in Gang setzte, sowie Mary Weyer und der ganze Fachbereich des Department of Communications an der Clarion University of Pennsylvania, Jahrgang 1973.

Mein Dank gilt auch Ron Rukas, Chuck Blackburn, Georgie Conti Conroy und den anderen an der Physician's Pharmacy in Tarentum sowie Deborah Yakunich von National Medical Care, Patty Harpel in Anchorage, Dawn A. Marcus, M. D., Mark Rauch, Sandy Koppler, Steve Wagner, Emily (»The Bug«) Wellman, Judy Beck, Mark J. Grasak Jr. und Colleen Mc Guire.

Und schließlich danke ich den Instituten, die mir so sehr geholfen haben, darunter der Pittsburgher Gruppe des Department of Aging, dem Three Rivers Center for Independent Living, der National MS Society und vor allem dem Office of Vocational Rehabilitation. Gepriesen seien sie.

Vorbemerkung der Autorin

Als ich das Manuskript zur Veröffentlichung vorbereitete, wurde mir klar, dass gleich zu Beginn einiges über das Wesen und die Intention dieses Buches gesagt werden muss. Zunächst ist es wichtig, darauf zu verweisen, dass ich hier nur meine eigene Sicht des Geschehenen und meine persönlichen Meinungen beschreibe.

Offenbar gibt es so viele unterschiedliche Haltungen und Überzeugungen, wie es auf der Welt schwer behinderte Menschen gibt, und es wäre falsch und anmaßend, zu glauben, ich könnte auch für andere sprechen.

Außerdem muss ich betonen, dass ich als stark behinderte MS-Patientin nur eine sehr kleine Minderheit repräsentiere. Die meisten MS-Erkrankten führen über Jahre oder Jahrzehnte hinweg ein aktives und produktives Leben. Deshalb sollte niemand Angst haben, das Buch zu lesen – dass *ich*, was die Chancen anbelangt, den kürzeren Strohhalm gezogen habe, sagt absolut nichts über die Chancen von anderen MS-Erkrankten aus.

Ich erzähle diese Geschichte so wahrheitsgetreu wie möglich, aber vielleicht hat die Zeit irgendwelche Einzelheiten in meiner Erinnerung verwischt. Einige Namen und Situationen wurden aus Gründen des Persönlichkeitsschutzes und des Respekts etwas abgewandelt.

Eins

Pittsburgh, Pennsylvania
Sommer 1973

Für die Suche nach einer Anstellung als Discjockey war der Zeitpunkt lausig. Pittsburgh war damals der führende Radiomarkt, und Jobs beim Rundfunk waren sehr begehrt. Die großen Sendeanstalten wie KDKA, WDVE und WTAE zogen aus dem ganzen Land die größten Talente an und waren für eine Anfängerin wie mich uneinnehmbare Festungen. Sie gehörten zur Oberliga, und ohne einen soliden Ruf und jahrelange Erfahrung hatte man bei denen keine Chance.

Das Problem war, dass ich weder das eine noch das andere hatte. Frisch vom College gekommen hatte ich kaum etwas vorzuweisen, wenn man mal von einem brandneuen Abschluss in Kommunikationswissenschaft und sechs kurzen Monaten Erfahrung beim College-Rundfunk absieht. Und so sahen meine Aussichten auf einen Job absolut trübe aus. Und weil ich außerdem auch noch eine Frau war, sanken meine Chancen, etwas an Land zu ziehen, das auch nur entfernt an ein offenes Mikrofon erinnerte, auf den Nullpunkt.

Na und? Ich hatte früher schon oft Glück gehabt,

warum also nicht auch dieses Mal? Alles, was ich brauchte, waren ein bisschen Glück und viel Ausdauer, und früher oder später würde sich schon was ergeben. Dessen war ich mir völlig sicher. Doch bis dieser Glückstag kam, musste ich von irgendwas leben und meine Miete bezahlen. Also nahm ich vorläufig einen Vollzeitjob als Bedienung in einer Bar an, eine Fertigkeit, die ich mir in meinen glorreichen Collegetagen angeeignet hatte. Es war eine lukrative Sache, die mir einen anständigen Lebensstandard ermöglichte, während ich tagsüber Zeit hatte, mir *irgendetwas* beim Rundfunk zu suchen.

Am Anfang war ich sehr optimistisch, doch mit der Zeit erwies sich die Suche als aussichtslos. Acht lange Monate hindurch schlug ich mir den Kopf an Studiotüren an, ohne etwas zu erreichen. Schließlich gab ich niedergeschlagen und demoralisiert die Suche auf und beschloss, es anders zu versuchen.

Ich überlegte mir zunächst, einen Job bei einer Werbeagentur zu suchen, denn Werbeagenturen produzieren ja auch Spots für Radiosender. Eine Werbeagentur könnte also die Hintertür zum Rundfunk sein. Deshalb machte ich mich schnell ans Werk und begann die Möglichkeiten in der Werbewelt zu erkunden.

Typischerweise verdanke ich meinen ersten großen Durchbruch dem puren Zufall. Eines späten Samstagabends ließ sich ein unangenehmer, lässig gekleideter Salonlöwe namens Al auf einen Barhocker in meinem Bereich plumpsen und fing an, alle Frauen in Sichtweite anzubaggern. Er hatte die nervende Angewohnheit, sich unaufgefordert in jede Unterhaltung einzumischen, und alle in seiner Hörweite versuchten ihn nach besten Kräften zu ignorieren.

Schließlich kamen wir irgendwie auf das Thema zu sprechen. Als ich nebenbei erwähnte, dass ich keinen Job hätte, prahlte Al laut, ein Kumpel von ihm, ein Knabe namens Ron Cash, besitze in der Stadt eine Werbeagentur und suche gerade einen neuen Texter – eine Stelle, für die ich auch nicht im mindesten qualifiziert war.

»Himmel, Süße«, er schielte mich lüstern an, als er mir verschwörerisch Rons Telefonnummer und Adresse gab. »Mit deinen Beinen und deinen Möpsen ist Talent das *Letzte*, worüber du dir Gedanken machen musst – wenn du verstehst, was ich meine.«

So klingt ein echter Schleimer. Ich steckte das zerknitterte Papier in meine Tasche und nahm mir vor, diesen Mr. Cash gleich am Montagmorgen anzurufen, um zu sehen, ob ich ein Vorstellungsgespräch bekäme.

Ich hätte mir vermutlich keine Gedanken machen müssen. Er war ein gut aussehender, nett gekleideter Mann Mitte vierzig, doch er besaß einen unverkennbaren Sarkasmus und eine rasiermesserscharfe Zunge. Offenbar hatte ihm an diesem Morgen irgendjemand seine Laune versaut, und er war entschlossen, das an mir auszulassen. Ich konnte mir keinen unangenehmeren Brötchengeber vorstellen, aber mir war klar, dass dies meine Eintrittskarte ins Radiogeschäft war, und ich wollte den Job unbedingt. Dafür war ich auch bereit zu lügen, und frech wie Oskar zog ich das Vorstellungsgespräch durch.

Könnte er einige Werbespots, die ich in neuerer Zeit geschrieben habe, sehen? (*Werbespots? Was für Werbespots?*) Ähm, tut mir Leid, antwortete ich ausweichend, ich hätte sie leider nicht schriftlich, aber sie wären alle auf Band aufgenommen. Kein Problem, sagte er – er hätte auch einen Kassettenrekorder da. Oh. Na ja. In diesem Fall seien alle Bänder vor einiger Zeit bei einem Brand zerstört worden. Aber sie seien hervorragend gewesen und hätten mehrere wichtige Preise gewonnen. Hihi. Ich kam richtig in Fahrt. Könne ich denn auch tippen? Sicher. Wie schnell? Oh, fünf- oder sechstausend Wörter pro Minute, irgendwas in der Gegend. Wirklich? Würde es mir etwas ausmachen, das mal vorzuführen? Natürlich nur zu gerne, aber leider hätte ich mir am Vortag beide Handgelenke beim Fallschirmspringen verletzt . . .

Ich zuckte nicht ein einziges Mal mit der Wimper.

Es war ein Zeichen echter Größe, dass dieser Mann mich nicht auf der Stelle einbuchten, sondern nur drei Stunden lang kriechen ließ, bevor er mir den Job gab. Später erzählte mir Ron, er sei von meinen Lügen und meiner Frechheit so beeindruckt gewesen, dass er mich schon damals nur zu gerne zur Teilhaberin gemacht hätte, wenn ich nur auf die Idee gekommen wäre, das zu verlangen.

Ich lernte ihn zu mögen, und zwar für all das, was mir an ihm zu Anfang so sehr missfallen hatte. Seine Eigenarten waren durchweg Zeichen von Intelligenz, und sein Sarkasmus erwies sich, nachdem ich mich erst mal daran gewöhnt hatte, als witzig und geistvoll. Er behielt herzlich wenig für sich und steckte mit der Zeit alle in seiner Umgebung mit seiner besonderen Art von Wahnsinn an.

Am schwersten infiziert war sein Geschäftsführer und Hausirrer Ryan Hixenbaugh. (Klar doch, einer von den Pittsburgher Hixenbaughs.) Ryan mag aus einer wohlhabenden Familie stammen, aber eigentlich war er ein Herumtreiber. Als ich ihn kennenlernte, war er schon weit herumgekommen: kurzer Abstecher zur Handelsmarine, große Tour durch Europa, und kaum zu glauben, er war tatsächlich von zu Hause weggelaufen und hatte sich dem Zirkus angeschlossen!

Das waren Eigenschaften, die ich an einem Menschen sehr schätzte, und schon bald schlossen wir eine feste, lebenslange Freundschaft. Ryan besaß jedoch einen bizarren Humor, der mich ziemlich nervös machte, denn ich wusste nie, wann er durchbrechen würde. Eines Nachmittags standen wir an einer Straßenecke und warteten darauf, dass die Ampel auf Grün schaltete, als ein älterer Mann auf Ryan zukam und ihm auf die Schulter tippte. »Entschuldigung, Sir«, sagte er höflich. »Fahren die Stadtbusse den ganzen Tag über?« Ryan zögerte keine Sekunde, als er sich umdrehte, sich auf die Oberschenkel schlug und lossang: »Duu däh! Duu däh!« Es war eine besonders gute Kostprobe von Wahnsinn Marke Ryan, und ich muss noch immer laut loslachen, wenn ich daran denke.

Ryan und Ron trieben mir schnell die Ansicht aus, Werbung sei lediglich ein Geschäft wie jedes andere. Es war die Philosophie des Unternehmens, dass alles möglich ist, und einige unserer besten Arbeiten entstanden an unkonventionellen Orten. Wer besser denken kann, wenn er auf dem Kopf steht, na denn, bitte lass dich nicht abhalten – dafür ist das Kissen dort in der Ecke gedacht.

Ryan arbeitete am liebsten auf dem Klo, und es schien, als sei er *ständig* dort, mit einem Kaffee und einem Textbuch in der Hand. An manchen Tagen kam er überhaupt nicht raus, und ich musste ihm seine Post und sogar gelegentlich sein Mittagessen unter der Tür durchschieben.

Ron wiederum bekam überhaupt nichts auf die Reihe, wenn er keine Zuhörer hatte, und er hielt immer in seinem Büro Hof, wo er endlose »Kreativsitzungen« für den einen oder anderen Klienten leitete. Diese Brainstorming-Sitzungen konnten oft bis Mitternacht oder noch länger dauern, und bis heute erinnere ich mich gerne daran, wie wir drei uns lachend auf dem Boden herumkugelten und erst damit aufhörten, wenn uns etwas Gutes eingefallen war. Es war ein witziger, glücklicher kleiner Laden – nur Ryan, Ron und ich und ein freiberuflicher Künstler namens Jerry –, und wir vier nutzten unsere Stellung voll aus.

Eine Werbeagentur funktioniert folgendermaßen: Klienten geben einem Geld, damit man für sie Werbespots erstellt und diese dann bei den passenden Rundfunk- und Fernsehsendern platziert. In manchen Fällen können sich diese Etats auf mehrere hunderttausend Mark im Jahr belaufen, und natürlich will jeder Sender ein großes Stück vom Kuchen haben. Das ist der Punkt, an dem es interessant wird.

Die Radio- und Fernsehsender waren bekannt dafür, junge gut aussehende Männer und Frauen als Verkaufsrepräsentanten zu beschäftigen, und bei uns riefen täglich ganze Heerscharen von denen an. Es war ihre Aufgabe, uns Geschenke vorbeizubringen, uns zum Essen auszuführen und dafür zu sorgen, dass unsere Allerwertesten sich wohl fühlten und fortwährend geküsst wurden. Unvermeidlich gingen unser privates und unser berufliches Leben ineinander über, und besonders Ryan und ich trieben es auf die Spitze. Es war, als hätte man Zugang zu einem privaten exklusiven Verabredungsservice, und das Leben bestand bald nur noch aus einer endlosen Reihe von geschäftlichen Mittagessen, Abendessen, Partys und Festen.

Doch abgesehen von dem großartigen gesellschaftlichen Leben, war für mich das Beste an dem Job der freie und unmittelbare Zugang, den ich nun zu jedem Rundfunk- und Fernsehsender in der Stadt hatte. Bloß sechs Monate zuvor kam ich nicht mal über die Anmeldung hinaus, und jetzt war ich überall willkommen. Ich war so glücklich wie noch nie, so auf du und du mit den lokalen Stars. Ich liebte jede Minute dieses Lebens und wünschte, dass es niemals aufhören würde.

****

In den letzten Monaten allerdings begann ich zu spüren, dass in meinem Körper etwas Sonderbares vor sich ging. Es war nichts Spezielles, und mit Sicherheit nichts, was ich konkret hätte beschreiben können, doch gelegentlich fühlte ich mich ein wenig aus dem Gleichgewicht geraten und abgekoppelt, so als würde ich neben mir und dem Rest der Welt stehen. Es war seltsam und schon etwas beunruhigend, vor allem weil ich keinen Grund dafür finden konnte, warum ich mich so fühlte, wie ich mich fühlte.

Und da war noch etwas. Eines frühen Morgens im Juni trocknete ich mich gerade nach dem Duschen ab, als mir eine ungewöhnliche Empfindung auffiel. Das Handtuch war weich und flauschig, aber auf meiner Haut kratzte und rieb es, als wäre es aus Schmirgelpapier. Außerdem fühlte sich mein linkes Bein irgendwie taub an und brannte und prickelte gleichzeitig, als wäre es eingeschlafen. Ich schlug ein- oder zweimal auf das Bein in der Hoffnung, es würde aufwachen und wieder normal werden, aber das seltsame Gefühl hielt an.

Erst ein paar Stunden später ließ die Taubheit nach, und ich war in der Lage, meiner Arbeit nachzugehen, als sei nichts geschehen. Doch in den folgenden Wochen passierte ein halbes Dutzend ähnlicher Vorfälle, und es wurde immer schwerer, sie zu ignorieren. Dann und wann stieß ich gegen ein Möbelstück oder stolperte ohne ersichtlichen Grund über meine eigenen Füße, und es dauerte nicht lange, bis ich mir wie ein Trampel vorkam. Ich weiß heute, dass ich jemandem hätte erzählen sollen, was da geschah, aber ich hielt den Mund und hoffte, das Problem werde sich von selbst in Luft auflösen.

Doch das tat es natürlich nicht, und die Lage spitzte sich zu, als ich an einem Nachmittag im Oktober von einer Aufnahmesitzung bei KDKA, nur einen kurzen Marsch quer durch den Park von unserem Büro entfernt, zurückging. Ich lief so vor mich hin und genoss die frische Herbstluft, als auf einmal mein linkes

Bein unter mir nachgab und ich auf dem Beton aufschlug – hart.

Ich lag einen Augenblick lang benommen und verwirrt auf dem Boden und versuchte dahinter zu kommen, was passiert war. Meine Strümpfe waren zerrissen, mein Knie blutete, und meine Schulter schmerzte wie verrückt. Ich stand vorsichtig auf und probierte, mein Bein zu belasten. Ich konnte auftreten und humpelte zurück ins Büro.

Als ich dort ankam, waren alle zum Mittagessen gegangen, und das Büro war verlassen. Ich sah auf dem Telefon nach, ob Anrufe eingegangen waren, und ging dann zum Klo, um mich zu säubern. Nachdem ich mein Knie verbunden und ein Paar neue Strümpfe angezogen hatte, setzte ich mich auf die Kloschüssel, und da begann ich dann *wirklich*, mir Sorgen zu machen. Um es so feinfühlig wie möglich auszudrücken: Ich konnte *hören*, was geschah, aber ich konnte überhaupt nichts *spüren*. Es war, als sei ich im Inneren völlig taub.

Die Sache wurde immer komischer. Ich ging zurück zu meinem Schreibtisch und setzte mich zitternd hin, um einen klaren Gedanken zu fassen. Plötzlich, ohne jede Vorwarnung, begann mein linkes Auge unkontrollierbar herumzuzucken, und der ganze Raum verschwamm und schien sich zu drehen. *Was geschah mit mir?* Sobald ich wieder klar sehen konnte und das Gleichgewicht wiedererlangt hatte, dachte ich, jetzt reicht es. Ich hob den Telefonhörer ab, um unseren Hausarzt anzurufen.

Zum Glück war er in seinem Büro, und ich erzählte ihm alles, was mir in den letzten paar Monaten passiert war. Er hörte aufmerksam zu und pflichtete mir bei, dass es sich vermutlich um etwas Harmloses handeln würde, wie einen eingeklemmten Nerv oder einen gewöhnlichen Schwindelanfall.

»Sie haben wahrscheinlich Recht«, sagte er betont unbesorgt. »Aber ich möchte, dass Sie sofort zu mir ins Krankenhaus kommen, damit ich Sie mir ansehen kann.«

Ich erklärte, ich müsse bis fünf arbeiten und könnte danach kommen, wenn er das wirklich für nötig halte.

»Sie hören mir nicht zu«, sagte er jetzt gereizt. »Fünf Uhr ist nicht bald genug. In einer Stunde ist nicht bald genug. Ich möchte, dass Sie alles stehen und liegen lassen und auf der Stelle herkommen. Jetzt sofort.«

»Aber –«

»Ich sagte *jetzt sofort.*«

Schon gut. Er konnte einem manchmal wirklich auf die Nerven gehen. Ich rief meine Mutter an und erzählte ihr, was los war, ließ eine Notiz für Ron da und war innerhalb von zehn Minuten auf dem Weg ins Krankenhaus.

****

Wir trafen uns in der Notaufnahme, und ich kletterte auf einen dieser Tische, damit er mit seiner Untersuchung anfangen konnte. Er hatte sein ernstes Doktorgesicht aufgesetzt und sagte nicht viel, während er mit einer Nadel in mein Bein piekste. Ob ich das fühlen könne? Ja, verdammt, ich konnte das ganz prima fühlen. Ob ich mit den Zehen wackeln könne? Meine Nase berühren? Eine Faust machen? Ja, ja, tausendmal ja, antwortete ich genervt. Alles funktioniert bestens, kann ich jetzt bitte nach Hause gehen?

Nein, konnte ich nicht. Alles schien in Ordnung zu sein, doch er wollte mich für ein paar Tage dabehalten und einige Untersuchungen durchführen, nur zur Sicherheit.

»Sicherheit über was?«, fragte ich.

»Zur Sicherheit, dass alles wirklich in Ordnung ist.«

»Welche Art von Untersuchungen?«, wollte ich wissen.

»Nur Untersuchungen, und hören Sie mit der Fragerei auf.«

Er befahl mir zu bleiben, wo ich war, und verschwand, um die Aufnahme anzurufen, damit ich ein Bett bekam.

Ich war vorher noch nie in ein Krankenhaus aufgenommen worden und war überrascht, wie lange das dauerte. Es gab alle möglichen Formulare und Papiere auszufüllen, und erst fast eine Stunde später kam eine Eskorte, um mich in mein Zimmer zu bringen – eine kleine heruntergekommene Zelle, die definitiv schon bessere Tage gesehen hatte.

Das Bett war zwischen der Tür und einem verbeulten alten Nachttisch eingeklemmt und von fleckigen gelben Vorhängen umgeben, die an Ketten von der Decke hingen. Die Wände waren in amtlichem Braun gestrichen – einem schlammigen Schokoladenbraun unten und in einem dreckigen, abblätternden Beige oben. Selbst der Boden und die Decke hatten diesen matten Braunton. Die Fenster waren mit schweren, fadenscheinigen Übergardinen versehen und gingen auf die abweisende Fassade der psychiatrischen Klinik auf der anderen Straßenseite hinaus. Dieser Raum war ein unschlagbares Argument für ein staatliches Gesundheitswesen.

Das Ganze war fürchterlich deprimierend, und Mame, der Stationsschwester, war meine Einquartierung sichtlich peinlich.

»Willkommen im Braunen Loch von Kalkutta«, seufzte sie schwer. »Legen Sie einfach Ihre Sachen aufs Bett; es wird gleich jemand kommen und Ihnen helfen, sich einzurichten. Das mit dem Zimmer tut mir Leid, aber wir sind knapp mit Betten und das hier ist als Einziges frei.«

Ich sagte, es sähe aus, als ob es früher die Isolierstation eines Irrenhaus gewesen sei, und sie räumte ein, das sei vermutlich auch der Fall gewesen. Als sie sicher war, dass ich alles hatte, was ich brauchte, wünschte sie mir Glück und ging ins Stationszimmer zurück. Es gab nicht viel zu tun oder zu sehen, deshalb setzte ich mich aufs Bett und blätterte lustlos in einer Zeitschrift, während ich darauf wartete, dass der Arzt und meine Eltern kamen.

Meine Eltern erschienen als Erste und waren genauso durcheinander wie ich. Warum war ich im Krankenhaus? Und warum hatte ich von alldem nicht schon früher etwas gesagt? Ich erzählte ihnen, was ich wusste, und erklärte, dass die Symptome vorher nicht erwähnenswert gewesen seien. Die Frage, warum ich hier war, müssten sie dem Arzt stellen, denn ich wüsste es nun wirklich auf Teufel komm raus nicht.

Als der Arzt schließlich kam, äußerte er sich ihnen gegenüber genauso vage wie bei mir. Er erklärte nochmals, ich sei wahrscheinlich nicht krank, aber er wolle einfach kein Risiko eingehen. Außerdem würde es mich nicht umbringen, wenn ich ein paar Tage hier bliebe, während er einige Untersuchungen durchführe, oder? Ich musste ihm beipflichten, doch die Aussicht, noch länger in diesem Zimmer bleiben zu müssen, wurde dadurch nicht erträglicher. Er verabschiedete sich mit den Worten, wir würden gleich am nächsten Morgen anfangen.

****

Die erste Untersuchungsreihe war nicht allzu schlimm. Ich drehte die meiste Zeit des Tages über Däumchen und zollte dem Krankenhaus Tribut in Form von Röntgen, Bluttests, EKGs und Ähnlichem. Nichts Besonderes, nur das Standardprogramm, das alle durchlaufen müssen. Der härteste Teil war für mich, eine Urinprobe abgeben zu müssen, und ich fragte mich, wann wir wohl zu den *eigentlichen* Untersuchungen kommen würden. Bestimmt schwebte dem Arzt doch noch etwas Ausgefalleneres vor.

Um fünf Uhr kam ich in mein Zimmer zurück und war wie vom Donner gerührt, als ich sah, was da auf mich wartete. Zwei Dutzend Blumensträuße waren geliefert und auf Fensterbrettern, Tischen, Tabletts und sogar auf dem Bett abgestellt worden. Ich fand es großartig – so viel Anteilnahme, und ich war nicht einmal krank! Es gab Blumen von der Familie und von Freunden, aber die meisten stammten von verschiedenen Rundfunk- und Fernsehsendern. In diesem Moment begann ich meinen Job so richtig zu lieben. Die Schwestern waren begeistert und halfen mir sogar, alles so umzustellen, dass ich Platz hatte, ins Bett zu gehen und mein Abendessen zu mir zu nehmen.

Mama und Papa kamen gegen sieben zusammen mit meiner jüngeren Schwester Cindy und meinem Bruder Rich. Wir lachten gemeinsam über die Blumen und saßen da und unterhielten uns, bis einige Freunde von mir auftauchten, um hallo zu sagen. Es ging mir gut, und ich fand, dass ein Aufenthalt im Krankenhaus gar nicht so übel ist, solange einem nichts fehlt. Um ehrlich zu sein bedauerte ich fast, dass ich das alles am nächsten Tag verlassen würde. Doch es sollte ganz anders kommen.

Früh am nächsten Morgen betrat der Arzt mein Zimmer und sagte, er habe eine weitere Untersuchung für mich angeordnet, etwas mit der Bezeichnung Myelogramm. Doch die Radiologie sei ausgebucht und könnte sie erst am nächsten Tag durchführen. Das würde weitere achtundvierzig Stunden im Krankenhaus bedeuten, aber er brauche die Untersuchung wirklich. Ob ich bleiben würde? Ich sagte, das gehe in Ordnung, wollte aber natürlich vorher wissen, was genau ein Myelogramm sei. Er erklärte mir, dass während der Prozedur ein Kontrastmittel in den Liquor um mein Rückenmark injiziert wird, das zeigt, ob da drinnen irgendetwas nicht in Ordnung ist. Das hörte sich für mich ziemlich schmerzhaft an, und als der Arzt gegangen war, fragte ich eine der Schwestern, wie das wäre.

Sie versicherte mir, es sei keine große Sache und gehöre fast zur Routine in Fällen wie meinem. Also kein Grund nervös zu sein. Das genügte mir, und ich verbrachte den Rest des Tages damit, mich zu entspannen und mich am Telefon mit Freunden zu unterhalten. Ab und zu kamen neue Blumen, und jemand meinte, in meinem Zimmer sehe es langsam wie bei der Beerdigung eines ausländischen Staatsoberhauptes aus.

****

Die Myelographie hätte mir den ersten Hinweis liefern müssen, dass mit mir tatsächlich etwas nicht in Ordnung war. Um halb acht am nächsten Morgen erschien ein Mann aus der Radiologie mit einem Klemmbrett und einem ganzen Bündel Papieren, die ich unterschreiben musste. Eine Myelographie gilt als chirurgischer Eingriff, und gleichzeitig sollte auch eine Lumbal- oder Rückenmarkspunktion vorgenommen werden. Deshalb sollte ich bescheinigen, dass mir die Risiken bekannt sind, und eine Verzichtserklärung wie bei einer richtigen Operation unterschreiben.

Ich unterschrieb alles, ohne auch nur eine Zeile davon zu lesen, und versuchte nicht zuzuhören, als der Arzt mir sehr detailliert erklärte, was später an diesem Morgen mit mir geschehen würde. Ich wollte bloß wissen, ob es wehtun würde.

»Nein ...«, sagte er zögernd und sah seitwärts aus dem Fenster. »Es tut nicht ... sehr weh.«

»Ach du Scheiße«, war alles, was mir dazu einfiel.

Genau in dem Moment kam eine Schwester mit einem dieser rückenfreien Krankenhauskittel und bat mich hineinzuschlüpfen. Ich zog ihn an und wartete dann auf die Eskorte, die mit mir im obligatorischen

Rollstuhl den langen Weg nach unten in die Radiologie antreten sollte. Allmählich beherrschte ich die Krankenhausroutine im Schlaf.

Der Röntgenraum war nicht sonderlich groß und mit allen möglichen Geräten, den Schwestern, einem Arzt und vier oder fünf Technikern vollgestopft. In der Mitte stand ein riesiger Metalltisch, und über diesem hing eine riesige, unheimlich aussehende Maschine von der Decke. Langsam fühlte ich mich etwas unbehaglich. Der Arzt, ein Radiologe, stellte sich mir vor und forderte mich dann auf, auf den Tisch zu klettern und mich auf den Bauch zu legen. Der Tisch war kalt und hart und unbequem, doch ich konnte nichts weiter tun, als mich still zu verhalten, während die anderen in Aktion traten.

Am Kopfende des Tisches befand sich ein schraubstockähnlicher Apparat, und während eine Schwester meinen Kopf darin fixierte, begann eine andere mich festzuschnallen. Über meine Schultern, Hüften und Knie wurden Gurte gelegt, dann festgezogen und am Tisch verankert. Als sie damit fertig waren, konnte ich mich nicht mehr bewegen.

Ich mochte dieses Gefühl ganz und gar nicht. Es war, als ob man mir jede Kontrolle entzogen hätte. Ich war gefangen in einem Prozess, den ich nicht mehr stoppen konnte. Ich schloss die Augen, holte ein paar Mal tief Luft und versuchte mich zu entspannen, während sie mit ihren Vorbereitungen weitermachten. Jemand rieb meinen Rücken sorgfältig mit einem Desinfektionsmittel ein und übergoss dann eine Stelle mit Betadine. Schließlich wurden über meine Schultern und meinen

Rücken sterile Tücher gelegt, die nur noch eine kleine Stelle für den Eingriff frei ließen.

Als Nächstes bekam ich eine örtliche Betäubung. Ich spürte drei oder vier heftige Stiche und dann ein heißes, brennendes Gefühl, als das Betäubungsmittel zu wirken begann. Innerhalb weniger Minuten konnte ich überhaupt nichts mehr spüren, und ich schlug die Augen auf, um zu sehen, was der Arzt als Nächstes tun würde.

Ich dachte, das muss ein Albtraum sein, als ich eine fünfzig Zentimeter lange Nadel in seiner Hand sah. Vorsichtig füllte er irgendetwas in die Spritze, und als er sich umdrehte und sie ins Licht hielt, fiel ich fast in Ohnmacht. Nicht um alles in der Welt würde er mir dieses Ding in den Rücken stechen. Ich fing an zu schreien. Laut.

Er schenkte meinem Getobe keinerlei Aufmerksamkeit, ging an die Längsseite des Tisches und begann mein Rückgrat abzutasten.

»Wir sind jetzt so weit, Miss James. Ich werde die Nadel zwischen zwei Wirbeln einführen und ein wenig Kontrastmittel in die Flüssigkeit, die Ihr Rückenmark umgibt, injizieren. Versuchen Sie bitte, sich zu entspannen. Es wird überhaupt nicht wehtun.«

Zur Hölle, genau das würde es! Plötzlich fühlte es sich an, als würde mein ganzer Rücken nachgeben, während der Arzt langsam die Kanüle einführte. Ich stöhnte unwillkürlich auf, und eine Schwester griff nach meiner Hand und begann beruhigend auf mich einzureden.

»Es ist jetzt vorbei, das Schlimmste ist geschafft. Bewegen Sie sich nicht. Bleiben Sie vollkommen ruhig liegen. Holen Sie tief Luft und entspannen Sie sich. Der Druck

lässt jetzt nach, nicht bewegen, nicht bewegen, nicht bewegen ...«

Das machte sie ungefähr eine halbe Stunde lang, und es war tatsächlich besänftigend. Ich kam mir immer noch vor wie ein aufgespießter Schmetterling, doch ich versuchte, mich zu entspannen und es irgendwie durchzustehen. Aus dem Augenwinkel konnte ich den Leuchtschirm sehen, und obwohl ich wusste, dass ich nicht hinschauen sollte, konnte ich nicht widerstehen. Wie oft hat man schon die Möglichkeit, sein eigenes Inneres zu betrachten?

Es war scheußlich und faszinierend zugleich. Ich konnte die Nadelspitze zwischen zwei Wirbeln stecken sehen und beobachtete gebannt, wie sich das Kontrastmittel in der klaren Rückenmarksflüssigkeit ausbreitete. Bald war der ganze Raum mit dem Mittel gefüllt, und das Rückenmark wurde ganz deutlich auf dem Monitor sichtbar. Mein eigenes Rückenmark! Alle Qual war in diesem Moment vergessen, als ich wie hypnotisiert auf den Bildschirm starrte.

Ich hörte ein Surren und merkte, dass sich der Tisch bewegte. Ich wurde mit dem Kopf nach unten aufgestellt und verfolgte am Schirm, wie das Kontrastmittel langsam mein Rückgrat entlang nach oben lief und mehr und mehr vom Rückenmark zeigte, bis es an meinem Schädel angelangt war. Der Tisch blieb einige Sekunden lang in dieser Position, während der Röntgenapparat klickte. Dann schwenkte er langsam in die entgegengesetzte Richtung. Bald befand sich mein Kopf wieder über meinen Füßen und das Kontrastmittel floss am Rückgrat entlang zurück nach unten.

Ich achtete genau auf das Bild auf dem Monitor und suchte nach irgendwelchen sichtbaren Unregelmäßigkeiten. Für mich sah alles ganz in Ordnung aus, doch was verstand ich schon davon? Als der Tisch in die Senkrechte ging, fühlte ich mich im Kopf ein bisschen wattig und schwindlig. Ich muss einige Minuten lang weggetreten sein, denn als Nächstes kann ich mich nur noch daran erinnern, dass der Tisch und ich wieder in der waagrechten Ausgangsstellung waren. Auf dem Monitor sah ich, wie das Kontrastmittel in die Spritze zurückgezogen wurde und wie die Nadel langsam und vorsichtig herausgeholt wurde.

Es war vorbei. Der Arzt beglückwünschte mich, vom Schreien einmal abgesehen, zu meiner Tapferkeit, während die Schwestern die Gurte lösten und meinen Kopf befreiten. Ich fragte ihn, ob er mir zu dem gerade Gesehenen irgendetwas sagen könne. Er verneinte. Ich würde die Ergebnisse mit meinem eigenen Arzt besprechen müssen, sobald dieser die Aufnahmen ausgewertet habe. Das hatte ich mir schon gedacht.

Diesmal wartete auf mich kein Rollstuhl. Stattdessen drehten mich die Schwestern auf den Rücken und hoben mich dann für die Reise nach oben in mein Zimmer sanft auf eine Trage. Als ich dort eintraf, wartete bereits ein Schwesternteam auf mich, um mich von der Trage in mein Bett zu heben. Danach scharten sich meine Eltern und der Arzt um mich. Sie waren alle begierig zu erfahren, wie es gelaufen war und wie ich mich fühlte.

»Ich fühle mich ganz gut, aber mein Kopf tut ein bisschen weh«, sagte ich müde.

»Das ist gut. Vollkommen normal«, sagte der Arzt zufrieden. »Sie müssen jetzt rund acht Stunden völlig bewegungslos flach liegen, bis sich alles wieder normalisiert hat. Wenn die Kopfschmerzen schlimmer werden, rufen Sie die Schwester, und sie wird Ihnen etwas dagegen geben. Ich werde morgen wiederkommen und mit Ihnen die Ergebnisse durchsprechen. Aber jetzt liegen Sie bitte still und heben Sie unter keinen Umständen den Kopf.«

Fünfzehn Sekunden später krachte ein Güterzug in meinen Schädel. Ich schoss schreiend aus dem Bett hoch, und meine Mutter rannte los, um eine Schwester zu holen. Ich spürte einen kurzen Einstich, und einen Augenblick danach übernahm die süße Wonne des Schmerzmittels die Kontrolle und sandte Wellen der Erleichterung durch meine Venen. Meine Eltern blieben die folgenden acht Stunden bei mir, bis das Schlimmste vorüber war und ich endlich einschlief.

Als mich die Schwester am folgenden Morgen um acht Uhr weckte, fühlte ich mich schon entschieden besser. Der Kopfschmerz hatte sich zu einem dumpfen Klopfen vermindert. Dagegen würde ich später noch ein Schmerzmittel bekommen, versicherte mir die Schwester.

»Aber jetzt beeilen Sie sich besser und machen sich fertig. Wir haben gerade einen Anruf von der Rehabilitation bekommen, und die wollen Sie sofort dort unten haben.«

Das war eine großartige Neuigkeit. Ich hatte wunderbare Geschichten über die Reha und die beruhigenden

Massagen und warmen Bäder im Whirlpool gehört. Und nun sah es so aus, als sei ich an der Reihe damit. Vielleicht wollte sich das Krankenhaus auf diese Weise für die Myelographie entschuldigen. Ich warf rasch einen frischen Krankenhauskittel über und wartete ungeduldig auf die Eskorte, die mich zu meiner Belohnung bringen sollte.

Auf dem Weg kamen wir an mehreren Hydrotherapieräumen vorbei, doch anstatt einen von ihnen zu betreten, führte sie mich zu einer Warteecke in der Halle und ließ mich allein gegenüber einer Tür, auf der »Elektromyographie« stand. Es dauerte nicht lange, bis die Tür aufging, und ein Arzt, den ich noch nie gesehen hatte, bat mich hereinzukommen. Oh nein, dachte ich bei mir, was kommt jetzt? Es war ein winzig kleiner Raum, eigentlich eher ein Schrank, und die einzigen Gegenstände darin waren ein niedriger gepolsterter Tisch und ein kompliziert wirkender Apparat rechts daneben an der Wand. Der Arzt stellte sich vor und sagte, er würde die Untersuchung, ein Elektromyogramm oder EMG, vornehmen.

»Was ist mit dem Bad im Whirlpool?«, fragte ich.

Er meinte, er wisse nichts von einem Whirlpoolbad, doch wenn ich mich bitte auf den Tisch legen würde, könnten wir anfangen. Er sah aus wie ein Mensch, dem man vertrauen kann, also nahm ich meinen Mut zusammen und stellte ihm die gefürchtete Frage.

»Wird es wehtun?«, fragte ich ängstlich.

»Ja . . .«, sagte er vorsichtig. »Es wird weh tun.«

Ich legte mich auf den Tisch, starrte fest an die Decke und versuchte, mich innerlich von dem, was da folgen sollte, loszulösen. Ich redete mir ein, dass nichts so schlimm sein könne wie die Sache am Vortag. Der Arzt war mit dem Apparat beschäftigt, und keiner von uns sagte ein Wort, während er an unzähligen Drehknöpfen und Schaltern herumfummelte. Mehrere lange Minuten verstrichen, und als er sich umdrehte und mich anblickte, hielt er in seinen Händen eine Unmenge von Elektroden. Jede hing an einem langen schwarzen Kabel, das wiederum mit dem bedrohlichen Apparat verbunden war.

Wortlos trat er an den Tisch und begann die großen runden Pflaster exakt an sorgfältig ausgewählten Punkten auf meinem rechten Arm zu befestigen – jeweils einen an meiner Schulter, meinem Ellbogen und meinem Handgelenk. Elektrizität hat mir schon immer Angst eingejagt, und allmählich wurde mir etwas mulmig. Doch als ich gerade den Mund aufmachte, um zu fragen, was da vor sich ging, griff er hinter seinen Rücken und legte schnell einen Schalter um.

Einige Sekunden lang hielt ich den Atem an und wartete. Die Maschine fing an ruhig zu surren, und ein weiches prickelndes Gefühl schoss durch meinen Arm. Dann plötzlich explodierten meine Sinne wie ein weißglühender Blitz, als meinem Empfinden nach hundert Trillionen Volt in meine Schulter krachten und in einem sengenden Bogen geradewegs bis in meine Fingerspitzen hinunterschossen. Mein Kopf schlug hart gegen den Tisch, und ich biss mir auf die Lippe, um nicht loszuheulen, als der Apparat noch elfmal seine Ladung in meinen Arm jagte, wobei jeder neue Stoß stärker war als der vorherige.

Als der letzte Stromstoß vorbei war, blutete meine Unterlippe, und ich lag schlaff und wimmernd da. Unfähig, mich zu wehren, merkte ich, wie drei weitere Elektroden an meiner Leiste, meinem Knie und meinem Knöchel befestigt wurden. Bevor ich noch die Zeit fand zu protestieren, ging die Tortur von neuem los, diesmal sogar noch stärker. Als die Wellen an Intensität zunahmen, begann mein Bein wild auf dem Tisch zu zucken, und meine Füße fühlten sich an, als ob sie brannten. In dem verzweifelten Versuch, *irgendetwas* zu tun, um den Schmerz zu lindern, griff ich nach einem Kissen, drückte es mir fest auf den Mund und fing an zu schreien.

Dann war plötzlich Gott sei Dank alles vorbei. Als die letzte Elektrode entfernt war, setzte ich mich zitternd auf. Ich kroch, jede fremde Hilfe ablehnend, vom Tisch und setzte mich in den wartenden Rollstuhl. Ich schleuderte den Stuhl herum, riss die Tür auf und schoss ohne einen Blick zurück die Halle hinunter zum Lift. Ich wartete nicht mal auf eine Begleitperson.

Als ich in mein Zimmer rollte, fuhr ich beinahe Mame, die Schwester, über den Haufen, die gerade hinaus wollte. Sie muss meinen Gesichtsausdruck bemerkt haben, denn dieses eine Mal sagte sie gar nichts und verzog sich. Ich zog die Vorhänge um mein Bett zu, kletterte aus dem Rollstuhl und fiel – mich endlich dem Schmerz und der Wut überlassend – schluchzend in mein Bett.

Eine Stunde später schaute mein Arzt mit einem belämmerten Ausdruck im Gesicht vorbei.

»Es tut mir Leid wegen des EMGs«, sagte er zögernd.

»Ich weiß, dass es heftig sein kann, doch wir mussten es machen.«

Ich widerstand dem Impuls, ihm den Kopf abzureißen, und starrte ihn einfach nur an, als ich ihn fragte: »Warum?«

»Das EMG ist ein Nerven-Funktionstest, und ich musste wissen, ob Ihre Nerven die Impulse richtig weiterleiten.«

»Und? Tun sie es?«

»Nein.«

Großartig. Das war genau das, was ich hören wollte.

»Schauen Sie«, sagte ich gereizt, »ich denke, es ist an der Zeit, dass wir beide uns ein wenig unterhalten.« Ich fing an, die Geduld zu verlieren, mit ihm im Besonderen und mit den Medizinern im Allgemeinen.

»Noch nicht«, wich er aus. »Ich muss mir erst noch einige andere Untersuchungsergebnisse ansehen. Ich werde das heute am Spätnachmittag tun, und am Montagmorgen komme ich, um mit Ihnen alles durchzugehen. In der Zwischenzeit versuchen Sie doch einfach, sich zu entspannen und sich nicht allzu viele Sorgen zu machen. Ich sehe Sie dann.«

Und damit war er verschwunden. Das würde ein langes, langes Wochenende werden.

****

Wie versprochen, führte er die Prozession an, die früh am Montagmorgen in mein Zimmer marschiert kam. Dies war ein Lehrkrankenhaus, und wohin er ging, folgten ihm in einer langen weißen Reihe sechs oder sieben

Krankenhausärzte und Medizinstudenten. Ich hatte fast alle in den vergangenen sieben Tagen ganz gut kennen gelernt, und zumeist waren sie für ein oder zwei Lacher gut. Aber nun sagte keiner auch nur ein Wort, und alle vermieden es, mir direkt in die Augen zu blicken.

In diesem unbehaglichen Schweigen hefteten meine Augen sich fest auf die Hände des Arztes, als er sich durch die endlosen Seiten meines Krankenblatts arbeitete. Warum waren sie mir zuvor nicht aufgefallen? Es waren wunderschöne Hände – sanft, fürsorglich, Arzthände.

Er schloss das Krankenblatt und setzte sich neben mich auf das Bett, während die Krankenhausärzte näher heranrückten und um mich einen beschützenden Kreis bildeten. Noch immer wurde nicht gesprochen. Er nahm meine Hand, räusperte sich und sprach dann rasch und ohne Umschweife die Worte, die für immer alles verändern sollten.

»Wir vermuten multiple Sklerose.«

Weiß. Alles ist weiß, und ich kann nichts sehen und nichts hören, und wenn ich nicht bald anfange zu atmen, werde ich mit Sicherheit sterben. Desorientiert, abgekoppelt falle ich nach vorne, in der Hoffnung, es wird wehtun. Es muss wehtun. Ich muss etwas, irgendetwas spüren. Da liegt ein Arm um meine Schultern. Gut. Das fühlt sich gut an. Menschen reden, immer weiter, immer weiter, aber das alles sind für mich nur Wörter. Wörter wie Seifenblasen, die über meinem Kopf in der Luft schweben, sich nie niederlassen, nie richtig verbinden. Jemand berührt meine

Hand, mein Haar, mein Gesicht, und schließlich sind sie fort.

Ich saß allein in der Stille des leeren Zimmers und dachte nach. Ist es das? Ist das alles? Es war so einfach. Vier kleine Wörter, und nichts ist mehr dasselbe wie vorher. Zack, Sie sind ein Krüppel, gnädige Frau. Es tut mir schrecklich Leid, aber das ist nun Sache für den Rest Ihres Lebens. Haben Sie darüber schon mal nachgedacht?

Nachgedacht? Ich kann nicht nachdenken. Ich muss hier weg, einfach gehen. Es gibt so viel zu tun und vielleicht keine Zeit dafür. Wie viel Uhr ist es? Ich muss es wissen. Ich schreie: »WIE VIEL UHR IST ES?«, und eine Schwester kommt angerannt. Sie fängt mich auf, und ich breche weinend an ihr zusammen. Weinen ist gut, sagt sie, es ist gut, wenn ich es einfach herauslasse, alles herauslasse.

»Es ist in Ordnung«, sagte ich, »es geht mir wieder besser. Das war alles nur ein Scherz, nichts weiter als ein alberner dummer Ulk – einer jener Streiche, die Ärzte immer ihren Patienten spielen, damit es ihnen nicht langweilig wird.«

»Nein«, antwortete sie sanft, »das ist keineswegs ein Streich. Es ist wirklich wahr, und es tut mir Leid. Wirklich, aufrichtig Leid.«

Irgendwo schaltete etwas in mir um. *Leid für was? Was ist, wenn es stimmt? Das wird nicht eine einzige Sache an meinem Leben ändern. Weiß sie denn nicht, wer ich bin? Weiß sie denn nicht, dass ich etwas Besonderes bin? Himmel, und wenn sie es mir in roten Lettern auf die Stirn gravieren, das ändert für mich überhaupt nichts. Es ist wirklich nichts, überhaupt keine große Sache.*

Doch wo sind meine Mutter und mein Vater? Sie müssen auf dem Weg sein, aber warum hat der Arzt nicht gewartet, bis sie da waren, bevor er es mir sagte? Wusste er denn nicht, dass ich sie zum Festhalten brauchen würde? Jetzt wird mir angst. Mein Bauch tut weh, meine Lippen sind taub, und ich merke, dass meine Hände zittern. Lass sie sich beeilen, lieber Gott, bitte, bevor ich durchdrehe.

Das Telefon läutete, es war Ryan. Ich erzählte ihm, was geschehen war, aber er konnte nicht verstehen, was ich sagte. Er meinte, ich würde zu sehr weinen. *Weinen? Ich?* »Ryan, fahr doch zur Hölle.« Peng. Wieder schaltete etwas in mir um und ich wählte seine Telefonnummer. »He, Ryan? Ich bin's. Hör zu, der Doktor war gerade da und hat mir gesagt, dass ich MS habe. Bescheuert, was? Aber es ist nur ein kleiner Anfall, nichts Ernstes. Sag Ron, in ein paar Tagen bin ich wieder im Büro. Hey, ist der Trip nach Miami immer noch für nächste Woche geplant? Klasse! Nein ... du musst heute Abend nicht kommen – morgen bin ich wieder draußen. Bis dann, Baby. Ja, du fehlst mir auch.«

Da sind sie ja endlich. Mama und Papa und Cindy und Rich sind gekommen, und jetzt wird alles in Ordnung sein. Aber, Moment mal – alle weinen, sogar mein Vater. Was kann ich tun, damit sie aufhören? Und vor allem, wie kann ich ihnen sagen, wie Leid es mir tut, dass ich all den Schmerz verursacht habe? Ich muss irgendetwas Schreckliches getan haben, das all dies bewirkt hat, aber ich habe keine Ahnung, was das gewesen sein könnte. Ich weiß nur eines mit Sicherheit, dass nichts mehr wie früher sein wird, und dass es mir Leid tut ... so furchtbar Leid tut.

Sie blieben den ganzen Tag bis spät am Abend bei mir. Wir verbrachten die langen Stunden damit, ruhig über das Geschehene und die möglichen Folgen zu sprechen. Keiner von uns wusste viel über diese Krankheit, abgesehen davon, dass man sie gemeinhin »Der große Verkrüppler junger Erwachsener« nennt. Wir warteten geduldig, dass der Arzt oder *irgendjemand* kommen und sie uns genauer erklären würde. Aber es kam niemand. Die Fakten, so schien es, mussten warten.

Um neun Uhr verkündete eine Stimme aus dem Lautsprecher, dass die Besuchszeit zu Ende und es an der Zeit sei, dass alle heimgehen. Mit unserem tapfersten Lächeln umarmten und küssten wir uns und sagten gute Nacht. Ich schaute ihnen nach, wie sie langsam durch die Tür nach draußen gingen. Gott, wie lieb ich sie doch habe.

Später kam Mame und fragte, ob sie etwas für mich tun könne, oder ob ich einfach nur eine Zeit lang mit ihr zusammensitzen und reden wolle? »Nein, danke«, antwortete ich abwesend. Ich fühlte mich leer. »Aber eine Schlaftablette wäre toll«, ich war irgendwie überdreht. Sie brachte die Tablette, und ich schluckte sie dankbar. Ich freute mich schon darauf, dass sie mich bald alles vergessen lassen würde.

Doch drei Stunden später lag ich immer noch mit geschlossenen Augen, aber hellwach an die Kissen gelehnt. Ich hörte ein Schlurfen, und als ich aufblickte, sah ich Ryan am Fuß meines Bettes stehen und grinsen.

Vielleicht schlief und träumte ich ja doch? Er konnte doch unmöglich um Mitternacht hier sein!

Natürlich konnte er. Er erklärte, jeder Idiot könne während der Besuchszeit in ein Krankenhaus hineinkommen, aber nur ein echtes Genie sei in der Lage, das mitten in der Nacht zu schaffen. Egal, jetzt sei er da. Ob ich mich nicht freuen würde, ihn zu sehen?

Ich sagte ihm, es sei wunderbar, ihn zu sehen, und ich lächelte glücklich, als er zu mir in das schmale Krankenhausbett krabbelte und mich in die Arme nahm. Lange Zeit lagen wir da und unterhielten uns ruhig, während langsam die Realität des heute Geschehenen in mein Herz sickerte. Als es nichts mehr zu sagen gab, hielt er mich einfach nur fest, während ich leise an seiner Schulter weinte, bis ich endlich einschlief.

****

Ich hatte wirklich geglaubt, ich könne sofort nach Hause gehen, aber die Ärzte hatten andere Pläne. Und im Laufe der folgenden sieben Tage erfuhr ich mehr über multiple Sklerose, als mir lieb war. Ich war an dem ganzen Thema sonderbar desinteressiert, doch ich versuchte trotzdem, dem, was sie sagten, Aufmerksamkeit zu schenken, und einiges blieb davon auch hängen.

Zwar gab es eine Menge unterschiedlicher Theorien, doch niemand wusste genau, was die Krankheit auslöste. Und bevor man dies nicht herausgefunden hatte, bestand kaum eine Hoffnung auf Heilung. Dennoch schienen alle Beteiligten recht optimistisch zu sein, und ich hörte mehr als einmal, dass die Forscher in der Sache schnell Fortschritte machten und dass in den nächsten Jahren der Durchbruch geschehen könne.

Ich erfuhr, dass es auch nicht einfach war, diese Diagnose zu stellen. Da es in jener Zeit keine definitiven Tests für MS gab, wurde die Diagnose zumeist auf der Grundlage der Eliminierung gestellt. Selbst wenn von Anfang an MS vermutet wurde, musste zunächst alles andere ausgeschlossen werden. In meinem Fall wurde beispielsweise die Myelographie durchgeführt, um die Möglichkeit eines Rückenmarktumors auszuschließen, etwas, das der Arzt am Anfang befürchtet hatte.

MS zu diagnostizieren ist heute aufgrund moderner ausgefeilter Untersuchungsverfahren wie der Szintigraphie und der Magnetresonanztomographie (Kernspintomographie) etwas einfacher geworden, doch großteils ist es nach wie vor eine Frage der Einschätzung. Manchmal widerstrebt es den Ärzten, die Diagnose MS laut zu äußern, weil sie unsicher oder nicht bereit sind, einem Patienten zu sagen, dass er oder sie an Behandlung kaum etwas anzubieten hat. Und dann besteht auch stets die Möglichkeit, dass der Patient die Diagnose nicht verkraftet und sie seinen Gesundheitszustand tatsächlich verschlechtert.

Doch die Konsequenzen des Nicht-Wissens können ebenfalls verheerend sein. Ohne eine ärztliche Diagnose könnte der Betroffene jahrelang herumlaufen in dem Glauben, die Symptome seien bloße Einbildung, eine psychische Störung, oder – schlimmer noch – das Ergebnis einer weitaus bösartigeren oder gar tödlichen Krankheit. Ich war froh, dass mein Arzt und ich in dieser Hinsicht gleicher Meinung waren.

Technisch gesehen wird MS als »demyelierende« Krankheit eingestuft, die Nervenfasern im Gehirn und im Rückgrat befällt. Diese Fasern sind die Leitungsbahnen für elektrische Signale, die das Gehirn an alle Teile des Körpers sendet. Jede Faser ist mit einer Schicht Myelin, der sogenannten Markscheide, umgeben. Myelin ist eine fettige Substanz, die wie Isoliermaterial wirkt, vergleichbar der Isolierung um ein Elektrokabel. Bei einem MS-Anfall oder »Schub« werden Teile der Myelinschicht weggefressen und die Faser freigelegt, so dass das elektrische Signal verlangsamt oder ganz blockiert wird. Infolgedessen können wichtige Funktionen des zentralen Nervensystems, wie Sehen, Beweglichkeit oder Fühlen, verloren gehen oder beeinträchtigt werden.

Wenn diese Auflösung der Markscheide eintritt, beginnen sich andere Zelltypen zu vermehren und bilden an der betreffenden Stelle ein Narbengewebe oder eine »Sklerose« aus. Der Begriff »multipel« beschreibt, dass diese Vernarbung an jeder Stelle im zentralen Nervensystem auftreten kann, was eine breite Spanne an Symptomen bewirkt, die von Patient zu Patient unterschiedlich sind.

Auch kann man bei MS überhaupt nichts voraussagen. Die Krankheit verläuft in Intervallen, die sich von einem Menschen zum anderen unterscheiden, und man kann unmöglich sagen, wie der Körper auf die Krankheit reagiert. In äußerst seltenen Fällen treten diese Schübe fast ununterbrochen auf und können sehr rasch zu völliger Behinderung führen. Andere Betroffene erleben ein viel langsameres Fortschreiten der Krankheit und relativ lange Remissionen zwischen den Schüben. Eine dritte Gruppe hat glücklicherweise fast überhaupt keine Probleme mit der Krankheit und kann jahre-, sogar jahrzehntelang ein fast normales und aktives Leben führen.

Was die Behandlung anlangt, sind die Neuigkeiten enttäuschend. In jener Zeit waren keine Mittel bekannt, die das Fortschreiten der Krankheit stoppen oder auch nur verlangsamen konnten, und man behandelte stets nur die Symptome. Zu diesem Zweck wurden zahlreiche Steroide und Hormone eingesetzt, etwa Cortison, Prednisone und ACTH (Adrenocorticotropes Hormon), um nur einige zu nennen. Sie alle besitzen entzündungshemmende Eigenschaften und können, vor allem im Anfangsstadium der MS, die Schwere und Dauer eines akuten Schubes lindern und verkürzen.

Aus diesem Grund behielt man mich noch eine weitere Woche im Krankenhaus. Meine ursprünglichen Symptome hatten sich während meines Krankenhausaufenthalts etwas verschlimmert, und ich bemerkte sogar einige neue. Ich hatte einen leichten Fall von Doppeltsehen entwickelt, und meine Aussprache wurde ein wenig undeutlich, als ob ich ein paar Bier zu viel intus hätte. Doch es waren meine Füße, die mich am meisten beunruhigten. Sie fühlten sich an, als hätte mir jemand alle Knochen zerschmettert oder als ginge ich barfuß über lockeren Kies. Es tat nicht weh, aber ich hatte Schwierigkeiten mit dem Gleichgewicht.

Deshalb entschied man, mir meine erste ACTH-Behandlung angedeihen zu lassen – intravenös. Jeder Mensch hat eine lange Liste von Dingen, die er wirklich hasst, und intravenöse Injektionen stehen auf meiner ganz oben. Ich zappelte und fluchte eine Viertelstunde lang, während der arme Aderlasser versuchte, mir eine Vene zu öffnen und eine Nadel einzuführen, und als er es endlich geschafft hatte, dachte er mit Sicherheit darüber nach, den Beruf zu wechseln.

Aber ich wollte verdammt sein, wenn es nicht funktionieren sollte.

Es war fast wie ein Wunder. Buchstäblich über Nacht spürte ich ein Nachlassen der Symptome, und am zweiten Tag waren sie vollkommen verschwunden! Ich war völlig euphorisch und überzeugt, dass wir eine Kur gefunden hätten. Die Ärzte bremsten meinen Optimismus und warnten mich vor einigen Nebenwirkungen, die ich bald spüren würde, etwa Harnverhaltung, starke Gewichtszunahme und *nervöse Unruhe*. Sie hatten wirklich nicht zu viel versprochen.

Am dritten Tag begann ich aufzuquellen. Mein Gesicht nahm nun die Ausmaße des Vollmondes im Oktober an. Sportler nehmen ja idiotischerweise auch Steroide, und ich kann mich erinnern, dass ich zu einem der Krankenhausärzte sagte, wenn das so weitergehe, würde ich ernsthaft daran denken, in der National Football League mitzuspielen. Er lachte nur und meinte, die Qualifikation würde ich vermutlich locker schaffen.

Am vierten Tag erhielt ich die erste Injektion Valium für meine Nerven. Das half, doch es gab auf der ganzen Welt nicht genug Tranquilizer, um mich zu beruhigen oder gar zum Schlafen zu bringen. Über Nacht verwandelte ich mich in ein aufgedröseltes Bündel bloßliegender Nervenenden; ich fauchte alle an und marschierte Tag und Nacht ruhelos durch die Flure. Später erzählte mir eine der Schwestern, sie hätte noch nie erlebt, dass jemand dermaßen stark auf die Behandlung reagierte. Und sie gestand, einige Schwestern würden das Thema Euthanasie inzwischen aus einem völlig neuen Blickwinkel betrachten.

Am fünften Tag entwickelte dann mein Appetit ein Eigenleben. Von morgens bis abends räuberte ich Essbares zusammen, ich bestach die Schwestern für Extraportionen auf meinem Abendessentablett und bettelte Freunde und Verwandte an, mir von zu Hause etwas zu essen mitzubringen. Spätabends schlich ich durch den Flur und verübte geheime Anschläge auf die Verkaufsautomaten in der Cafeteria. Auf Eiskremsandwiches und Käsepopcorn hatte ich am meisten Appetit, und ich bekam anscheinend nie genug davon.

Ich schreckte nicht einmal vor Diebstahl zurück. Wenn die Zeit für das Abendessen nahte, drückte ich mich auf den Fluren herum und wartete auf den Essenswagen; wenn dann die Luft rein war, flitzte ich los und schnappte mir so viele Teigrollen und Desserts, wie ich tragen konnte. Dann raste ich in mein Zimmer, zog die Vorhänge um mein Bett zu, setzte mich aufs Bett und stopfte mir das Gebäck, die Torten- und Obstkuchenstücke so schnell in den Mund, wie ich schlucken konnte. Es war abartig, aber ich konnte mich einfach nicht beherrschen.

Niemand war glücklicher (und fetter) als ich, als die Spritzenkur schließlich beendet war und mir mitgeteilt wurde, ich könne nach Hause gehen. Ich hatte ein langes Gespräch mit dem Arzt, der sagte, seiner Meinung nach gehe es mir hervorragend, doch ich solle ihn anrufen, wenn ich Probleme bekäme. Er riet mir auch dringend, Erschöpfung, Stress und vor allem Hitze zu meiden, da diese meinen Zustand verschlimmern könnten. Ich versprach es, meinte aber auch, er solle sich keine Sorgen machen, denn ich sei sicher, ich würde keinerlei Probleme haben. Das würde einfach nicht passieren.

Schließlich kam der große Tag, und ich fand heraus, dass es wesentlich leichter ist, aus einem Krankenhaus herauszukommen als hinein. Ich musste mich bloß von den Schwestern verabschieden, meine Telefonrechnung an der Kasse bezahlen, und schon war ich draußen. Die frische Luft war nach zwei Wochen des Eingesperrtseins wunderbar, und während ich auf meinen Vater wartete, der den Wagen holte, fühlte ich mich wie ein Flüchtling. Es war ganz schön knapp gewesen, doch nun war es vorbei und alles würde gut werden. Wir beluden schnell das Auto, fuhren vom Parkplatz und ließen, ohne auch nur einen Blick zurückzuwerfen, das Krankenhaus und alles, was damit zu tun hatte, hinter uns.

Zwei

Pittsburgh
Herbst 1974

Die Welt, in die ich zurückkehrte, war noch dieselbe, die ich nur zwei Wochen zuvor verlassen hatte. Meine Wohnung sah aus wie immer: unaufgeräumt, chaotisch und voll gestopft mit Dingen, die ich liebte. Riesige Bücherstapel waren überall aufgeschichtet, schmutziges Geschirr türmte sich in der Spüle, und die Katzen schnurrten laut in der Badewanne, genau wie sie es schon immer getan hatten. Ich ließ meine Taschen im Flur fallen und wanderte von einem Zimmer zum nächsten, glücklich, wieder da zu sein, wo ich hingehörte. Das Apartment war alt und verwohnt, doch es war meines und ich liebte alles daran.

Doch irgendetwas stimmte an diesem Tag nicht. Als ich mich aufs Bett setzte und mich umsah, spürte ich, dass sich etwas verändert hatte. Anstatt mich über meine Heimkehr zu freuen, fühlte ich mich von allem um mich herum distanziert und losgelöst. Es fühlte sich einfach nicht mehr wie mein Zuhause an. Meine Zufluchtstätte war eine anonyme Ansammlung von Zimmern geworden, ein unpersönlicher Ort voller Dinge, die mir einmal etwas bedeutet hatten. Es war verwirrend; aus irgendeinem Grund war ich innerlich angespannt, ängstlich und zutiefst verunsichert, und sosehr ich es auch versuchte, ich konnte diese Empfindungen nicht abschütteln. Selbst die Katzen schienen argwöhnisch und umkreisten meine Füße mehrmals, bevor sie mir zur Begrüßung auf den Schoß sprangen.

Die Arbeit war meine Rettung. Als ich zum ersten Mal wieder ins Büro kam, behandelten Ron und Ryan mich, als sei ich aus Porzellan, und beide wetteiferten darin, es mir bequem zu machen und mich zu umsorgen. Es war ein nie dagewesener Ausdruck von Freundschaft und Freundlichkeit; doch gerade als ich anfing, mich zu entspannen und die erhöhte Aufmerksamkeit zu genießen, wurde es den beiden langweilig und sie verloren wieder das Interesse an mir. Noch vor Ablauf eines Monats waren alle wieder zur Normalität zurückgekehrt und verwandelten sich wieder in die Abtrünnigen, die sie schon immer gewesen waren.

Außerhalb des Büros stand ich jedoch praktisch überall im Mittelpunkt der Aufmerksamkeit. Es schien, als wüsste jeder in der Stadt, was mir passiert war, und denen, die es nicht wussten, erzählte ich es. Ich hatte irgendwo gelesen, dass die meisten Menschen, die mit einer schweren Krankheit konfrontiert sind, die gleiche vorhersagbare Folge von emotionalen Reaktionen durchlaufen, von denen die erste das Leugnen ist.

Ich war überzeugt, dass Vorhersagbarkeit eine Tugend der einfach Gestrickten ist, und entschlossen, die Psychologie zu widerlegen. Deshalb sprach ich mit jedem, der zuhören wollte, über meine Diagnose. Ich konnte die Tatsache, dass ich MS hatte, in die nebensächlichsten Unterhaltungen einflechten, und so dauerte es nicht lange, bis ich bereitwillig völlig Fremde an Bushaltestellen und Straßenecken mit den intimsten Einzelheiten meines Zustands versorgte. Dabei versuchte ich mir einzureden, dass ich mich und die ganze Situation im Griff hatte.

Doch jeder Psychologiestudent im zweiten Semester hätte erkennen können, was da lief. Indem ich so offen und mitteilsam war, konnte ich mir selbst vormachen, ich hätte das Leugnungsproblem umschifft. Dadurch wurde es mir natürlich möglich, die neuen Gegebenheiten meines Lebens auf einer tieferen emotionalen Ebene weiter zu leugnen. Und so redete und verdrängte ich die Sache fast ein Jahr lang. Der Trick war nur zu offensichtlich, und er wurde auch nicht gestoppt. Unweigerlich sagte die Person, mit der ich gerade sprach, an einem bestimmten Punkt der Unterhaltung, wie tapfer ich doch sei, so frank und frei über meinen Zustand zu reden, und wie gut ich angesichts der ganzen Sache doch klarkäme. Genau das war die Reaktion, die ich angepeilt hatte, und wie ein eitles Mädchen, das um Komplimente buhlt, nutzte ich die Situation nach Kräften aus.

Ich reagierte zum Beispiel mit geheuchelter Bescheidenheit: »Oh, so schlimm ist es nicht. Es ist alles nur eine Frage der Einstellung.« Oder: »Ich glaube an positives Denken. Nicht jeder, der MS hat, muss auch im Rollstuhl enden, und ich habe bereits beschlossen, das wird mir nicht so ergehen.«

Ich begriff anscheinend in jener Zeit nicht, dass ich

trotz all meines Brust-raus-Streckens und Herumprahlens nichts weiter war als eine junge Frau mit sehr, *sehr* viel Glück. Meine MS befand sich in einer Remission, und soweit man das beurteilten konnte, war ich symptomfrei und gesund wie ein Pferd. Doch anstatt dies anzuerkennen und Gott für mein Glück zu danken, benahm ich mich, als sei all dies irgendwie mein Verdienst.

Ich hatte die Verlogenheit und Selbstgerechtigkeit gepachtet und dachte nie auch nur eine Sekunde lang an die Unglücklichen, die jahrelang gegen die Krankheit gekämpft hatten und bereits im Rollstuhl saßen. Mit jeder laut geäußerten Silbe verdammte ich sie alle und tat so, als seien sie an ihrem fortgeschrittenen Stadium der Behinderung irgendwie selbst schuld, und als wäre ihr Zustand die Folge ihres »schwachen Willens« und ihres »negativen Denkens«. Diese Empfindungen bereue ich heute zutiefst, und selbst jetzt schaudert es mich noch, wenn ich mich an einige wirklich schreckliche Dinge, die ich damals gesagt und gedacht habe, erinnere.

Abgesehen von der Arroganz und dem Hochmut, stand dieses erste Jahr ansonsten jedoch größtenteils unter dem Zeichen von Scherzen und gut gemeinten Neckereien. Typischerweise waren Ron und Ryan am schlimmsten. Bei ihrer Suche nach dem perfekten Krüppelwitz erreichten sie jeden Tag neue Gipfel der Komik.

»He, JJ!«, brüllte einer der beiden quer durchs Büro. »Wie nennt man eine Frau, der der rechte Arm und das rechte Bein fehlen?«

»Weiß ich nicht«, antwortete ich argwöhnisch und befürchtete schon das Schlimmste. »Wie denn?«

»Eileen! ... Kapiert? ... *I LEAN!* HA! HA! HA!«*

Bevor es irgendwann besser wurde, wurde es zunächst noch viel schlimmer, und mehr als einmal ertappte ich mich bei dem Wunsch, MS wäre ansteckend.

Alles in allem war es für mich trotzdem eine glückliche Zeit, und ich war zufrieden, eine Zeit lang da zu sein, wo ich war, im Kreis von Freunden sicher aufgehoben in einem Kokon aus Verdrängung und guten Absichten.

****

Aber der darauf folgende September brachte einige Veränderungen. Als es Herbst wurde, bemerkte ich, dass ich langsam unruhig wurde und es mich reizte, etwas anderes zu machen. Ich war in meinem Job bestimmt nicht unglücklich, und ich wollte an keinem bestimmten anderen Ort sein, doch auf einmal erschien es mir fürchterlich wichtig, dass ich mich etwas Neuem und Aufregendem zuwandte. Ich wusste es damals nicht, doch hinter dieser vagen Unruhe steckte ein Impuls, der mein Leben dominieren und als Triebkraft hinter allem stehen sollte, was ich jemals tun würde. Damals glaubte ich einfach nur, ich bräuchte einen anderen Job.

---

* [Wortspiel: I lean = Ich stütze mich auf. A. d. Ü.]

Der »warmherzige und wunderbare« Sender WLOA rangierte in sämtlichen Ratings fast am unteren Ende in Pittsburgh, und man konnte problemlos erkennen, warum das so war. Der Sender arbeitete mit einem äußerst knappen Etat, und die Musikmischung reichte von Perry Como und den Boston Pops bis zum neuesten Discohit – das war kein Format, das bei irgendeinem Hörer große Loyalität zum Sender wecken konnte.

Vermutlich aus genau diesem Grund beschloss Bill Matta, der Besitzer, etwas Wagemutiges zu versuchen; er schlug vor, eine Frau solle nachmittags zwischen zwei und sechs Uhr die anspruchsvolle »Berufsverkehrszeit« am Mikrofon bestreiten. Man darf nicht vergessen, das war 1975, und weibliche Radiomoderatoren waren in Rundfunkkreisen noch nicht allgemein akzeptiert. Frauen wurden allmählich als Discjockeys angestellt, doch meistens nur für die weniger wichtigen Sendezeiten am späten Abend oder in der Nacht, und die Idee, als Frau während des Berufsverkehrs zu moderieren, galt als ziemlich riskante Sache.

Bill erwähnte die Idee eines Tages beim Mittagessen gegenüber Ron Cash und fragte ihn, ob er jemand Geeigneten empfehlen könne. Ron erwiderte, er müsse erst mit mir sprechen – in der richtigen Annahme, dass ich die Sache so gut wie jede andere vermasseln könnte. Vielleicht sogar noch besser.

Ich war, gelinde gesagt, ekstatisch, und wir trafen uns schnell, um die Sache zu besprechen. Selbst Bill schien die ganze Idee zunächst nervös zu machen, doch er war entschlossen, einen Versuch zu wagen, und wir versicherten uns fast eine Stunde lang gegenseitig, dass es wirklich funktionieren könne.

Aber konnte es das? Die einzige Sendeerfahrung, die ich hatte, stammte vom Schulsender, der in jener Zeit noch wenig Ähnlichkeit mit der wirklichen Welt des Rundfunks hatte. In Wahrheit besaß ich nicht einmal ein Demoband, das er sich anhören konnte. Aber Bill war so weit gegangen und nicht gewillt, sich von etwas so Unwichtigem wie meiner mangelnden Eignung und meiner Unerfahrenheit stoppen zu lassen. Wir beschlossen, dass ich zwei Wochen später anfangen sollte. Es war so einfach. Das Gehalt würde entschieden niedriger ausfallen als mein jetziges, doch um ganz aufrichtig zu sein, ich hätte ihm sogar noch etwas für die Chance bezahlt, bei einer richtigen, großen Pittsburgher Rundfunkstation auf Sendung gehen zu dürfen.

Ron und Ryan waren klasse: sie unterstützten und ermutigten mich und boten mir unbegrenzte Hilfestellung an. Ron, selbst ein ehemaliger Rundfunkmann, war ganz besonders hilfreich. Er meinte, ich solle mir nicht zu viele Gedanken machen, dass ich die Sache vermasseln könnte – WLOA würde eh keiner hören. Freunde können so ein Trost sein.

Ich erinnere mich noch an die Nacht vor meiner ersten Sendung, die schlimmste in meinem noch jungen Leben. Um neun Uhr hatte ich die Sache schon zwei Mal hingeschmissen, und um elf Uhr hatte ich alle Bekannten angerufen und gebeten, nicht zuzuhören. Seltsamerweise machte mir die Vorstellung, dass Tausende von Fremden zuhören würden, überhaupt nichts aus. Es war der Gedanke, dass alle, die mich kannten und liebten, mitkriegen würden, wie ich mich am nächsten Tag komplett zum Narren machte, der mich verrückt machte. Wie sich herausstellte, waren diese Sorgen vollauf begründet.

In der langen stolzen Geschichte des Rundfunks wurde meiner Ansicht nach nie eine schlimmere Vorstellung abgeliefert als die meine an jenem Nachmittag. Ich weiß, das ist eine weit reichende Behauptung, doch ich blamierte mich bis auf die Knochen, und ich besitze eine Aufzeichnung, die das beweist.

Als meine Schicht endete und der Abendmoderator eintraf, um zu übernehmen, war ich den Tränen nahe. Ich verließ das Studio, ohne zu irgendjemanden auch nur ein Wort zu sagen. Später an jenem Abend riefen mich ein paar Leute an und versuchten, nett zu mir zu sein, aber das half auch nichts. Ich hatte es verbockt, und man konnte mir nichts vormachen.

Aber irgendwie fand ich den Mut, am nächsten und am darauf folgenden Tag wieder hinzugehen, und allmählich wurde ich ein bisschen besser. Telefonanrufe und Zuhöreranfragen kamen rein, Bill sprach wieder mit mir, und schließlich konnte ich mich sogar etwas entspannen. Ich fand mich immer besser hinein und kam allmählich richtig in Fahrt. Ab einem gewissen Punkt begann die Sache mir sogar Spaß zu machen.

****

Wie die meisten Menschen, die zu Extremen neigen, habe ich stets in der Annahme gelebt, dass alles Mittelmäßige Zeitverschwendung ist und die Mitte der Straße langweilig sei. Warum den geraden und direkten Weg einschlagen, wenn der wirkliche Spaß irgendwo auf den Seitenstraßen stattfindet? Man muss nur wissen, wo man suchen muss.

Menschen, die so denken, führen ein eher unkonventionelles Leben voller Höhen und Tiefen, und ich war da keine Ausnahme. Ich lebte stets für die Höhepunkte, versuchte die Tiefpunkte zu ignorieren und tat alles, um mich möglichst weit von der Mitte fern zu halten.

Doch nichts bleibt, wie es ist, und im April fielen mir einige Veränderungen auf. Ganz plötzlich waren die Höhepunkte nicht mehr so hoch und die Tiefpunkte begannen neue und Angst einflößende Ausmaße anzunehmen. Irgendetwas war bei mir innerlich irgendwie völlig durcheinander geraten.

Es fing ganz harmlos mit einem Anfall von Niedergeschlagenheit an. Jeder wird irgendwann mal depressiv, und ich dachte, es sei nichts weiter. Ich würde einfach eine Weile schlechte Laune haben und dies als Entschuldigung dafür nutzen, meine Wohnung nicht sauber machen zu müssen. Ich würde einfach darauf warten, dass es vorüberging.

Doch diesmal war es anders. Es war nicht einfach nur meine Periode oder eine schlechte Phase in meinem Biorhythmus oder etwas anderes so Harmloses. Die MS, oder genauer mein *Bewusstsein* für die MS, war die Ursache für diesen Anfall, und mir stand erst noch eine höllisch zermürbende Zeit bevor.

Ich hatte das vergangene Jahr damit verbracht, viel zu reden und wenig nachzudenken, doch nun schien alles vollkommen umgedreht zu sein. Plötzlich konnte ich *nur noch* an MS denken, vierundzwanzig Stunden am Tag, in wachem wie in schlafendem Zustand. Es lässt sich heute nicht mit Bestimmtheit sagen, aber die Träume waren dabei wahrscheinlich das Schlimmste. Es waren drei, und sie verliefen immer gleich.

Im ersten Traum befand ich mich in einem altmodischen, handbetriebenen Aufzug, einem jener Stahlkäfige mit Maschendraht und einem Eisengitter statt der Tür. Das Gebäude war dunkel und unheilvoll still. Keine Menschenseele war in Sicht, als ich die Türe zuzog und den Hebel kraftvoll umlegte, um mich sicher einzuschließen. Ich drückte den Knopf mit der Aufschrift »Eins« und wartete, dass der Aufzug langsam nach unten fuhr.

Einige Augenblicke später begann die Kabine fast unmerklich zu beschleunigen. Sie wurde schneller und schneller, und ich geriet in Panik. Ich drückte wie wahnsinnig auf die Knöpfe und versuchte verzweifelt, den Aufzug anzuhalten. Doch es half nichts. Plötzlich war das schauerliche Geräusch von berstendem Metall zu hören, als die dicken Stahlkabel rissen und die Kabine auf den Grund des Schachtes krachte.

Ich hatte sehr, sehr lange Zeit, über das Sterben nachzudenken.

Im zweiten Traum stand ich allein an einem breiten leeren Strand, als eine ungeheure Flutwelle von weit draußen auf mich zurollte – eine absolut schwarze Wasserwand, die mit jeder Sekunde höher und höher wurde. Ich stand wie erstarrt und war unfähig, mich zu bewegen. Als der kochende Wellenkamm rund sechzig Meter über meinen Kopf heranbrandete und donnernd mit aller Macht des Himmels und der Hölle herunterkam, erwachte ich in kaltem Schweiß gebadet, zitternd und hysterisch.

Der dritte Traum war mit Abstand der verwirrendste.

Es war spät am Abend, und ich ging durch ein riesengroßes dunkles Haus mit fünf anderen Frauen, die ich alle nicht kannte. Im Erdgeschoss des Hauses war unerklärlicherweise ein Flughafenterminal, darüber befanden sich die Wohnungen von uns sechs.

Unsere Schlafzimmer waren in einer Reihe entlang eines geraden, engen Flures angeordnet, der sich ins Endlose fortzusetzen schien. Als ich an den anderen Zimmern vorbeiging, hielt ich an, um rasch einen Blick ins Innere zu werfen. Ich bemerkte, dass jedes in einem anderen Pastellton gehalten war. Die Zimmer waren hell und luftig, und die Betten wirkten frisch und jungfräulich mit ihren Tagesdecken aus weißer Spitze. An den Fenstern bauschten sich hauchdünne Vorhänge. Sie waren hübsch, und ich konnte es nicht erwarten, mein Zimmer zu sehen.

Der Flur war vollkommen still, und als ich vor der geschlossenen Tür meines Zimmers stand, bekam ich plötzlich Angst, als ob ich wüsste, dass auf der anderen Seite etwas Dunkles und Böses auf mich wartet.

Ich griff nach dem Knauf, drehte ihn langsam um und trat mit zitternden Händen langsam in einen Alptraum.

Die Wände und der Teppichboden waren blutrot, und in der Mitte des Zimmers stand ein großes massives Bett aus Ebenholz. Es hatte einen Baldachin und Vorhänge aus schwerem schwarzem Samt, die mit dicken roten Kordeln zurückgebunden waren und den Rahmen des Bettes freigaben – einen unaussprechlichen Horror aus grauenhaften, geschnitzten Gestalten und Bildern, die zu ekelhaft und obzön waren, um sie mit Worten zu beschreiben. Schwere Samtvorhänge verdeckten die Fenster, und das einzige Licht in dem Zimmer verbreitete ein Meer von schwarzen Kerzen, die unheimlich am Fuß des Bettes leuchteten.

Irgendwie wusste ich, dass das Zimmer schon immer da gewesen war und auf mich gewartet hatte, und dass dies der Ort war, an dem ich fortan leben sollte.

Die Luft war dick und stickig, und ich raste wie wild aus dem Zimmer. Die Wände des Flurs schlossen sich um mich, als ich schneller und schneller über eine schmale Hängebrücke, einen weiteren leeren Korridor hinunter und hinaus auf einen breiten Holzbalkon rannte, wo ich anhielt. Ich ging langsam zum Geländer und sah hinab auf eine dunkle stille Bühne.

Dort schimmerte ein kleiner Scheinwerfer, und in seinem schwachen Kegel aus gedämpftem gelbem Licht konnte ich einen kalten leeren Kamin erkennen, von dessen Sims drei kleine Kniestrümpfe schlaff herunterhingen. Neben dem Kamin standen ein kahler, abgestorbener Weihnachtsbaum und daneben auf dem Boden das hölzerne Schaukelpferd eines Kindes. Reiterlos schaukelte es langsam vor und zurück. Es herrschte absolute Stille. Das Kind, dem das Pferd einst gehört hatte, war tot.

Ich war unfähig, diese Träume zu deuten und zu verarbeiten, und jedesmal, wenn ich einen dieser Träume hatte, schleppte ich dessen Stimmung tagelang mit mir herum.

Meine emotionale Verfassung verschlechterte sich weiter, und ich fühlte mich mehr und mehr von der Zeit verfolgt. Ich erinnerte mich an eine Geschichte von einem Mann, der das Vergehen der Zeit als Windhauch auf seiner Wange spürte. Das erbarmungslose Bewusstsein seiner eigenen Sterblichkeit machte ihn so schwach, dass er sich schließlich ins Bett legte, um es nie wieder zu verlassen. Ich kam diesem Punkt sehr, sehr nahe.

Die Zeit war mein Feind geworden. Ich konnte mir die Dinge, die ich am liebsten hatte, etwa lange ruhige Stunden allein mit einem Buch oder auch nur den Gedanken an ein Treffen mit Freunden, nicht mehr erlauben. Stattdessen empfand ich bei allem ein wahnsinniges Gefühl der Dringlichkeit, das tiefe Bedürfnis, jede Sekunde mit irgendeiner Aktivität zu füllen, ganz egal, was es auch sei und ganz egal, wie trivial es wäre.

Eine Zeit lang verdrängten Männer alles andere in meinem Leben. Sie waren immer in beliebiger Zahl verfügbar, doch es gab nie genug von ihnen, um mich zufrieden zu stellen. Sie kamen und gingen, namen- und gesichtslos, und waren kaum mehr als Mittel zum Zweck – zu einem Zweck, den ich selbst nicht kannte. Nur eines wusste ich genau: Die erschreckenden, dunklen Stunden der Nacht und der Träume waren mehr, als ich alleine ertragen konnte, und solange jemand, *irgendjemand*, bei mir war zum Festhalten, konnte ich mir eine Weile einreden, dass ich in Sicherheit war.

In den Nächten, in denen keiner da war, absolvierte ich kilometerweite Fußmärsche oder trieb wie verrückt Gymnastik, in der Hoffnung, durch die körperliche Erschöpfung die Nacht alleine durchstehen zu können. Doch selbst dann ließen die Träume mich nicht schlafen, und ich erwachte aufgewühlt und getrieben von der Suche nach Männern, die mir helfen sollten, das höllische rote Zimmer und sein fürchterliches schwarzes Bett zu vergessen.

Ich will diese Art der Einsamkeit nie mehr erleben müssen.

Ich entwickelte zur gleichen Zeit eine morbide Faszination für Krüppel und sogenannte Missgebildete. Ich spürte sie überall auf, in Geschäften und auf den Straßen, und ich starrte sie an. Ich wollte wissen, *musste* wissen, wie sich das anfühlt. Manchmal fragte ich: »Tut das weh? Wie ist es, wenn man völlig gekrümmt und gelähmt ist? Haben Sie jemals den Wunsch zu sterben?« Ich musste es wissen, denn ich war nun völlig sicher, dass ich mich eines Tages ebenfalls so wiederfinden würde, vollkommen krummgezogen, spastisch und erbärmlich. Nur eines wusste ich nicht: *Wann* es so weit sein würde.

Zeit und Behinderung waren zu einem Damoklesschwert verschmolzen, das über mir an einem hauchdünnen Faden hing, und ich zweifelte nicht daran, dass das Schwert, wenn es eines Tages herabfiele, einen glatten Schnitt machen würde. Mit einem schnellen Streich würden all die Dinge, die meinem Leben seine Bedeutung und seinen Sinn gegeben hatten, verschwunden sein, als hätten sie nie existiert. Es gab nichts, auf das ich je wieder zählen könnte, nichts, das mir bleiben würde.

Ich war erst dreiundzwanzig Jahre alt, als sie mir sagten, ich hätte eine Schädigung, und bis zu dem Augenblick, in dem diese Worte ausgesprochen wurden, lag mein ganzes Leben vor mir wie eine riesige leere Leinwand. Doch all das kam an jenem grauen Oktobermorgen zum Stillstand. Mit einem kurzen Satz fiel alles, was ich für wahr und sicher gehalten hatte, weg. Ich stand alleine an einem kalten, dunklen Ort, den niemand jemals freiwillig betreten würde. Die Isolation, die ich empfand, war allumfassend, und die Einsamkeit war fast unerträglich.

Erleichterung brachten nur meine Tränen, und sobald sie einmal zu laufen begonnen hatten, hörten sie nicht mehr auf. Jeden Morgen wachte ich weinend mit roten, verquollenen Augen und durchnässten Kissen auf. Den ganzen Tag über weinte ich bei der Arbeit allein im Studio und fürchtete den Moment, wenn ich nach Hause gehen und mich wieder der leeren Wohnung und den unaufhörlichen Träumen stellen musste. Ich hatte keine Hoffnung und keinen Trost, und nichts, was irgendwer sagte oder tat, konnte den Weg in mein Inneres finden, zu der Stelle, wo all die Tränen herkamen.

Ryan war derjenige, an den ich mich in dieser langen und schmerzlichen Zeit am meisten wandte. Er war mein bester und engster Freund, und er half mir, indem er einfach nur da war, wenn ich ihn brauchte. Wenn ich nachts nicht schlafen konnte oder auch nur mit jemandem reden musste, machte ich mich auf den Weg zu seinem Haus, in der Gewissheit, dass ich immer willkommen war. Bis tief in die Nacht saß er bei mir und hörte aufmerksam zu, wenn ich alles erzählte, was mich beschäftigte. Manchmal hielt er mich auch einfach nur fest, wenn ich all den Schmerz und die Angst, die ich tief in meinem Inneren mit mir herumtrug, herausweinte. Ohne ihn hätte ich dieses Frühjahr und diesen Sommer sicher nicht überstanden.

Am schlimmsten litten aber ohne Zweifel meine Eltern. Nur bei ihnen konnte ich alles, was ich fühlte, ungehemmt rauslassen. Es muss schrecklich für sie gewesen sein, mit anzusehen, wie ihre geliebte Tochter völlig zusammenbrach. Doch sie gaben nie auf, und sie ließen mich nicht ein einziges Mal spüren, wie groß ihre Angst war.

Meine Angst und mein Schmerz hingen zum großen Teil mit ihnen zusammen. Ihr ganzes Leben lang hatten sie gearbeitet und Opfer gebracht, damit ich immer alles hatte, was ich brauchte. Und nun wurden sie für all ihre Mühen mit einem kranken Kind »belohnt«. Meine Schuldgefühle waren unvernünftig und übermächtig. Was hatte ich den Menschen angetan, die ich am meisten liebte? Ich hatte sie furchtbar enttäuscht, und von nun an würden sie sich für den Rest ihres Lebens Sorgen um mich machen müssen. Ich hatte auch über ihren Köpfen ein Schwert aufgehängt.

Je mehr Monate verstrichen, desto stärker wurden meine Depressionen, wie ein unaufhörlich nässendes Geschwür, das nicht heilt. Infolgedessen verschlechterte sich meine körperliche Verfassung, und Stress und Erschöpfung nahmen immer mehr zu. Die alten Symptome, wie Taubheitsgefühl und Doppeltsehen, traten von neuem auf und verstärkten den Stress noch, was wiederum neue Symptome zur Folge hatte. Es war ein Teufelskreis, den ich nicht durchbrechen konnte.

Schließlich ging ich nicht mehr zur Arbeit. Ich meldete mich krank, verbrachte den Tag in die Decken verkrochen im Bett und versteckte mich vor allen. Wenn ich das Alleinsein nicht mehr aushielt, ging ich zu meinen Eltern, wo ich stundenlang wie in Trance herumsaß, unfähig, zu sprechen oder mich zu bewegen.

Irgendwann begann mir die Zeit zu entgleiten. Es verstrichen Stunden, von denen ich nicht wusste, wie ich sie verbracht hatte. Manchmal wurde ich plötzlich wach und fand mich zusammengekauert in einer Ecke des Zimmers wieder, schluchzend und erschöpft, ohne die geringste Ahnung, wie ich dahin gekommen war. Ich musste endlich ernsthaft etwas unternehmen, irgendeine Hilfe finden, aber ich wusste nicht, was in aller Welt ich tun sollte.

Dann, eines Abends im Juni, erzählte mir Ryan, dass er die Stadt verlassen werde. Er hatte lange gespart und wollte durch das Land reisen und in jeder Stadt so lange bleiben, bis er den Ort gefunden hätte, an dem er sich niederlassen wollte. Ich hatte immer gewusst, dass er eines Tages weggehen würde, doch ich ahnte nicht, dass dies so bald der Fall sein würde, und auch nicht, dass es mir so weh tun würde.

Es war nicht so sehr die Tatsache, dass er wegging – es war viel mehr die Vorstellung, dass mein bester Freund anderswo ein vollkommen neues Leben anfangen wollte, während ich allein und krank für immer in Pittsburgh festsaß. Das war einfach nicht fair.

Er wollte schon am nächsten Tag fahren, deshalb verabschiedeten wir uns rasch und mechanisch, in dem Bewusstsein, dass es Jahre dauern könnte, bis wir uns wieder sähen. Selbst heute tut die Erinnerung an jene Nacht noch weh.

****

Ryan war also fort. Aber zurückgeblieben war eine Idee, die ich nicht aus dem Kopf bekam. Warum konnte ich nicht auch gehen? Warum nicht einfach an einen Ort fliehen, wo mich niemand kannte und auch nichts über mich wusste? Dort könnte ich ganz von vorne anfangen, alles Geschehene vergessen und wieder gesund werden.

Aber wohin konnte ich gehen? Und wie konnte ich meinen Eltern so etwas nur antun? Darauf wusste ich keine Antwort. Doch die Idee wurde zu einer Obsession, setzte sich in meinem Kopf fest und schob all meine anderen Probleme beiseite. In den folgenden Wochen spitzte sich meine Lage immer weiter zu, bis sie schließlich an einem heißen Sommerabend Mitte Juli eskalierte.

Ich telefonierte gerade mit Judy, einer Freundin, als alles zusammenbrach. Wir plauderten nur so, sprachen über nichts Bestimmtes, und als sie etwas Komisches sagte, musste ich lachen. Ich lachte und lachte, bis ich keine Luft mehr kriegte, konnte aber nicht aufhören. Ich merkte, dass mir jegliche Kontrolle entglitt, ließ den Hörer fallen und fing an zu schreien. Der Telefonhörer lag noch immer auf dem Boden, als Judy eintraf. Als sie meine Verfassung sah, rief sie meine Eltern an und bat sie völlig aufgelöst, sofort zu mir zu kommen.

Etwas in mir erwachte an jenem Abend wieder, der Teil von mir, der in der Lage war, klar zu denken, zu empfinden und zu handeln. Als wäre der ganze Druck, der sich über so lange Zeit in mir aufgestaut hatte, einfach implodiert, in sich selbst zusammengefallen wie ein verglühter Stern, und hätte eine kalte, stille, riesige Leere hinterlassen.

Als meine Eltern kamen, fanden sie mich ruhig auf dem Bett sitzend. Die Decken hatte ich fest um mich gezogen, und mein Gesicht zeigte den Ausdruck wilder Entschlossenheit. Ich bat sie, sich hinzusetzen und zuzuhören, was ich zu sagen hätte.

Sie taten, worum ich sie bat, setzten sich mit besorgtem Blick und warteten, dass ich zu reden anfing.

Die jahrelange Krise sei überwunden, sagte ich ruhig, und jetzt müsse ich reden. Ich müsse all die Dinge aussprechen, die uns so viel Angst gemacht hatten. Ich müsse der Angst in mir eine Stimme verleihen, denn ich wäre es leid, so zu tun, als sei alles in Ordnung. Es war *nicht* alles in Ordnung, und das würde es auch nie wieder sein.

Vom Verstand her, so erklärte ich vorsichtig, wüssten wir alle, dass meine Aussichten, jemals im Rollstuhl zu landen, verschwindend gering seien. Alle Ärzte, mit denen wir gesprochen hatten, und all die Bücher, die wir gelesen hatten, betonten immer wieder, dass die große Mehrheit der MS-Patienten mit der Krankheit tatsächlich ganz gut zurechtkäme. In Wahrheit sähen sich nur sehr wenige von ihnen jemals mit einer schweren Behinderung konfrontiert. Immerhin sei ich jung, stark, fit und ansonsten so gesund, wie man nur sein kann. Statistisch gesehen stünden die Chancen für mich sehr gut. Das seien die Fakten, und es sei nicht zu leugnen, dass sie wirklich ermutigend seien.

Doch heute Abend hätte ich erkannt, dass die Depressionen, die Alpträume und die lähmende Furcht, die mich so lange aufgefressen hatte, absolut nichts mit den Fakten zu tun hätten. Stattdessen gehe es dabei nur um diese Möglichkeit, so gering sie auch sein mochte, dass ich doch zu den paar Unglücklichen gehören könnte, die es ohne Rücksicht auf die Statistik erwischte. Egal, was man uns erzählt hatte und was wir glauben wollten, hatte mich diese Möglichkeit auf Schritt und Tritt verfolgt und würde mich auch in Zukunft verfolgen.

Ich versuchte ihnen zu erklären, wie es war, mit dem Gedanken zu leben, dass meine Zeit als ein normal funktionierendes menschliches Wesen begrenzt sein könnte. Und wie quälend der Gedanke war, ich könnte irgendwann aufwachen und feststellen, dass ich gelähmt und blind wäre, mich nicht mehr bewegen, nichts mehr sehen oder nicht mehr sprechen könnte. Bis es so weit wäre, *könnten* Jahre vergehen, sagte ich, es könnte aber auch schon morgen passieren.

Deshalb müsse ich versuchen, mein Leben in der Gegenwart zu leben – im Hier und Jetzt. Was auch immer die Zukunft bringen würde, ich würde mich ihr zu gegebener Zeit stellen müssen. Langfristige Pläne oder ferne Ziele seien nicht machbar. Vor allem, betonte ich, sei nicht mehr an Heirat oder eine eigene Familie zu denken. Wie könnte ich jemanden so nahe an mich heranlassen und gleichzeitig ganz genau wissen, dass wir keine Zukunft haben würden?

Je länger wir uns an jenem Abend unterhielten, desto klarer wurde mir, dass ich etwas unternehmen musste, und zwar schnell. In meinem Kopf tickte eine Uhr, die die Stunden, Minuten und Sekunden eines Rennens maß, das bereits begonnen hatte. Ich kam zu spät zum Start und konnte nicht wissen, wo das Rennen enden würde, doch ich wusste, dass ich es alleine über die volle Strecke laufen müsste und nie aufhören dürfte, das Tempo zu bestimmen. Und ich dürfte nicht ein einziges Mal zurückblicken.

»Aber wohin willst du?«, fragte mein Vater. »Und wie weißt du, wann du angekommen bist?«

Genau in dem Augenblick, als er diese Frage stellte, fiel mir die Antwort ein.

Alaska.

Ich wollte nach Alaska. Seit meinem sechsten Schuljahr, als meine Geografielehrerin Carol Hill mir als Erste von den Bergen und unerforschten Weiten Alaskas erzählte hatte, faszinierte mich die Region. Ich hatte jahrelang die Geschichte und Geografie Alaskas studiert, und jetzt wollte ich, mehr als alles andere, selbst dorthin und es mir mit eigenen Augen ansehen. »Ich werde keine zweite Chance haben«, überlegte ich, und ich war sicher, dass ich es schaffen würde.

Erstaunlicherweise erhoben meine Eltern keine Einwände, und wir verbrachten den Rest der Nacht damit, Pläne zu schmieden. Ich würde beim Sender mit zweiwöchiger Frist kündigen, mein Sparkonto abräumen und so schnell ich konnte meinen Hintern in die nächste Maschine Richtung Norden hieven.

Das war's, mehr blieb nicht zu sagen.

Bill nahm die Neuigkeit am nächsten Tag nicht so ruhig auf, doch er konnte nicht viel dagegen tun. Sobald ich an jenem Nachmittag auf Sendung war, verkündete ich aller Welt, dass ich nach Alaska gehen würde. Sofort klingelten die Telefone, und scheinbar jeder, der jemals den Sender eingeschaltet hatte, rief an, um mir Glück zu wünschen. Wie sich herausstellte, kannten die meisten auch irgendjemanden in Alaska, und das brachte mich auf eine Idee.

Ich drehte das Mikro auf und sagte, wenn jemand mir die Namen von Freunden und Verwandten da oben im Norden durchgeben wolle, würde ich sie anrufen und ihnen hallo sagen, sobald ich dort sei. Es war ein netter PR-Gag, und ich dachte mir, es könne nicht schaden, an einem so weit von zu Hause entfernten Ort schon ein paar Kontakte zu haben. Der Plan funktionierte wunderbar, und als ich abfuhr, hatte ich eine Liste von mehr als hundert Namen.

In den folgenden zwei Wochen war ich sehr beschäftigt. Ich musste mich von Freunden verabschieden, packen, mein Auto verkaufen und mein Bankkonto auflösen. Zu meiner Freude stellte sich heraus, dass mein Geld für den einfachen Flug nach Anchorage reichte und mir noch ganze sechshundert Dollar übrig blieben. (Idiotischerweise nahm ich an, davon würde ich in Anchorage einen Monat lang leben können, zumindest so lange, bis ich irgendwo einen Job hätte.)

Anfang August war der große Tag endlich gekommen, und als wir uns am Flughafen voneinander verabschiedeten, blieben alle Augen trocken. Ich tat etwas Positives, das spürten alle. Außerdem waren sie davon überzeugt, dass dies sowieso nichts weiter als eine Urlaubsreise sei, und ich in zwei oder drei Wochen wieder zu Hause wäre.

Aber ich wusste es besser. Das war meine Chance, und ich wollte das Beste daraus machen. Ich winkte allen durch das Fenster der Maschine zu und schnallte mich an, während wir auf die Startbahn zurollten.

Das war es! Ich hielt die Armlehnen fest umklammert, und als die Räder vom Boden abhoben, merkte ich, wie die ganze Anspannung und der Schmerz der letzten zwei Jahre von mir abfielen. Ich begann zu lächeln.

Dem verdammten alten Ryan würde ich es zeigen.

Drei

Anchorage, Alaska
August 1976

Es war ein grauenhafter Flug, und die Landung gab mir den Rest. Die große 747 fiel wie ein Stein vom Himmel und setzte mit quietschenden Reifen und jaulenden Motoren hart auf der Landebahn auf. Ich merkte, wie sich mir der Magen umdrehte, als der Pilot die Schubumkehr reinknallte und in die Zielgerade raste. Mit dem Stoßgebet, unser Tempo möge runtergehen, bevor die Landebahn zu Ende war, schloss ich die Augen und hielt den Atem an, bis die Maschine in eine Linkskurve schwenkte und zum Terminal rollte. Es war unglaublich, aber wir hatten es geschafft. Ich dankte im Stillen Gott und den Ingenieuren von Boeing dafür, dass sie uns heil hierher gebracht hatten.

Auf einem großen Schild an der Seite des Terminals stand zu lesen: »WILLKOMMEN IN ANCHORAGE, DEM LUFTKREUZ DER WELT.« Nach dem Ausmaß des Verkehrs auf den Start- und Landebahnen war dieser Spruch keine eitle Prahlerei; es sah aus, als seien alle Leute aus einem Umkreis von tausend Kilometern rund um Anchorage zur gleichen Zeit eingetrudelt. An der

Gepäckausgabe drängte sich eine riesige Menschenmenge. Hunderte von »Slopern« – Arbeitern der North-Slope-Pipeline – waren unterwegs in die Stadt, um auszuspannen und einen draufzumachen, und jeder von ihnen wollte auf Teufel komm raus als Erster dorthin. Es war ein rauer Haufen, und ich entschied, ihnen sicherheitshalber so schnell wie möglich aus dem Weg zu gehen. Deshalb boxte ich mich mit den Ellbogen zum Gepäckband durch, grapschte mir meine Tasche und spurtete nach oben zu den Ausgängen am anderen Ende des Terminals.

Ich sprintete an dem riesengroßen Eisbären in der Halle vorbei, rempelte ein paar Hare-Krishna-Jünger an, die mir in den Weg liefen, und verlangsamte mein zügiges Lauftempo nicht einmal – obwohl ich einen Drink nötig hatte – bei der Upper 1 Lounge. In exakt neunzig Sekunden hatte ich die letzte Hürde geschafft und schritt hinaus in das helle weiße Sonnenlicht eines frühen Augustmorgens in Anchorage.

Ich weiß nicht, wie lange ich dort stand und auf die Szenerie starrte, von der ich so viele Jahre lang geträumt hatte. Alles war genau so, wie ich es mir vorgestellt hatte, alle Farben stimmten. Im Osten wurde die Stadt direkt von den kilometerhohen Gipfeln der Chugach Mountains bewacht, deren scharfe Kämme nun weich geworden und mit sommerlichem Grün und Gold überzogen waren, während weiter im Süden die jungen Gipfel der Kenai Range noch in winterlichem Weiß glitzerten.

Cook Inlet war ein silberner Streifen am westlichen Horizont, und im Nordwesten lag der Mount Susitna, die »Schlafende Dame«, und funkelte in seinem Sommerkleid aus Weidenröschen und Goldrute. Der Anblick war überwältigend, und als ich zum ersten Mal die wunderbar klare Luft atmete, wusste ich, dass ich endlich den Platz gefunden hatte, wo ich hingehörte.

Doch ich musste irgendwo unterkommen, deshalb schnappte ich mir ein Taxi und ließ mich zum Holiday Inn im Zentrum fahren. Der Taxifahrer war ein drahtiger kleiner Psychopath unbestimmter Herkunft, der wie ein geborener New Yorker fuhr und fluchte und jeden Fußgänger, der ihm in den Weg kam, mit einem endlosen Strom von Beschimpfungen bedachte.

»BLÖDER SCHEISSKERL! BEWEG DEINEN FETTEN ARSCH AUS DEM WEG, NICHTSNUTZIGER BESCHISSENER YANKEE! WEG DA ODER ICH MACH DICH PLATT! GOTTVERDAMMTER SCHEISSKERL!«

Himmel, dachte ich bei mir, krieg dich wieder ein.

Irgendwie schafften wir es bis zum Hotel, ohne jemanden umzubringen. Ich bezahlte mit zitternden Händen und machte, dass ich so schnell wie möglich wegkam. In der Lobby entdeckte ich hinter einem Tresen den Empfangschef und fragte nach einem Zimmer. Damals herrschte in Alaska der große Öl-Boom, und ich kannte alle Horrorgeschichten darüber, wie teuer hier alles sei, doch ich schnappte trotzdem nach Luft, als ich einen Blick auf die Zimmerpreise warf – eine Übernachtung kostete kaum weniger als eine ganze Monatsmiete für meine Wohnung in Pittsburgh! Wenn das so weiterginge, würden meine sechshundert Dollar nicht lange reichen.

Ich verschwendete nicht eine Minute im Hotel. Ich warf meine Tasche aufs Bett, spritzte mir ein bißchen kaltes Wasser ins Gesicht und stürmte wieder nach draußen, begierig darauf, alles zu erkunden.

Bis heute kann ich mich noch genau an das übermächtige Gefühl von Freiheit und Abenteuer erinnern, als ich an diesem strahlenden Spätsommermorgen das Hotel verließ. Ich war fünftausend Meilen von zu Hause entfernt und zum ersten Mal in meinem Leben ganz auf mich selbst gestellt. Alles war möglich, und ich war bereit – ja sogar gierig darauf –, die Grenzen meiner neuen Unabhängigkeit auszutesten. Nicht eine Sekunde machte ich mir Gedanken darüber, was passieren könnte. Aufgeregt verließ ich den Parkplatz und ging in östlicher Richtung zur Fourth Avenue.

****

Seit damals hat sich viel verändert, doch Mitte der siebziger Jahre war die Fourth Avenue noch der schäbige Unterleib einer ansonsten schönen Stadt. Das Schild vor der Mission versicherte jedermann, Jesus sei immer noch die Erlösung, doch die betrunkenen, weggetretenen Gestalten vor dem Montana Club ließen ernste Zweifel daran aufkommen. Entsprechend der lokalen Sitte schritt ich so nonchalant wie möglich über die schlafenden Männer auf dem Gehsteig hinweg und bemühte mich nach Kräften, ihre offen stehenden, uringetränkten Hosen oder das stinkende Erbrochene, das an ihren Gesichtern klebte, zu übersehen. Daran würde ich mich erst gewöhnen müssen.

Weiter unten auf der Straße verteidigten respektablere Geschäfte ihren unbescholtenen Ruf mit geschmackvoll beschrifteten Schildern, auf denen »FÜR HUREN KEIN ZUTRITT!« stand. Ich grinste und fragte mich, woher sie wissen wollten, wer eine Hure war und wer nicht. Vielleicht mussten die fraglichen Damen eine Art Kennzeichnung tragen, oder vielleicht erkannte man sie auch einfach so, wenn man lange genug hier lebte. Ich hatte noch nie mit eigenen Augen eine echte Hure gesehen und wusste nicht genau, worauf ich achten musste, aber ich hielt die Augen nach irgendwelchen Zeichen für solche Damen offen, als ich meinen Spaziergang fortsetzte.

Ich bummelte stundenlang herum und versuchte herauszufinden, was diesen Ort so aufregend macht.

Auf den ersten Blick scheint Anchorage im Widerspruch zu all den Naturschönheiten zu stehen, von denen es umgeben ist – ein riesiger Trugschluss. Uralte verwitterte Blockhütten stoßen an schlanke neue Bürogebäude aus Stahl und getöntem Glas. Wildwest-Saloons konkurrieren mit den angrenzenden schicken Bars um Kundschaft, und hoch aufragende Hotels greifen nach dem Himmel, während weiter unten der Erdbebenpark liegt, als stilles Zeugnis für die Torheit, zu hoch hinaus zu wollen.

Doch je mehr ich darüber nachdachte, desto klarer wurde mir, dass Anchorage genau so ist, wie es sein muss. Es ist eine Stadt, die von Menschen erbaut wurde, die keine Zeit zu verschwenden hatten. Hier galt es Geld zu verdienen, viel Geld, und das schnell. Für Ästhetik war da kein Platz. Die Leute hier hatten keine

Zeit für Kinkerlitzchen, für langfristiges Planen oder auch nur für gesunden Menschenverstand. »Zieh es einfach hoch und bring es zum Laufen«, das schien die Strategie zu sein. Das Ergebnis ist eine Metropole mit den meisten Nachteilen und nur sehr wenigen Vorteilen einer Großstadt.

Doch seltsamerweise hat ein fanatischer Bürgerstolz die Einwohner ergriffen, als würde die Stadt ihnen um so besser gefallen, je schlimmer sie wurde. »Sicher, die Staus im Berufsverkehr kommen denen von Los Angeles gleich, und wenn unsere Alkoholikerrate zu den höchsten zählt, na wenn schon? Wir *mögen* es so, verdammt, und wenn dir das nicht passt, na dann beweg deinen jämmerlichen Arsch dahin zurück, wo du hergekommen bist. Es hat dich niemand eingeladen.«

Viele Neuankömmlinge oder »Cheechakos« nahmen daran Anstoß, doch ich hielt das für die richtige Einstellung. Kamen nicht die meisten Leute auf der Suche nach einer Herausforderung nach Alaska? Es gab die Theorie, dass für jeden, der es schaffte, in Anchorage zu überleben, der Rest des Landes nur noch ein Klacks wäre.

Als ich keinen Schritt mehr laufen konnte, ging ich in Peggy's Café zum Abendessen, ein kleines Lokal gegenüber des Merrill Field auf der Fifth Avenue. Merrill Field war die erste Start- und Landebahn der Stadt. Sie wurde in den fünfziger Jahren angelegt, als die Buschpiloten noch die einzige Verbindung zwischen Anchorage und den Hunderten von kleinen Dörfern im ganzen Land bildeten. Hier wurden Legenden geboren, hier entstanden die unglaublichen Geschichten über wagemutige junge Flieger. Sie waren nach heutigem Verständnis Giganten – gottgleiche Helden, die, ganz egal wie, ihren Job machten und die dafür keinen Dank erwarteten.

Am Nebentisch saß dicht gedrängt und ins Gespräch vertieft ein kunterbunter Haufen Männer, schillernde Charaktere, Überlebende aus einer anderen Zeit. Sechs grauhaarige alte Ölsucher und Bruchpiloten hockten vor ungeheuren Tellern mit Pfannkuchen und Bacon und dicken weißen Kaffeetassen, und alle redeten gleichzeitig. Man spürte sofort, dass diese Gruppe sich hier regelmäßig traf, um Neuigkeiten auszutauschen und alte Erinnerungen wach zu halten. Heute ging es um jemanden mit Namen Crazy Angus Ferguson.

»... Jawoll, der alte Crazy Angus war ein Spinner und ein gefährlicher Mann. Ich sehe ihn noch ganz deutlich vor mir, als würde er hier neben mir sitzen ...«

Der alte Knabe sah aus, als würde er zu einer großen Geschichte ausholen, doch das brauchte seine Zeit, und er musste sich erst in die richtige Stimmung dafür bringen. Er hatte allen Saft aus einem Tabakpriem gesogen, lehnte sich zurück und spuckte die weiche braune Kugel in den Pappbecher auf dem Boden. Dann beugte er sich nach vorne, grinste mit einem Augenzwinkern und stellte zufrieden fest, dass er immer noch gut zielen konnte. Er wischte sich mit dem Handrücken über den Mund, trank durch seine wenigen morschen Zähne eine halbe Tasse Kaffee und verzog das Gesicht, als der heiße Kaffee die kaputten Nerven traf.

Schließlich holte er mit größter Sorgfalt und zwei elegant abgespreizten Fingern etwas frischen Tabak aus seinem Beutel. Er steckte sich liebevoll einen großen Priem in die Backe und schob ihn dann so lange hin und her, bis er richtig saß.

Endlich zufrieden, dass sich alles an seinem Platz befand, lehnte er sich in seinem Stuhl zurück und nahm den Faden der Geschichte von Crazy Angus Ferguson wieder auf.

Die folgenden zwei Stunden lauschte ich fasziniert, wie er unermüdlich sein Garn über die »Last Frontier« spann, und darüber, wie ein Mann mit Sinn für Abenteuer und, wie einer der anderen es formulierte, mit mehr in der Hose als im Hirn dort sein Leben führte. Crazy Angus war ein Knabe gewesen, der einen Eisbären in einem Schneesturm quer durch die Arktis verfolgen, ihm aus einem Kilometer Entfernung eine Kugel geradewegs ins Herz jagen und ihn dann mit einer Hand häuten konnte – und das alles noch vor dem Frühstück!

Niemand zweifelte daran, dass Crazy Angus *alles* konnte, und ich bedauerte, dass er und all die anderen nun für immer verschwunden waren. Sie gehörten zu einer Zeit, die sich nicht zurückholen ließ.

Aber vielleicht stimmte das nicht ganz. Dies hier war nach wie vor die »Last Frontier«, und vielleicht gab es irgendwo da draußen Menschen, die immer noch von ihrer Gewitztheit und dem Sitz ihrer Unterhosen lebten und die fest entschlossen waren, sich in einem Land, das den Menschen ihr Bestes abverlangt, ihre Heimat zu schaffen. Es gab nur eine Möglichkeit, das herauszufinden, und das war eine Lektion, die ich selbst lernen musste.

Die Geschichtenerzähler am Nachbartisch waren immer noch zugange, aber ich lebte noch in der Pittsburgher Zeit, und es wurde spät. Ich bezahlte und trat hinaus in die kalte frische Abendluft.

Der Tag war lang gewesen, und als ich ins Hotel zurückkam, war ich völlig erledigt. Als ich mich zum Schlafen fertig machte, fiel mir auf, dass ich den ganzen Tag über nicht eine Sekunde lang Furcht oder Traurigkeit empfunden hatte. Und wirklich: Von dem Moment an, als ich den Fuß auf den Boden Alaskas gesetzt hatte, war die Dunkelheit, die mich so lange umgeben hatte, vollkommen verschwunden. Ich kam mir vor, als hätte ich eine zweite Chance bekommen, und ich war entschlossen, alles zu tun, um sie nicht zu vermasseln.

Ich kletterte ins Bett, schaltete das Licht aus und träumte die ganze Nacht von Crazy Angus Ferguson.

****

Am nächsten Morgen erwachte ich mit dem unbestimmten Gefühl der Eile. Die Zeit verging so schnell und mein Geld wurde zusehends weniger. Ich musste bis Mittag das Zimmer geräumt haben oder einen weiteren Tag bezahlen, und ich hatte nicht die leiseste Ahnung, wohin ich gehen sollte. Ich brauchte eine Behausung, einen Job und ein Auto, genau in dieser Reihenfolge, und das Einzige, was ich hatte, war diese Anruferliste vom Radiosender in Pittsburgh. Ich holte sie aus dem Koffer, drückte mir selbst die Daumen und begann zu wählen.

Schon der erste Mensch auf der Liste war ein voller Erfolg. Sein Name war Don, und er war der Groß-Großneffe von einem Zuhörer, der an meinem letzten Tag auf Sendung in Pittsburgh angerufen hatte. Er war begeistert, etwas von seinem seit langem verschollenen Verwandten zu hören, und bald plauderten wir auch über andere Dinge. Er fragte mich nach meinen Plänen, und als ich ihm meine Situation schilderte, bot er mir sofort an, für vier Wochen in seine Wohnung zu ziehen, da er nicht in der Stadt sein würde. Er fuhr genau an jenem Abend weg, also könnte ich auf der Stelle einziehen und die Zeit nutzen, um mir eine Wohnung und einen Job zu suchen.

Ich war geplättet. Die Menschen benahmen sich dort, wo ich herkam, nicht so, und ich konnte diese Großzügigkeit eines völlig Fremden nicht begreifen.

»Ich weiß Ihr Angebot zu schätzen –«, sagte ich zögernd, »aber warum tun Sie das? Sie kennen mich nicht einmal!«

»Das macht doch nichts«, antwortete er fröhlich. »Als ich zum ersten Mal nach Alaska kam, tat jemand mir einen Gefallen, und das ist die Chance, eine alte Schuld zu begleichen. Also was sagen Sie ... sind wir uns einig?«

Verdammt, warum eigentlich nicht?

»Wir sind uns einig.«

»Großartig! Ich komme und hole Sie in fünfzehn Minuten ab. Warten Sie einfach in der Lobby.«

Don war ein attraktiver Mann Mitte dreißig, und ich mochte ihn sofort. Wir hielten bei seiner Wohnung, damit ich meine Sachen abladen konnte, und verbrachten dann den restlichen Nachmittag damit, Anchorage zu erkunden. Er spendierte mir sogar ein Abendessen, und als er an jenem Abend zum Flughafen fuhr, waren wir bereits dicke Freunde. Später sollte ich erfahren, dass Don ein typisches Beispiel dafür war, wie warmherzig und großzügig die Menschen in Alaska sind. Es würde ihm sicher gefallen, wenn er wüsste, dass auch ich in der Zwischenzeit die Schuld viele Male beglichen habe.

Der nächste dringliche Punkt auf meiner Liste war ein Job. Deshalb holte ich früh am nächsten Morgen das Branchenverzeichnis hervor und sah unter »Rundfunksender« nach. Es waren sieben oder acht Sender aufgeführt, und sie waren alle quer über die Stadt verteilt. Geld war nach wie vor für mich ein wichtiger Punkt und Taxis waren teuer. Ich entschied mich deshalb als Erstes für KBYR, den Sender, der meiner Wohnung am nächsten lag. Ich rief dort an und bekam am gleichen Nachmittag einen Termin bei Bruce Kier, dem Programmdirektor.

Bruce war ein Bürgerschreck mit einem Humor, der an Hochverrat grenzte, und ich spürte sofort, dass wir gut miteinander auskommen würden. Ich zeigte ihm meinen Lebenslauf und merkte, dass ihn die Tatsache, dass ich in Pittsburgh gearbeitet hatte, sichtlich beeindruckte. So sehr, dass er mir auf der Stelle einen Job anbot.

»Wollen Sie nicht einmal eine Hörprobe haben?«, fragte ich verblüfft. Locker war ja okay, doch das hier war doch etwas zu viel des Guten.

»Nee, ich befasse mich nie mit dem Zeug«, sagte er

lässig. »Außerdem kann dieser Sender es sich nicht leisten, allzu wählerisch zu sein.«

Ich konnte sehen, was er meinte. Die Studios waren ein einziges Durcheinander und der Boden mit Papier, überquellenden Aschenbechern und den fettigen Überresten eines acht Tage alten Mittagessens bedeckt. Jede freie Oberfläche war mit staubigen, losen Schallplatten übersät, die darauf warteten, gespielt zu werden – wenn sie überhaupt noch spielbar waren. Hier regierte das Chaos, und niemand schien sich daran zu stören.

Na wenn schon? Es war ein Job, und ich verdiente eine ganze Menge mehr als in Pittsburgh. Außerdem würde er mir etwas Zeit verschaffen, um zu entscheiden, was ich wirklich tun wollte. Allein schon aus diesem Grund nahm ich das Angebot nur zu gerne an. Ich war erst in ein paar Tagen eingeteilt, doch auch das war in Ordnung, denn ich hatte in der Zwischenzeit noch einige Dinge zu erledigen.

Am nächsten Morgen sah ich mich als Erstes mit der Aufgabe konfrontiert, einen fahrbaren Untersatz aufzutreiben. Das würde angesichts meiner Finanzen nicht einfach werden, aber ich – ganz Optimistin – schnappte mir ein Taxi in die East Fifth Avenue, dem Automobilmarkt des Fernen Nordens.

Neu- und Gebrauchtwagenhändler zogen sich kilometerweit in beide Richtungen, und ich wanderte stundenlang umher ohne die leiseste Ahnung, wo ich anfangen sollte. Ich konnte einen Buick nicht von einem Bentley und einen Cadillac nicht von einem Camaro unterscheiden, also tat ich letztlich das einzig Vernünftige und entschied mich für den Händler mit den bestaussehenden Verkäufern.

»Smiling Jack« Lovett aus Texas war so gut aussehend, dass mir die Knie weich wurden. Er arbeitete für einen der größten Händler der Stadt und hörte sich an, als wüsste er, wovon er sprach. Deshalb begab ich mich zufrieden in seine äußerst fähigen Hände. Wir fanden das Auto, das ich wollte, fast auf der Stelle. Es war ein winziger, glänzender, sexy Fiat-Roadster, und ich verliebte mich auf den ersten Blick in ihn. Aber der härteste Teil stand erst noch bevor – nämlich die Frage, wie ich ihn denn bezahlen wolle. Ich holte tief Luft und sagte Smiling Jack Lovett, wie es um meine Finanzen stand; ich ging davon aus, dass er mich jetzt mit einem Fußtritt in die nächste Zeitzone befördern würde.

Aber er lachte nur und bat mich zu warten, während er losmarschierte, um etwas für mich zu deichseln. Eine halbe Stunde später erschien er wieder und präsentierte mir, nachdem er eine Anzahlung in Höhe von *fünf Dollar* akzeptiert hatte, lächelnd einen Kaufvertrag und einen brandneuen Satz Schlüssel für das Auto!

Ich konnte es damals nicht glauben, und ich glaube es auch heute noch nicht, aber ich hatte es geschafft. Es war der finanzielle Coup des Jahrhunderts, und ich unterschrieb die Papiere schnell, bevor noch irgendwer Zeit hatte, seine Meinung zu ändern.

Später, als ich glücklich in meinem neuen italienischen Sportwagen vom Gelände fuhr, musste ich über die Ereignisse der letzten Tage nachdenken. Ich war nun seit genau zweiundsiebzig Stunden in Alaska und hatte bereits: a) eine Wohnung; b) einen Job; c) ein

Auto und d) eine Verabredung mit Smiling Jack Lovett aus Texas.

Gar nicht schlecht für den Anfang.

****

Den Rest des Nachmittags musste ich noch totschlagen, und da ich mich gerade in einer Komme-was-wolle-Stimmung befand, fuhr ich auf dem Glenn Highway nach Norden, um herauszufinden, was in dieser Richtung lag.

Die Sonne stand warm und hoch am Himmel, und ihre langen Spätsommerstrahlen lagen wie Silberstreifen auf den schroffen Gipfeln der Chugach Mountains. In der Ferne schnitten die scharfen Gipfel der Alaska Range Tausende Meter hoch in den Himmel. Ihre eisbedeckten Kämme verwandelten das Sonnenlicht in ein glühendes Lodern von Blau und Weiß, das über die Berghänge herunterfloss und alles im darunter liegenden Tal erleuchtete. Die ganze Welt schien an jenem Tag zu glühen. Ich legte die ersten fünfzig Kilometer in glücklicher Benommenheit zurück und war vollauf damit beschäftigt, mich einfach umzusehen.

In dieser Jahreszeit funkelte das Weidenröschen am stärksten – ein brennender Teppich von Rot, der sich in jede Richtung wie ein Präriefeuer erstreckte und alles auf seinem Weg versengte. Hier und da blitzte ein heller Funken Aquamarin – eine kühle blaue Oase – in der Ferne auf. Die völlige Glätte des Wassers bildete in dieser wilden und rauen Landschaft einen beruhigenden Anblick. Kilometer um Kilometer zog sich das Spektakel hin, und hinter jeder neuen Kurve wartete eine noch überwältigendere Szenerie als die vorherige. Ich war überzeugt, dass diese Straße nie enden würde.

Dann auf einmal änderte sich das Bild, so als hätte jemand plötzlich ein anderes Dia eingelegt. Plötzlich befand ich mich in einer üppigen Landschaft mit welligen Hügeln und riesigen grünen Weideflächen. Die Berge wichen zurück und gaben einem breiten Panorama mit Farmland, Wiesen und Obstplantagen Raum, die sich in intensiven Grün-, Blau- und Grautönen bis zum fernen Horizont erstreckten. Das Gefühl der Stille und Ruhe war allumfassend. So muss die Welt am ersten Tag ausgesehen haben, als alles noch neu war.

Ich wusste, wo ich mich jetzt befand.

Das war das sagenhafte Matanuska Valley, Alaskas fruchtbarer Halbmond. Hier konzentrierte sich der größte Teil der Landwirtschaft und Nahrungsmittelindustrie des Landes, und ich hatte bereits Geschichten über die enorme Größe der hier gezogenen Früchte und Gemüse gehört. Das gute Gedeihen hängt mit dem Winkel der Sonneneinstrahlung und den vielen Sonnenstunden im Sommer zusammen. Da ist es nichts Ungewöhnliches, dass ein Kohlkopf von Matanuska fast einhundert Pfund auf die Waage bringt. Stellen Sie sich Kürbisse so groß wie Wassermelonen, tennisballgroße Erdbeeren und eine Zucchini vor, mit der man eine Fußballmannschaft versorgen könnte. »Gigantisch« ist das einzig passende Wort für alles hier.

Ich hatte das Bedürfnis, mir die Beine zu vertreten, deshalb hielt ich das Auto an, stieg aus und marschierte auf ein kleines Wäldchen zu. Ich konnte es noch nicht sehen, doch von irgendwo konnte ich das Geräusch rauschenden Wassers hören. Ich ging schneller, in der Hoffnung, die Quelle zu finden.

In dem Wäldchen war es kühl und schattig, und bald stieß ich auf einen kleinen Fluss. Ein breiter Sonnenstrahl fiel durch die Bäume und funkelte auf dem Wasser, das über die Felsbrocken perlte und tanzte. Ich setzte mich ans Ufer des Baches und beobachtete glücklich, wie ein kleiner brauner Hase im Zickzack durch die Bäume davonhoppelte. Thoreau hätte es hier gefallen.

Ich zog meine Schuhe und Socken aus und tauchte meine Zehen in das kalte klare Wasser. Das einzige Geräusch war das Gurgeln des Wassers, und als ich so dasaß, in die Stille versunken, dachte ich an all die Dinge, die mich hierher geführt hatten – an einen Ort, an dem ich mehr als irgendwo sonst auf der Welt sein wollte und an dem ich allein und frei war.

Wäre ich überhaupt hier, überlegte ich, wenn es diese Diagnose nicht gegeben hätte? Wenn kein Arzt jemals diese Worte zu mir gesagt hätte, wäre ich nach wie vor in Pittsburgh, ein drittklassiger Discjockey, selbstsüchtig und zufrieden mit dem Gedanken, dass ich alles schaffen könnte? Vermutlich.

Oder war ich seit jeher zu mehr bestimmt? Soweit ich mich zurückerinnern kann, habe ich gewusst, dass mein Leben anders verlaufen würde. Sogar schon als Kind, als die anderen kleinen Mädchen ihre Barbiepuppen an- und auszogen und miteinander Vater-Mutter-Kind spielten, lag ich zusammengerollt allein in meinem Zimmer mit einem Atlas und einer großen Weltkarte und träumte von Abenteuern an exotischen, fernen Orten.

Habe ich mich bereits damals auf ein Leben jenseits aller Konvention vorbereitet? Und hätte ich den Weg hierher nicht auch so gefunden, wenn nicht höhere Mächte eingegriffen und den Prozess beschleunigt hätten? Das war jetzt nicht mehr zu entscheiden. Doch eines war sicher: Die Diagnose hatte mein Leben für immer verändert und mich auf eine Weise geprägt, die niemand sonst verstehen konnte. Ich würde nie von der Bedrohung dessen, was noch alles kommen könnte, frei sein. Aber dadurch, dass ich hierher gekommen war, hatte ich mir selbst die Chance gegeben, Teil des großen Abenteuers des Lebens zu werden und ein außergewöhnliches Leben zu führen, das mir nichts – nicht einmal eine unheilbare Krankheit – jemals würde nehmen können.

Mir lief das Herz über bei dieser Aussicht und meine Augen auch. Ich weinte um alle, die nicht hier bei mir waren, und um all die Menschen, die nie das Wunder erleben würden, einfach loszulassen und sich der Welt zu überlassen. Ich weinte um all die Zeit, die ich vergeudet hatte, und um all die Stopps auf der Straße vor mir. Doch am meisten weinte ich, weil ich all dies fast verpasst hätte. Ich verstand damals, dass ich keine Minute mehr zu verlieren und noch vieles zu tun hatte, bevor es Zeit war zu gehen.

****

Es stellte sich heraus, dass der Job genau so war, wie ich erwartet hatte. Ich nahm die Schicht am frühen Abend, eine Zeit, in der in einem Rundfunksender nicht viel los ist. Deshalb hatte ich auch keine Probleme, mich auf das Format einzustellen. Etwas heikel war nur die Vorstellung, tatsächlich Platten live abzuspielen. 1976 waren die meisten Rundfunksender schon von Schallplatten auf Bänder umgestiegen, ein unendlich handlicheres Medium, doch KBYR musste diesen Gesinnungswandel erst noch vollziehen, weshalb wir noch im Mittelalter der Unterhaltungstechnik herumwurstelten. Überraschenderweise machte es sogar Spaß.

Die Abende verbrachte ich zumeist mit neuen Freunden in der einen oder anderen Bar. Am liebsten hatte ich das Pastime, einen rustikalen Saloon, der außer einer großartigen Jukebox mit Countrymusik und den ergrauten Knaben, die ihn mit verbissener Regelmäßigkeit besuchten, wenig zu bieten hatte. Es gab dort aber auch jüngere Leute, die in erster Linie wegen der allwöchentlichen Dartturniere kamen.

Die Dartmannschaft des Pastime hatte sich in diesem Monat schon zu den Halbfinalen hochgearbeitet, und um dies zu feiern, wurde gerade ein »Fischzug« geplant – in diesem Fall ein Ausflug zum Fischen auf die Kenai Peninsula. Ich wurde auch dazu eingeladen, und da ich nur zu gerne mehr von der Gegend sehen wollte, sagte ich zu.

Den Freitagabend über wurde der große Ausflug am nächsten Morgen vorbereitet: Proviant wurde geplant und Sitzverteilungen für die Autos wurden vorgenommen; das Boot wurde auf Lecks überprüft; Zelte, Schlafsäcke und Angelzeug wurden inspiziert und für einsatzbereit befunden. Ich wurde eingeteilt, mit »Trader Rick« Berkheiser zu fahren, dem hiesigen Dartprofi, und wir vereinbarten, uns am nächsten Morgen vor der Bar zu treffen, um von hier aus zu starten.

Es versprach, ein tolles Wochenende zu werden.

Die Sonne schien, der Himmel war wolkenlos, und als wir den Stadtrand von Anchorage hinter uns ließen, waren alle in Urlaubsstimmung. Ich war in ein Gespräch mit Rick vertieft, als wir Potter Marsh unmittelbar vor der Stadt umfuhren. Als ich aufsah, um herauszufinden, wo wir waren, wurde ich vom ersten Anblick des Turnagain Arm völlig überrascht.

Ich hatte oft die Leute scherzhaft sagen hören, das Schönste an Anchorage sei seine unmittelbare Nähe zu Alaska. Jetzt begriff ich, was sie damit gemeint hatten. Innerhalb von fünfzehn Minuten waren wir aus der geschäftigen städtischen Szenerie hinaus in diese reine unberührte Wildnis gelangt. Ungeheure schneebedeckte Berge erhoben sich aus dem Meer und bildeten eine undurchdringliche Wand aus Fels und Eis, die sich so weit das Auge reichte erstreckte. Seit vielen Millionen Jahren standen sie hier, schweigende Wächter, wunderschön in ihrer kahlen, bedrohlichen Präsenz.

Der Turnagain Arm war an jenem Morgen von einem unheimlichen Grau, eine tödliche aufgewühlte Wassermasse, die sich ihren Weg fast 80 Kilometer weit zurück in die Berge schnitt. Es war ein gefährlicher Ort. Die Gezeiten gehören zu den höchsten weltweit, die Flut erreicht im Durchschnitt 10 Meter Höhe und läuft oft noch viel höher auf. Die Wassermassen waren Ehrfurcht gebietend und in ihrer Macht und ungeheuren Gewalt erschreckend.

Und es war für dieses kleine Großstadtmädchen einfach zu viel. Alles um mich herum nahm den Hauch des Unwirklichen an, als ob ich das alles träumte, und ich fürchtete, wenn ich auch nur einmal blinzelte, wäre alles plötzlich verschwunden. Ich war einem Phänomen mit der Bezeichnung »landschaftliche Überdosis« zum Opfer gefallen.

Die Gefühle, die hochkommen, wenn man sich unmittelbar mit der Macht und Majestät eines Ortes wie diesem konfrontiert sieht, sind schwer zu beschreiben. Es ist, als hätte Mutter Natur ihre Schatztruhe geöffnet und alles hier ausgebreitet, und man empfindet Mitleid mit dem Rest der Welt, weil für ihn unmöglich noch etwas übrig geblieben sein kann. Doch gerade wenn man meint, man habe das Beste und Meiste gesehen, was sie zu bieten hat, enthüllt sie unvermittelt einen neuen Schatz.

Das hört sich schmalzig an, ich weiß, aber Alaska bringt einen zu so etwas.

Die Straße wand sich am Arm entlang, und wir kamen an Orten mit Namen wie Rainbow oder Indian und Bird Creek vorbei, alles winzig kleine Außenposten, die scheinbar nur aus einem Rasthaus oder Café bestanden. Wie es für alle Neuankömmlinge in diesem Gebiet obligatorisch ist, hielten wir an der Bird House Bar in Bird Creek für ein Bier und für das, was ein einzigartiges Erlebnis in Alaska ist, wie Rick versprach.

Das Erste, was ich am Bird House bemerkte, war der riesige blaue Vogel, der trunken aus dem Vorderfenster lehnte. Die meisten Dinge in Alaska sind überlebensgroß, doch ein zweieinhalb Meter großer Sittich, der an einem Neoncocktail nippt, ist wirklich übertrieben und in dieser ansonsten primitiven Umgebung ein verrückter Anblick.

Das Nächste, was einem auffällt, ist das Bird House selbst. Auf den ersten Blick wirkt es wie eine normale (natürlich von dem Vogel mal abgesehen) uralte Blockhütte auf dem absteigenden Ast, doch wenn man genauer hinsieht, merkt man, dass das Dach auf der einen Seite höher ist als auf der anderen. Tatsächlich ist ein Teil des Gebäudes fast vollkommen in den Boden gesunken, was ziemlich gefährlich aussieht. So seltsam es von außen ist, innen ist es noch schlimmer.

Die Wände und die Decke der Hütte sind mit altem Schund und Krimskrams aus dem ganzen Jahrhundert bedeckt; jedes Stück wurde von Besuchern aus allen Ecken der Welt liebevoll dort aufgehängt. Führerscheine, Blankoschecks, Reisepässe, Suspensorien und Unterhosen bedecken jeden Quadratzentimeter des Raumes, und man darf gerne etwas hinzufügen – man muss nur jemanden um den Tacker bitten. (Bei den Unterhosen gilt übrigens die Vorschrift, dass sie noch warm sein müssen, wenn man sie aufhängt, und man darf dabei um Himmels willen nicht mogeln.)

Ungefähr ein Dutzend Baumstämme dienen als Barhocker, und die eigentliche Bar fällt, wie das ganze Gebäude, in einem Dreißig-Grad-Winkel schräg nach unten ab. Es ist auf den ersten Blick klar, dass für diese Schieflage das große Erdbeben von 1964 verantwortlich ist. Doch wenn man den Barmann danach fragt, wird er sagen, dass die Dinge schon vorher schief gestanden haben und das Erdbeben sie bloß alle gleichmäßig ausgerichtet hat.

Man darf auf keinen Fall nicht vergessen, seinen Drink festzuhalten. Wenn man ihn loslässt, muss man zuschauen, wie er den Tresen runterrutscht und an die Wand kracht. In diesem Fall ist eine Lokalrunde fällig. Das kann, wenn viele Gäste da sind, ganz schön teuer werden.

Wir dehnten unseren Begrüßungstrunk auf zwei Stunden aus (was hier so üblich ist), und es war bereits weit nach Mittag, als wir uns schließlich verabschiedeten und wieder in den Wagen kletterten.

Nach knapp 40 Kilometern kamen wir am Ende des Turnagain Arm zum Portage Glacier. Das ist ein weiterer obligatorischer Haltepunkt, und nichts in der Welt hätte mich auf diesen Anblick vorbereiten können.

Den besonderen Blauton dieses Gletschers gibt es nirgendwo sonst in der Natur, und er lässt sich einfach nicht mit Worten beschreiben. Man kann es nur mit Vergleichen versuchen. Können Sie sich an die Schneeszenen in *Dr. Schiwago* erinnern? So sieht der Portage aus, nur noch blauer. Der Gletscher bewegt sich wie ein Fluss aus Eis mit einer eineinhalb Kilometer breiten Zunge erbarmungslos vorwärts und gebiert ständig neue blaue Eisberge, die tief ins Wasser tauchen und majestätisch hinaus auf den Portage Lake treiben. Hier werden die schweigenden gefrorenen Monolithen von Wind und Wasser zu fantastischen, surrealen Formen geschliffen.

Die Wirkung war hypnotisierend, und wenn nicht ein eiskalter Wind über die Eisfläche geweht hätte, hätten wir den ganzen Tag dort gestanden. Es war kaum zu glauben, dass es erst Mitte August war und wir nur eine Stunde von Anchorage entfernt waren.

Einige Kilometer hinter dem Portage Glacier macht der Highway eine weit gezogene Linkskurve und biegt in einem 300 Meter hohen Aufstieg zum Turnagain Pass ein. Nach einem kurzen Halt, um die Aussicht zu bewundern, fuhren wir weiter am Granite Creek und dem Abzweig nach Hope vorbei und schließlich einen gefürchteten steilen Pass hinauf. Als wir den Upper Summit Lake erreichten, verkündete Rick aufgeregt, bis Cooper Landing seien es jetzt keine 30 Kilometer mehr, und ich solle warten, bis ich das sähe!

Bei Cooper Landing gab ich endgültig auf. Ich hatte in den letzten Stunden schon viel Erstaunliches gesehen, doch als wir zu diesem traumhaft schönen kleinen Dorf kamen, das sich an das Ufer des Kenai Lake schmiegt, erlebten meine Gefühle schließlich eine Überspannung und schalteten vollkommen ab. Zu behaupten, der See war so blau wie der Himmel in der Dämmerung und die Berge hätten die atemlose Aura einer Mondlandschaft, wäre einfach untertrieben. Worte verloren hier ihren Sinn, und als wir schweigend weiterfuhren, wurde mir klar, dass ein Teil von mir schon immer hier gelebt hatte.

Alles war mir so vertraut wie mein Name, und als wir an Bobs Kenai Lake Lodge vorbeikamen, bat ich Rick anzuhalten, denn ich spürte, dass ich dort etwas Wichtiges finden würde.

Das Café war voll, deshalb gingen wir durch zwei schwingende Saloontüren in die Bar. Hier drinnen war es dunkel. Dies war ein Ort, der zu einigen der großen alten Country-and-Western-Songs inspiriert hatte und zu mehr als genug drittklassigen Liebesromanen. Die Wände waren mit billigem Holz getäfelt, ein Sammelsurium verschiedenster Gläser zierte das Bord hinter der Bar, und über dem Fenster blinkte ein großes rotes »Bud eis r«-Schild.

In der Ecke stand eine alte Wurlitzer mit der allerbesten Countrymusik, zwölf Titel für einen Dollar, und über der Tür hing ein zerfledderter alter Rentierkopf und starrte glasig auf das durchlöcherte Dartbrett, das auf der gegenüberliegenden Wand einen Ehrenplatz hatte. Es war eine ausgetrocknete Oase, ein Reliquienschrein am Straßenrand, wo die Liebe in Litern gemessen wurde und nie irgendetwas Bedeutsames geschah. Ich fand es absolut schön.

Die Frau, die uns hinter der Bar anlächelte, wirkte seltsam fehl am Platz. Ihr weiches blondes Haar war im Nacken zu einem lockeren Knoten geschlungen, und wenn sie lächelte, schien der ganze Raum zu strahlen. Sie war die sanfteste Frau, die ich je getroffen hatte, und man konnte auf den ersten Blick erkennen, dass sie in ihrem ganzen Leben noch nichts Falsches getan hatte. Das war die Frau, an die man denkt, wenn jemand von der Heiligen Mutter spricht.

Ihr Name war Anne Poff, und wir kamen ins Gespräch, während sie unsere Biere zapfte. Sie erzählte, sie und ihr Mann hätten die Lodge ein paar Jahre zuvor gekauft und seitdem immer damit gekämpft, alles unter einen Hut zu bringen. Augenblicklich laufe es gerade besonders schlecht, sagte sie, da ihnen eine Hilfe fehle – es sei nicht einfach, hier am Ende der Welt gute Mitarbeiter zu finden. Ich spitzte sofort die Ohren und fragte, worin der Job denn bestünde.

Sie sagte, sie bräuchten jemanden, der kochen, servieren und ein Auge auf die Bar haben könne, wenn es hoch herging. Sie könnten nicht viel zahlen, doch das Essen wäre umsonst und eine kleine Blockhütte gehöre ebenfalls zu dem Job. Ob ich jemanden wüsste, der vielleicht Interesse hätte?

Und ob! Das war meine Chance, und wenn ich sie nur überzeugen könnte, mich anzustellen, könnte ich tatsächlich hier in Cooper Landing leben und eines Tages vielleicht sogar dazugehören. Ich wünschte es mir so sehr, dass ich Angst bekam.

Ich sagte ihr, ich könnte alles, was sie bräuchte, und dass ich *alles* tun würde, wenn sie mir nur eine Chance gäbe. Sie war überrascht, aber sie muss gespürt haben, wie wild ich auf den Job war. Als sie sagte, ich könnte den Job haben, brach ich vor Erleichterung fast zusammen. Wir verabredeten, dass ich nach Anchorage zurückfahren, beim Rundfunksender mit einer Woche Frist kündigen und mich dann am nächsten Montag in der Lodge zur Arbeit melden würde. Ich konnte mein Glück überhaupt nicht fassen.

Ich schwebte über den Wolken, als wir die Rechnung bezahlten und zum Wagen zurückgingen. Die letzten 70 Kilometer des Trips vergingen wie im Flug, und ich konnte nur noch daran denken, wie ich die nächsten sieben Tage überstehen sollte.

In Soldotna trafen wir uns mit dem Rest der Gruppe

und schlossen uns der Karawane nach Eagle Rock an, unserem Zeltplatz am Kenai River.

Das Wochenende wurde ein echter Erfolg. Es gab massig zu essen und viel Bier, das Angeln war großartig, und als wir am Sonntagabend unsere Zelte abbrachen, waren unsere Bäuche, Taschen und Kühlbehälter mit Pfunden von Fisch gefüllt. Alle waren sich einig, dass dies der beste Fischzug aller Zeiten gewesen sei, und es wurden Pläne geschmiedet, das Ganze sehr bald zu wiederholen. Als wir losfuhren, war es schon dunkel, und ich schlief fast die ganze Strecke bis nach Anchorage. Nicht einmal als wir durch Cooper Landing kamen, wachte ich auf.

Vier

Cooper Landing, Alaska
Herbst 1976

Meinen Job bei KBYR zu kündigen war ein Knaller. Bruce fand es urkomisch, dass ich ernsthaft vorhatte, Anchorage und einen »richtigen« Job aufzugeben, um ausgerechnet in Cooper Landing Haschee zu servieren.

»Denk doch nur, JJ«, witzelte er, »wenn du dich in Cooper Landing mal langweilst, kannst du immer nach Moose Pass fahren und dort toll ausgehen! Oder was ist mit Clam Gulch – na, das ist eine boomende Metropole! HA HA HA HA HA HA!«

Was für ein Blödmann. Ich sagte ihm, er könne es drehen und wenden, wie er wolle, aber ich würde gehen. Ich wollte nichts mehr davon hören. Als ich das Studio verließ, kicherte er immer noch.

Irgendwie überstand ich die Woche. Als ich am Samstag meinen Gehaltsscheck abholte, wünschten mir alle Glück und gratulierten mir zu meiner brillanten dreißigtägigen Karriere bei KBYR. Diesen Komikerhaufen würde ich wirklich vermissen.

Ich fand es nicht sonderlich sinnvoll, noch länger in

Anchorage herumzuhängen. Deshalb beschloss ich, einen Tag früher zur Lodge zu fahren und die Zeit zu nutzen, um mich einzurichten. Ich fuhr in meine Wohnung und ließ für Don eine Nachricht zurück, in der ich mich bei ihm für seine Großzügigkeit bedankte und ihn einlud, mich zu besuchen, wenn er mal nach Cooper Landing käme. Dann warf ich alles, was ich besaß – ein paar Bücher und einen Arm voll Klamotten –, in den Fiat, tankte an der Tesoro-Tankstelle voll, und eine Viertelstunde später war ich auf dem Old Seward Highway Richtung Süden zur Kenai Peninsula und in eine Zukunft unterwegs, die ich mir nur in ersten Umrissen vorstellen konnte.

Man konnte spüren, dass der Herbst kam, denn die Luft war anregend und frisch, und auf den Berggipfeln lag eine weiße Zuckerschicht aus Schnee. Die Bewohner Alaskas nennen dies »termination dust«, die Folge des frühen Schneefalls in hohen Lagen und ein untrügliches Zeichen für den nahenden Winter. Die Luft schmeckte nach Meer, und ich fühlte mich so frei wie der Wind, der über das Wasser tanzte und die Berghänge hochraste.

Beim Fahren ergriff ein tiefes Gefühl von Frieden von mir Besitz, und da wusste ich, dass ich genau dort war, wo ich sein sollte. Was auch geschehen mochte, ich war endlich, völlig furchtlos und freudig, auf dem Weg in mein letztes großes Abenteuer.

In diesem Jahr waren eine Menge Elche unterwegs, und ich musste mehrmals anhalten und warten, bis ganze Herden die Straße überquert hatten. *Nichts* ist langsamer als ein Elch, wenn er keine Lust hat, sich zu beeilen. Doch ich lernte auch schnell, dass man sie nie wütend anhupen sollte. Sie neigen dazu, das persönlich zu nehmen, und neunhundert Kilo verärgerter Elch können dem Auto und erst recht dem Fahrer ernsthaften Schaden zufügen.

Hundertfünfzig spektakuläre Kilometer weiter nahm ich die Abkürzung nach Cooper Landing, und als ich an der Lodge Our Point of View auf der rechten Seite vorbeikam, wusste ich, dass es nicht mehr weit war. Einer Legende nach hat Walt Disney früher hier Urlaub gemacht, und den Grund dafür konnte ich gut verstehen. Auf halber Höhe am Berghang gelegen, bot die Lodge einen unvergleichlichen Ausblick auf die Umgebung und völlige Abgeschiedenheit. Der alte Walt konnte sich hier wochenlang verstecken, ohne dass auch nur eine Menschenseele wusste, dass er da war.

Kurze Zeit später war ich am Ziel. Ich sprang aus dem Wagen, sah mich um und versuchte alles gleichzeitig in mich aufzunehmen.

Der See war tief und blau. Ein flüssiges Prisma, das das Licht einfing und in tausend verschiedene Farben auffächerte, um es dann blendend in den Himmel zurückzuwerfen. An seinem Ufer standen dicke grüne Fichten und Tannen, ein dunkler und geheimnisvoller urzeitlicher Wald. Darüber thronte das nackte Antlitz des Mount Stetson, eine tausend Meter hohe Steilwand, deren Kamm so scharf und schwarz wie ein Obsidian war. Es war eine Szenerie wie aus einem Traum mit einer so formvollendeten Symmetrie, dass es fast schon kitschig war.

Das war nun meine Heimat. Ich war offizielle Einwohnerin von Cooper Landing mit einem Job, einer Wohnung und bald, wie ich hoffte, vielen Freunden. Ich drehte mich um und rannte die Stufen zur Lodge hoch.

Wieder war das winzige Café voll bis unter die Decke, und soweit ich es beurteilen konnte, waren die meisten Gäste entweder Touristen oder Trucker. Inmitten all des Durcheinanders schlängelten sich ein paar Kellnerinnen mit riesigen Tellern voller kurz gebratener Steaks und großen Silberpötten mit Kaffee durch den Raum. Ich wollte gerne mit ihnen reden, doch es gab nicht einen einzigen freien Sitzplatz, deshalb lächelte ich ihnen kurz zu und ging in die Bar, um Anne zu suchen.

Sie saß auf einem hohen Stuhl und sprach mit ein paar Touristen. Als ich hereinkam, sprang sie auf und umarmte mich zur Begrüßung. Sie sei froh, mich zu sehen, sagte sie, denn eine andere Kellnerin habe am Tag zuvor gekündigt. Ob ich vielleicht schon an diesem Abend bei einer Party hinter der Bar stehen könnte, die einige Einheimische in der Lodge schmeißen würden? Na klar konnte ich das!

Bald nach dem Mittagessen wurden die Gäste weniger, und Anne nahm mich mit in den Speiseraum, damit ich meine drei Kolleginnen Pennie, Joanie und Cherie kennen lernte. Pennie war pummelig und lustig, ihr braunes Haar kringelte sich um ihr weiches Gesicht. Sie war die letzte aktive Vertreterin der Hippiegeneration und sah dementsprechend aus; sie trug einen langen weiten Batikrock, eine bedruckte Seidenbluse und ganze Lagen von Feder- und Perlenschmuck. Jemanden wie sie hatte ich seit den sechziger Jahren nicht mehr gesehen, und ich freute mich schon darauf, mit ihr zusammenzuarbeiten.

Joanie war ganz anders. Ihr schwarzes gelocktes Haar hatte sie zu einer Hochfrisur toupiert, und sie präsentierte sich als forsche, sturmerprobte Profikellnerin. Ich hatte das Gefühl, unter diesem schrillen Auftritt stecke jemand, der mir viel bedeuten könnte, doch das würde sich erst im Laufe der Zeit zeigen.

Cherie war die Kleine. Sie war zwar keine richtige Liliputanerin, doch sie war kaum größer als eins zwanzig und jedermanns Liebling. Ich konnte nicht anders, ich musste sie laut fragen, wie sie überhaupt mit dem Job zurechtkam, weil sie doch so klein war? Das sei ganz einfach, sagte sie. Sie hatte in der Lodge überall an strategisch wichtigen Punkten umgedrehte Kaffeedosen aufgestellt, und jedesmal wenn sie die Kasse oder den Grill bedienen musste, hüpfte sie einfach auf eine Dose. Die anderen stolperten zwar dauernd über die Dosen, doch niemand störte sich daran, denn sie standen ja für Cherie da.

Schließlich wurde es Zeit, meine Hütte zu inspizieren. Sie lag links von der Lodge, verborgen zwischen den Bäumen, etwa zwanzig Meter weiter oben am Berg. Sie als »rustikal« zu bezeichnen, wäre eine ziemliche Untertreibung. Als wir den Hügel schnaufend und keuchend hochstapften, warnte mich Anne, die Hütte sei innen ein bißchen unwirtlich und sie sei nicht sicher, ob ich überhaupt da wohnen wolle.

Ich liebte die Hütte. Sie war kleiner, als ich mir vorgestellt hatte, und tatsächlich in einem traurigen Zustand. Die meisten Holzbohlen waren gespalten und abgeblättert, das Dach sah aus, als würde es gleich einstürzen, und die schwere Holztür hing schief in den Angeln. Anne erklärte, die Hütte sei ungefähr achtzig Jahre alt und der Letzte, der darin gelebt habe, sei ein alter Goldsucher mit seinem Ziegenbock gewesen. Im Inneren roch es, als würde die Ziege immer noch hier leben, doch das machte mir nichts aus – das war *genau* die Art von Behausung, von der ich geträumt hatte.

Die vordere Hälfte der Hütte hatte einen gestampften Boden, und die hintere Hälfte war mit dicken Holzplanken ausgelegt, zwischen denen Dutzende von großen buschigen Unkrautpflanzen wuchsen. Anne entschuldigte sich für das Unkraut, aber ich fand, dass es dem Ort etwas Urwüchsiges verlieh, und sagte, mir würde nicht mal im Traum einfallen, es herauszureißen.

In der Ecke gegenüber vom Fenster stand ein wackeliges altes Feldbett mit einer klumpigen Matratze, und daneben befand sich ein verbeulter Metallspind mit einem großen Loch, wo früher einmal die Tür gewesen war. Der einzige weitere Gegenstand im Raum war ein heruntergekommener verrosteter Holzofen, der wie ein müder alter Mann an der Wand lehnte.

Anzeichen für Elektrizität, Heizung oder fließendes Wasser fehlten – Omen, die ich besser etwas ernster genommen hätte. Doch der Blick aus dem Fenster war so atemberaubend, dass er alle anderen Überlegungen in den Schatten stellte.

Anne bot an, mir beim Holzsammeln und Feuermachen im Ofen zu helfen, doch davon wollte ich nichts hören.

»Nein, nein, nein«, sagte ich ausgelassen, »es ist absolut nicht nötig, dass du dich damit herumplagst.«

Ich erzählte ihr, ich sei eine meisterhafte Feuermacherin und würde mich später um diesen Kram kümmern. Kein Problem.

Zunächst schien es ihr zu widerstreben, mich beim Wort zu nehmen, doch ich blieb hartnäckig, und bald wanderten wir Arm in Arm zurück zur Lodge, wie zwei mit allen Wassern gewaschene Pionierschwestern.

Weil ich am nächsten Morgen um fünf Uhr als Köchin anfangen sollte, wollte Anne mir alles in der Küche zeigen und mich mit den Abläufen vertraut machen. Ich hatte natürlich gelogen, als ich ihr sagte, ich hätte schon als Köchin gearbeitet, doch da sah alles auch noch ziemlich einfach aus. Eier, Käse und Milch wurden im Kühlschrank neben dem Ofen aufbewahrt, und Bacon und Wurst befanden sich im großen Gefrierschrank draußen an der Rückseite des Hauses. Alles wirkte ganz simpel, und ich war locker und zuversichtlich, als Anne die Bombe hochgehen ließ.

»Ich kann mir vorstellen, dass du bei all deiner Erfahrung auch eine gute Kuchenbäckerin bist?«, fragte sie ganz nebenbei, als sie mir zeigte, wo Mehl und Zucker aufbewahrt wurden.

Oh Gott. Ich hatte das ungute Gefühl, dass sie nicht über tiefgefrorene Torten oder fertige Backmischungen sprach. Aber ich durfte auf keinen Fall Schwäche zeigen.

»Sicher«, antwortete ich ungeniert, »Backen ist meine Spezialität!«

»Gut. Dann muss ich dir ja nichts erklären. Die Liste

mit allem, was du tun musst, hängt auf der Innenseite des Gefrierschranks bei der Tür.«

Als sie überzeugt war, dass ich alles wusste, was es zu wissen gab, ging sie mit den Worten nach Hause, sie würde am nächsten Tag nicht da sein, weil sie in Kenai Vorräte besorgen wolle.

»Zerbrich dir nicht den Kopf«, sagte sie fröhlich, als sie zur Tür ging. »Du schaffst das schon. Und Pennie ist ja hier, falls du Probleme bekommst. Tschüss!«

Als sie verschwunden war, rannte ich zurück in die Küche und schnappte mir die Backliste. Ich musste sie dreimal durchlesen, bis das wahre Ausmaß der Aufgabe in mein vertrotteltes Gehirn gesickert war. Die Lodge öffnete allmorgendlich um sechs Uhr, und zu diesem Zeitpunkt sollte ich *eigenhändig* sieben Brotlaibe in Industriegröße, acht große Obstkuchen (je zwei mit Äpfeln, Kirschen, Blaubeeren und Bananencreme) und mindestens fünf *Dutzend* Zimtschnecken, jeweils von der Größe einer kleinen Insel, gebacken haben.

Ich steckte in großen, großen Schwierigkeiten.

Meine Hände zitterten, als ich die Liste zurück an ihren Platz hängte und benommen ins Café ging. Es waren gerade keine Gäste da, und deshalb machten Pennie und Cherie Pause. Ich schenkte mir einen Kaffee ein und setzte mich zu ihnen und Joanie an den Tisch am Fenster. Wir begannen uns zu unterhalten, und ich brachte so elegant wie möglich das Thema Backwaren ins Gespräch.

»Oh ja«, meinte Joanie grinsend, »willkommen in Annies Kleiner Backstube in der Prärie. Sie ist bei diesem Kram wirklich fanatisch – will alles selbst gebacken haben. Das ist richtig nervig. Vor allem die verfluchten Zimtschnecken.« Die Lodge war weithin bekannt für ihre sagenhaften Zimtschnecken und jeder Tourist, der hereinkam, wollte unbedingt eine jener Köstlichkeiten probieren, von denen er schon so viel gehört hatte. Infolgedessen hassten Joanie und die anderen mittlerweile die Schnecken *und* die Touristen gleichermaßen.

»Aber das ist doch verrückt!«, jammerte ich. »Hat ihr denn noch niemand gesagt, dass man heutzutage absolut gutes Brot und tollen Obstkuchen im Laden kaufen kann? Sogar tiefgefrorene *wunderbare* Zimtschnecken – man muss sie nur noch auftauen!«

Oh, aber das würde hier unmöglich reichen, erklärte Joanie; dann entschuldigte sie sich und zog los, um mir zu zeigen, was sie meinte. Sie kehrte mit einer Servierplatte zurück, die unter der größten, hässlichsten Zimtschnecke, die ich je gesehen hatte, völlig verloren wirkte. Dicker schmelzender Zuckerguß lief über die Oberseite und die Seiten wie giftiger Schlamm, und obenauf saß ein ungeheurer gelber Klacks weicher, handgeschlagener Buttercreme. Mir wurde schon beim Anblick schlecht.

»Ich weiß, was du meinst«, sagte Pennie lachend. »Jedes dieser Babys wiegt eineinhalb Pfund und hat nach unserer Schätzung etwa achttausend Kalorien. Ich träume davon, eines Tages siebenundvierzig Kilo zu wiegen und einem fetten Touristen fünf oder sechs solche Stücke in den Hals zu stopfen.«

Das erschien mir ein vernünftiges Vorhaben.

»Übrigens ...«, fragte Joanie nebenbei, als sie in die

Küche zurückschlenderte, »du hast noch nie in deinem Leben irgendwas gekocht oder gebacken, oder?«

Miststück.

Die Party, bei der ich an jenem Abend die Bar übernommen hatte, war ein Riesenerfolg. Spike Edwards war der inoffizielle Bürgermeister von Cooper Landing, eine Ehre, die ihm zuteil wurde, weil er über absolut alles Bescheid wusste, was in dieser kleinen Gemeinde mit noch nicht mal hundert Einwohnern vor sich ging. Niemand wusste so genau, wie er an seine Informationen kam, doch offensichtlich hatte er seine Quellen, und alle behandelten ihn dementsprechend.

Es sollte eine Überraschungsparty für Spike sein. Doch Spike wusste bereits davon, denn Spike wusste, wie bereits erwähnt, über *alles* Bescheid. Dessen ungeachtet hatte sich zu diesem Anlaß die Crème de la crème von Cooper Landing eingefunden, und am Ende des Abends hatte ich einige sehr wichtige Verbindungen geknüpft.

Sparky Green, der Erste Posaunist des Ortes, lud mich ein, jederzeit sein preisgekröntes Außenklo zu besichtigen. Es hatte im letzten Jahr beim Wettbewerb den ersten Preis gewonnen, und alle meinten, es sei wirklich sehenswert – eine Doppeltoilette mit gepolsterten Sitzen, versenkter Beleuchtung und eingebauter Dixielandmusik! Ich versicherte ihm, ich könne es kaum erwarten.

Bert und Woody Hobbs luden mich ein, mit ihnen zum Stadtfest in der nächsten Woche zu gehen, und ein paar der jüngeren Mitglieder des Romig-Clans sagten, ich könne doch mal vorbeikommen und sie in *ihrer*

Hütte besuchen, wenn ich mal von den »Bibelwerfern mit ihren zusammengekniffenen Ärschen« im Ort wegwolle.

Doch das verlockendste Angebot überhaupt kam von Wayne Kramer und seinem Sohn Nate. Sie luden mich ein, mit ihnen zusammen auf die Suche nach der »seltenen und flüchtigen Gold-Finned Dolly Varden«, einer legendären riesigen Forellenart, zu gehen. Sie hätten die Exklusivrechte für die besten Angellöcher der Gegend und versprachen, mir alles, was ich über das Angeln wissen musste, zu zeigen. Allmählich wurde ich richtig heimisch.

Gegen Mitternacht verkündete Pennie, sie werde sich jetzt in die Falle hauen, und schlug mir vor, ich solle dasselbe tun. »Denn in diesem Teil der Welt wird es schrecklich bald Morgen.« (Allmählich fing ich an, Redewendungen wie »dieser Teil« und »nur wir Leute« zu lieben, und ich freute mich schon auf den Tag, an dem ich dieses einheimische Kauderwelsch problemlos über die Zunge brächte.)

Pennie hatte eine Hütte am Hügel hinter der Lodge, und ich ging mit ihr bis zum Anfang des steilen Pfades.

»Bist du sicher, dass du heute Nacht zurechtkommst?«, fragte sie skeptisch. »Ich könnte dir helfen, Feuer zu machen, wenn du möchtest.«

Ich versicherte ihr, dass ich das schon hinkriegen werde und mich sogar darauf freue.

»Na gut, okay, wenn du sicher bist ... aber du solltest wirklich ein gutes Feuer in Gang kriegen, denn es wird nachts jetzt schon frostig. Ich seh dich dann morgen früh um fünf, oder um vier Uhr dreißig, wenn du duschen willst, in der Lodge. Nacht!«

Verdammt. An das Wasser in meiner Hütte – oder besser gesagt, daran, dass es keines gab – hatte ich überhaupt nicht mehr gedacht. Na gut, sagte ich mir, saubere Zähne waren in dieser Nacht noch die geringste meiner Sorgen. Ich war noch keine fünfzig Meter weit gekommen, als Pennie den Kopf aus ihrer Tür steckte und mir noch einen Warnschuss hinterherfeuerte: »Sei vorsichtig, wenn du da oben herumwanderst – in den letzten Nächten hat sich bei deiner Hütte ein Schwarzbär herumgetrieben!«

Oh, mein Gott.

****

In der Hütte herrschte pechschwarze Dunkelheit. Wer noch nie eine Nacht auf dem Land verbracht hat, kann sich kaum vorstellen, wie dunkel es werden kann. Ich tastete sofort nach einem Lichtschalter. Aber da *war* kein Lichtschalter, es gab nämlich kein elektrisches Licht. Einen Moment lang bekam ich Panik, doch dann riss ich mich zusammen und erinnerte mich daran, dass ich am Nachmittag auf dem Boden eine alte Kerosinlampe gesehen hatte. Ich tastete mit dem Fuß den Boden ab, bis ich sie gefunden hatte. Erleichtert stellte ich fest, dass sie noch etwas Kerosin enthielt. Ich suchte in meiner Tasche nach einer Packung Streichhölzer, und bald war der ganze Raum in den weichen, warmen Schein der Lampe getaucht. Man mag es glauben oder nicht, es war irgendwie richtig romantisch.

Nachdem ich nun das erste Problem gelöst hatte, war es an der Zeit, den Holzofen anzugehen. Eine kurze Überprüfung ergab, dass in der Hütte auch nicht ein einziges Stöckchen herumlag und dass ich draußen Holz sammeln müsste. Aber was war mit dem Bären? Ich konnte mich nicht erinnern, ob Licht Bären anlockt oder abschreckt, deshalb tat ich das einzig Vernünftige und ließ die Lampe drinnen neben dem Ofen zurück.

Draußen wurde ich erneut von der Dunkelheit überwältigt. Wenn ich zu tief in den Wald hineinginge, würde ich vielleicht den Rückweg nicht mehr finden, und ich hatte bestimmt nicht vor, durch die undurchdringliche Nacht zu wandern, besonders mit diesem verdammten Bären in der Nähe. In der unmittelbaren Umgebung der Hütte fand ich nichts Holzartiges. Aber ich entdeckte ganz in der Nähe einen großen Busch und fing an, seine feuchten Äste abzureißen. Das musste einfach reichen. Als ich einen Arm voll abgerissen hatte, rannte ich zurück zur Hütte und nahm mir vor, von nun an nur noch tagsüber Holz zu sammeln.

Der Holzofen lehnte drohend an der Wand, eine unbewegliche Masse aus Eisen und Rost, und ich näherte mich ihm mit Beklommenheit. »Mach voran«, schien er mich herauszufordern, »versuch mein altes, kaltes Herz zu wärmen.« Ich öffnete die schwere Ofentür und stopfte den Haufen Zweige mit den nassen Blättern und allem Drum und Dran hinein.

Ich wusste, man sollte beim Anzünden irgendwas beachten, doch mir fiel nicht mehr ein, was es war. Also verließ ich mich auf meine Erfahrung vom Grillen im

Hinterhof, goss etwas Kerosin aus der Lampe auf die Zweige, warf ein Streichholz auf den Haufen und sprang zurück, als das Feuer aufloderte. Alles *bestens!* Ich hechtete zum Bett und krabbelte unter die Decken, aalte mich in der plötzlichen Wärme und spürte eine tiefe Verwandtschaft mit allen Pionierfrauen. Es gab *nichts*, was ich nicht schaffte.

Doch plötzlich spürte ich ein brennendes Gefühl im Hals. Es wurde immer schlimmer, und als ich die Augen aufschlug, war die ganze Hütte voller dickem schwarzem Rauch. Ich konnte nichts sehen. Würgend und nach Luft schnappend, stemmte ich das Fenster neben meinem Feldbett auf. Dann kämpfte ich mich quer durch den Raum und schaffte es irgendwie, die Tür des Ofens zu öffnen. Als die Luft schließlich etwas klarer wurde, spähte ich vorsichtig in den Ofen und musste feststellen, dass von meinem lodernden Feuer nun nur noch ein erbärmliches glimmendes Häufchen aus grünem Holz und feuchten, qualmenden Blättern übrig war.

Wütend griff ich mir einen Zweig vom Boden und begann in den Resten des Feuers herumzustochern, in der Hoffnung, es irgendwie wieder zum Leben erwecken zu können. Plötzlich sprangen ein paar Funken aus dem Ofen und landeten genau auf dem Unkraut zwischen den Bodenbrettern. Das fing sofort Feuer, und innerhalb von Sekunden stand der Boden vor dem Ofen in Flammen.

Ich schrie und rannte zum Bett. Die Matratze war dick und schwer, doch ich zerrte sie herunter und quer durch den Raum zu der Stelle, an der die Bodenplanken nun lichterloh brannten. Die Flammen schlugen höher und höher, und in Panik hievte ich die Matratze in die Mitte der Feuersbrunst. Wider alle Vernunft hoffte ich, ihr Gewicht würde das Feuer ersticken.

Es funktionierte. Das Feuer war aus, doch nun besaß ich kein Bett *und* kein Feuerholz mehr, und die Hütte wurde von Minute zu Minute kälter. Genau da erlosch auch die Lampe, weil sie den letzten Rest Kerosin verbraucht hatte, und ich befand mich wieder in völliger Dunkelheit. Es sollte die längste und kälteste Nacht meines Lebens werden.

Ich rollte mich auf dem Boden zusammen und zog mir die Decken über den Kopf. Es war zu kalt und zu still, um zu schlafen, deshalb lag ich wach, bibbernd und elend, dachte an mein komfortables, warmes Apartment in Pittsburgh und zählte die Minuten, bis es vier Uhr dreißig war.

Endlich wurde es Morgen. Ich konnte in der Dunkelheit nichts sehen, deshalb ließ ich einfach alles liegen und hastete aus der Hütte, so schnell ich konnte. Zu müde, um an wilde Tiere zu denken, kämpfte ich mich stolpernd und gegen Bäume rennend durch den Wald und lernte so auf die harte Tour, dass Bären tatsächlich in den Wald kacken.

Pennie war als Erste in der Lodge und hatte bereits geduscht und sich angezogen, als ich eintraf.

»Hallo! Wie hast du geschlafen?«

»Gut. Wirklich gut«, log ich verdrießlich.

»Da bin ich aber froh. Ich hatte befürchtet, du hättest Probleme mit dem Holzofen.« Wollte sie mich auf den Arm nehmen?

»Nein. Überhaupt kein Problem. Das Feuer hat prima gebrannt, die Hütte war wohlig warm und ich habe die ganze Nacht wie ein Baby geschlafen.« Es war eine Frage des Stolzes, und ich gab keinen Zentimeter nach.

Die Dusche war herrlich und machte mich wieder ein wenig munter, doch ohne Kaffee und eine oder zwei Zigaretten kam ich unmöglich in die Gänge. Ich schwankte in die Küche und sah Pennie vor dem Grill stehen und eine Tasse heißen Kaffee trinken. Sie warf mir einen Blick zu, erahnte mein schreckliches Geheimnis und füllte lächelnd eine zweite Tasse bis zum Rand.

Der Rest des Morgens verlief genau so, wie ich erwartet hatte. Um acht Uhr sah die Küche aus wie Hitlers Bunker am Tag nach der Bombardierung, und um neun waren sieben Gäste gegangen und hatten sich geweigert, ihr Frühstück zu bezahlen. Gegen neun Uhr dreißig wurde Cherie zu Hamiltons Laden geschickt, um dort den ganzen Vorrat an Brot aufzukaufen. Und zum ersten Mal in der Geschichte der Lodge fehlten die Zimtschnecken auf der Speisekarte. Joanie fand es wundervoll. Ich konnte es nicht erwarten, bis alles vorüber war.

Joanie und Cherie übernahmen um zwei Uhr die Abendschicht, und ich bot großzügig an, dazubleiben und das Durcheinander, das ich in der Küche angerichtet hatte, zu beseitigen. Ich war erschöpft und dem Zusammenbruch nahe, doch ich blieb bis zum bitteren Ende und kratzte, schmirgelte und scheuerte, bis die Küche tadellos aussah und alle wieder lächelten. Dann sprang ich in den Fiat und fuhr die Straße hoch, um Hilfe zu suchen.

Shrew's Nest in Cooper Landing war so eine Art Tante-Emma-Laden. Die kleine rustikale Hütte war bis unters Dach vollgestopft. Hier gab es alles, von galvanisierten Waschwannen bis zu frisch gemahlenem Kaffee und Damenkleidern. In der uralten Tradition großer Gemischtwarengeschäfte saß ein dickbäuchiger Ofen fröhlich in der Ecke und verbreitete Wärme und gute Laune.

Joyce Olsen, die Besitzerin, saß mit einer Tasse Kaffee und ihrem Strickzeug neben dem Ofen und lächelte mir freundlich zu, als ich den Laden betrat. Wir hatten uns am Abend zuvor bei Spikes Überraschungsparty kennen gelernt und waren nach den Sitten von Cooper Landing deshalb bereits alte Freunde. Wir verbrachten eine gemütliche halbe Stunde am Feuer damit, an die gute alte Zeit zurückzudenken. Als ich erzählte, ich würde in der alten Blockhütte oben am Hügel wohnen, warf sie mir einen komischen Blick zu und fragte, wie es mir da denn so ergehe.

Nicht schon wieder. Ich versicherte ihr, alles sei bestens. Aber ich bräuchte ein paar Dinge, und gab ihr die Liste, die ich geschrieben hatte. Sie wusste, wo alles zu finden war, und in kürzester Zeit stapelten sich auf dem Tresen all die Dinge, die ich zum Leben – vorausgesetzt, ich hätte am nächsten Morgen noch ein Leben, das sich zu leben lohnte – brauchen würde. Da standen zwei brandneue Kerosinlampen, ein großer Kanister Brennstoff, ein halbes Dutzend Kerzen »nur für den Fall« und auf Joyce' Vorschlag hin ein großer Krug für

Wasser. Aus einer Eingebung heraus stellten wir noch eine große Schachtel Streichhölzer und einen Teekessel aus Messing dazu. Ich bezahlte die Rechnung, dankte Joyce für ihre Hilfe und lud alles ins Auto.

Als die Schwerarbeit getan war, füllte ich sorgsam beide Lampen mit Kerosin und hängte dann eine neben der Tür auf, wo ich sicher war, dass ich sie nachts finden würde. Die andere stellte ich auf den Boden, genau neben das Bett. Als Nächstes verteilte ich die Kerzen und Streichhölzer an strategisch wichtigen Punkten im Raum. Als ich schließlich alles zu meiner Zufriedenheit hergerichtet hatte, nahm ich meinen neuen Wasserkrug und ging hinunter in die Lodge, um ihn zu füllen und etwas zu Abend zu essen.

Um diese Zeit waren die meisten Touristen schon gegangen, und die einzigen Gäste im Café waren sieben oder acht Trucker. Eine angenehme Schicht für Joanie, deren Laune wieder um einiges besser geworden war. Ich ging in die Küche, um Cherie hallo zu sagen, die auf ihrer Kaffeedose vor dem Grill stand. Sie war ein Engel und machte mir einen Cheeseburger und Fritten. (Es war Vorschrift, dass jede sich ihr Essen selbst kochte, wenn sie keinen Dienst hatte, aber Cherie, gesegnet sei ihr großes Herz, wollte davon nichts hören.)

Ich trug mein Abendessen hinüber ins Café, wo mir einer der Trucker zuwinkte, ich solle mich doch zu ihnen an den Tisch setzen. Die meisten fuhren für Sea-Land oder Weaver Brothers, und erfreut erkannte ich einige von ihnen von meinem ersten Besuch in der Lodge wieder. Sie stellten sich nicht mit ihren richtigen

Namen vor, sondern mit ihren Funk-»Decknamen«. Da waren Pappy, der Ditchhugger, der Frenchman, der Bluebird und ein faltiger alter Kauz, der schlicht Pruneface hieß. Dann gab es noch den Hippie aus Bird Creek und den allseits beliebten Silver Fox, einen verboten gut aussehenden, vorzeitig ergrauten Mann von um die vierzig.

Gerade als ich mich an den Tisch gesetzt hatte, entschuldigte sich ein nett aussehender junger Fahrer und ging Richtung Herrentoilette. Ich fragte Pruneface, wer das sei.

»Oh, richtig heißt er Bill irgendwas, ich hab vergessen, wie genau. Er hat so verdammt viele Namen, dass sie sich keiner merken kann. Deshalb nennen wir ihn alle nur John Abernathy.«

Sehr interessant.

Neben ihren Funker-Namen erfuhr ich auch, welche Sattelschlepper sie fuhren – ein nicht unwichtiges Detail, wie ich hinzufügen muss.

Ich war von all diesen Truckergeschichten fasziniert und begierig darauf, alles über die LKW-Fahrer und ihre Welt zu erfahren. Doch die Männer wollten auch etwas über mich wissen, vor allem, wie ich mit der kleinen Hütte oben auf dem Hügel zurechtkäme.

»Welche Art Feuer hast du denn da oben, kleine Dame?«, fragte einer von ihnen nebenbei.

Ich war sauer. Was war so faszinierend daran, wenn eine Frau alleine in einer Hütte in Cooper Landing lebte? Und warum machten sich alle Gedanken, ob ich die richtige Art Feuer hatte? Warum? Warum? *Warum?!*

»Weil du aus der Stadt kommst, deshalb«, sprach Pappy für die ganze Mannschaft, »und die meisten Städter haben keinen blassen Schimmer, wie man ein richtiges Feuer macht.«

»'türlich ist da an sich nix dran, wofür man sich schämen muss«, fuhr er ironisch fort, »aber es sind die Dummen, die zu stolz sind, um jemanden um Hilfe zu bitten, und die sich in Schwierigkeiten bringen und dann den halben Berg niederbrennen.« Er warf einen skeptischen Blick in meine Richtung.

Das hatte gesessen.

Ich gab nach und erzählte ihnen die ganze jämmerliche Geschichte. Ich wartete darauf, von allen mit Anklagen und Beschuldigungen überschüttet zu werden. Doch sie waren ein mitfühlender Haufen, und fünf Minuten später marschierten sie alle hintereinander den Hügel hoch, fest entschlossen, die Hütte wieder in Ordnung zu bringen.

Der Ditchhugger und der Frenchman lachten, als sie den erbärmlichen Haufen Zweige und Äste sahen, den ich neben dem Ofen gestapelt hatte, und gingen nach draußen, um für mich einen richtigen Holzstoß zu sammeln. Bluebird zeigte mir, wie man die Dochte der Lampen kürzt, damit sie die Zylinder nicht verrußen, während Pappy vergnügt den korrekten Ablauf für ein richtiges Feuer demonstrierte.

Alles eine Frage der richtigen Technik: Man muss genau die richtige Menge Scheite zum Anzünden haben. (Und es müssen *echte* Scheite sein, nicht so kleine Stummel, wie sie bei mir herumlagen – »Jesses, lass eine Frau ran, und sie macht mit *Stöckchen* Feuer!«, murmelte

Pappy angewidert.) Und man darf sie auch nicht einfach hineinwerfen. Es kommt darauf an, die Sache richtig zu schichten.

Als er alles arrangiert hatte, entzündete er ein Streichholz und hielt die Flamme mit großer Grazie und Präzision an das Anmachholz im Kern des Haufens. Die Flamme griff über, verharrte einen Augenblick lang und loderte dann zu einem großen Feuer auf, das den ganzen Raum erhellte. Na, *das* war ein Feuer, auf das ein Mann stolz sein konnte!

Als Dreingabe warf er noch ein paar Scheite hinterher; dann zeigte er mir, wie man den Abzug und die Luftklappe einstellt, damit das Feuer wirklich die ganze Nacht hindurch brennt.

»Es hat doch keinen Sinn, ein Feuer anzumachen, das nur ein paar Stunden brennt, oder?«

Als alle überzeugt waren, dass ich zumindest die nächsten vierundzwanzig Stunden überleben würde, gingen sie wieder hintereinander den Hügel hinunter und stiegen zur langen Rückfahrt nach Anchorage in ihre Trucks. Doch bevor sie abfuhren, nahmen sie mir das Versprechen ab, dass ich sie um Hilfe bitten würde, bevor ich *jemals* wieder etwas so Dummes anstellte. Alles in allem sei Stolz eine alberne Sache, und wir wüssten doch, zu was er führt, stimmt's?

Ich habe es kapiert, Freunde. Alles klar.

Am nächsten Morgen ging die Arbeit dank Annies unermüdlicher Geduld und Pennies ansteckend guter Laune schon viel besser über die Bühne. Innerhalb einer Woche fabrizierte ich Brot, Obstkuchen und

Zimtschnecken wie ein Profi, und soweit mir bekannt ist, hat sich nie wieder jemand über sein Frühstück beschwert.

Bald konnte ich ein Feuer anzünden, das es mit dem von Pappy aufnehmen konnte, und das Leben in der Hütte machte nur noch Spaß. Wenn es tatsächlich ein größeres Vergnügen auf der Welt geben sollte, als sich an einem kalten Winterabend vor einem prasselnden Feuer hinzukuscheln, muss ich es erst noch entdecken. Und gibt es irgendetwas, das einem mondbeschienenen Bergsee um Mitternacht gleichkommt, den man durch sein Fenster sehen kann, eingerahmt von einer herrlichen Vielzahl von Wildblumen? Sicher nicht.

Im Laufe der folgenden Wochen entwickelte ich zu den rund fünfzig Fahrern, die regelmäßig in der Lodge zu Gast waren, ein kameradschaftliches Verhältnis. Sie waren ein verdammt netter Haufen, und ich freute mich darauf, sie jeden Tag zu sehen und mit ihnen zu lachen. Schließlich überwand ich sogar meine anfängliche Scheu gegenüber dem CB-Funk und verwandelte mich genau wie alle anderen in eine regelrechte »Klatschtante«; ich plauderte beglückt mit allen, die zufällig auf meine Frequenz kamen.

Pennie, die alles über die großartige Wildnis wusste, übernahm meine Naturkunde-Ausbildung. Jeden Nachmittag machten wir uns nach der Arbeit auf lange Wanderungen den Berg hinauf oder um den See, und Pennie zeigte mir, was man als Trapper wissen muss. Für einen feinen Pinkel aus der Großstadt lernte ich sehr schnell, und es dauerte nicht lange, bis ich jeden Baum und jede Blume kannte. Pennie hatte allen Grund, stolz auf ihre neue Schülerin zu sein. Es war ein idyllisches, ruhiges und ungestörtes Leben, das ich gegen nichts auf der Welt getauscht hätte.

Das heißt – bis ich den Budman traf.

****

»Code neun an drei!«, rief Pennie aus dem Café.

Das bedeutete, dass ein gut aussehender Typ an Tisch drei beim Fenster saß. Wir hatten uns dieses System ausgedacht, damit wir uns gegenseitig auf interessante Männer hinweisen konnten, ohne uns selbst oder die fraglichen Herren in Verlegenheit zu bringen. Es funktionierte tatsächlich ganz gut. Ich war gerade am Grill beschäftigt und konnte nicht weg, um nachzusehen, deshalb wartete ich, bis Pennie in die Küche kam und mir Genaueres berichtete.

Sie lächelte, und ihre Augen funkelten. »Es ist der Budman«, sagte sie leise und wartete, wie ich darauf reagieren würde.

Na gut, fein, dachte ich bei mir. Endlich würde ich den Mann kennen lernen, den ich von allen auf der Welt am meisten verabscheute. Sein richtiger Name war David Gagnon, doch keiner nannte ihn so. Stattdessen hieß es »Budman« hier und »Budman« da, bis ich es nicht mehr hören konnte. Er war hier so etwas wie eine Legende (jedenfalls bei den Frauen), und seit dem Tag, als ich in Cooper Landing ankam, hatte ich mir unzählige Geschichten über ihn anhören müssen.

Er war »der netteste Kerl auf der Welt« und ein »arroganter Mistkerl«. Je nachdem, mit wem man sprach, war er entweder gut aussehend oder grobschlächtig, schüchtern oder anmaßend, ein Flirter oder ein Frauenhasser oder alles zusammen. Das Einzige, worauf man sich einigen konnte – und der Konsens war überwältigend –, war, dass er unglaublich sexy war.

Die Unterhaltung kam unausweichlich immer auf das Thema Budman, wann immer zwei oder mehr Frauen sich unterhielten, und eines Tages hatte ich davon mehr als genug.

»Ah, also Leute, das ist ja langsam echt zum Kotzen. Können wir nicht mal zur Abwechslung von etwas anderem reden? Außerdem hört sich dieser Budman für mich wie ein richtiger Depp an.«

»Aber JJ, du hast ihn noch nie gesehen!«, schwärmte eines der jüngsten und hübschesten Mädchen der Stadt. »Er ist ... er ist ... er ist *französisch!*«

»Das sind *escargots* auch«, konterte ich lustlos, »und wenn ich an Schnecken denke, werde ich auch grün im Gesicht. Also wenn ihr mich jetzt entschuldigen wollt, ich habe zu arbeiten.« Ich stolzierte hochnäsig, gelangweilt und angewidert in die Küche.

Doch nun war er da, live und in höchst eigener Person, ein Code neun an Tisch drei beim Fenster. Meine Neugier war geweckt, deshalb schlich ich an die Tür und warf kurz einen verstohlenen Blick in den Speiseraum.

Lieber Gott, hilf, er sah traumhaft aus.

Nicht in herkömmlichem Sinne schön, sein Gesicht hatte dafür zu viel Charakter, doch auf die Art, wie ein

Panther schön ist. Schnittig, dunkel und bedrohlich. Sein Körper war schlank und kompakt, die Muskeln an seinem Rücken und seinen Schultern zeichneten sich leicht unter dem weichen Wollhemd ab, das er trug. Schwarzes Haar, braune Augen und eine perfekte Nase, doch es war sein Mund, der mir den Atem verschlug. Es war ein harter, unnachgiebiger Mund mit vollen Lippen, die sich in einer Furcht erregenden Mischung aus Grausamkeit und weicher Sinnlichkeit nach unten zogen.

Plötzlich fühlte ich mich schwindlig und verwirrt. Mein Mund war trocken, meine Hände kalt, und mein Herz schlug in meiner Brust so heftig, dass ich überzeugt war, alle um mich herum würden es hören. In diesem Augenblick *hasste* ich ihn dafür, wie ich mich fühlte, und ich wandte mich rasch ab, bevor meine Augen mich verraten konnten.

Doch noch bevor ich Zeit hatte zu reagieren, packte mich Pennie fest am Handgelenk, zog mich hinaus zu Tisch neun und machte uns offiziell miteinander bekannt.

»Hallo, Dave«, lächelte ich mit zusammengebissenen Zähnen, innerlich heftig um Fassung ringend.

»Du kennst meinen Namen. Benutze ihn auch«, sagte er kurz angebunden, ohne von seinem Teller hochzusehen. Dieser Knabe bettelte förmlich darum.

»Aber ›Budman‹ ist ein blöder Name«, sagte ich im bissigsten Tonfall, den ich zustande brachte.

Die anderen am Tisch verstummten.

»Und du bist eine blöde Tussi.«

Bravo. Damit war der Krieg erklärt, die Frontlinie gezogen. Ich drehte mich auf dem Absatz um und ging kochend und mit zornrotem Gesicht in die Küche zurück. Ich lehnte mich gegen die Theke, schnaufte tief durch und versuchte, meine Fassung wiederzugewinnen. Ich brauchte volle fünf Minuten, bis ich ruhig genug war, um weiterarbeiten zu können.

Als Pennie schließlich in die Küche kam, stand ich, den steifen Rücken der Tür zugewandt, am Grill.

»Ich kann nicht glauben, was gerade da draußen passiert ist«, sagte sie verwundert. »Für wen hält der Bastard sich denn?« Pennie war die einzige Frau, die ich kannte, die von ihm nicht im mindesten beeindruckt war.

»Klar, ihn blöd zu nennen, war auch nicht gerade das Intelligenteste, was du jemals getan hast. Vor allem vor den anderen Jungs.« Sie war eben durch und durch vernünftig und von Grund auf ehrlich.

»Oje«, seufzte sie, »ich denke, ich gehe besser wieder an die Arbeit. Der hohe Herr will ein Stück Obstkuchen.«

»Das übernehme ich.«

»Aber –«

»Ich sagte, das übernehme ich.« Ich ließ ihr keine Möglichkeit zu widersprechen.

»In Ordnung, aber du musst den Kuchen für ihn aufwärmen. Pass nur auf, dass du ihn nicht länger als dreißig Sekunden in der Mikrowelle lässt. Sonst wird die Füllung zu heiß.«

Ganz genau.

Ich schob ein dickes fettes Stück Blaubeerkuchen auf einen Teller, stellte ihn in die Mikrowelle und stellte die Uhr auf *eineinhalb* Minuten.

Die dicke blaue Füllung warf Blasen, als ich den Teller hinaustrug und vor ihm auf den Tisch stellte.

»Ihr Kuchen, Sir«, sagte ich mit einem höflichen Lächeln, »mit einer Entschuldigung für meine Grobheit.«

Er starrte mich ein paar Sekunden lang an, dann nickte er kurz und griff zu seiner Gabel. Ich drehte mich um und zwang mich, langsam in die Küche zurückzugehen. Als sich die Türen hinter mir schlossen, riss ich meine Schürze herunter, warf sie quer durch den Raum zu Pennie und rannte durch die Hintertür um mein Leben.

Ich war zur Hälfte den Hügel oben, als ich ihn brüllen hörte. Er hörte sich wie ein Bulle in der Brunst an, und ich fiel im Dreck auf die Knie und lachte, bis mir die Tränen kamen. Es war ein kindischer und gefährlicher Streich, aber bei Gott, es war einfach klasse. Ich hoffte, sein Mund würde noch die ganze Nacht lang brennen.

Das war natürlich der Fall, und von diesem Moment an war der Ton unserer Beziehung vorgegeben. Wir wurden, sehr zur Freude der anderen Stammgäste, treue Feinde und ebenbürtige Gegner in dem Spiel, dem anderen immer eine Nasenlänge voraus zu sein. Ich war nicht schlecht, aber David war besser, und es schien, als würde er stets als Sieger hervorgehen. Der Grund dafür war natürlich sein Heimvorteil.

Früh an einem Abend im Dezember gab er über CB-Funk durch, dass sein Truck in Kasilof, rund neunzig Kilometer südlich von Cooper Landing, in einen Graben gerutscht sei. Er würde dort die nächsten acht oder neun Stunden warten müssen, bis der Abschleppwagen aus Anchorage eintraf. Würde ihm also bitte jemand etwas zu essen und heißen Kaffee mitbringen, wenn er dort vorbeikäme?

Ich wusste genau, wo er festsaß, und ich ergriff die Gelegenheit, ohne auch nur eine Sekunde lang zu zögern. Ich füllte einen riesigen Weidenkorb mit einem halben Dutzend Roastbeef-Sandwiches, einem ganzen Schokoladenkuchen und einer übergroßen silbernen Thermoskanne mit heißem Kaffee – stark und schwarz, so wie er ihn mochte. Dann lud ich, unter dem Beifall einer Runde von Veteranen, alles ins Auto und fuhr in die Nacht hinaus, angeblich unterwegs in einer barmherzigen Mission.

Das Wetter war den ganzen Tag über lausig gewesen, und die Straßen waren Eisplatten. Deshalb kroch ich nur langsam vorwärts und kämpfte damit, den Wagen auf der Straße zu halten. Bei der Geschwindigkeit würde ich fast drei Stunden bis zu ihm brauchen, aber es war mir egal – das würde das ultimative »Ich hab' dich« werden, und ich verbrachte die Zeit damit, mir auszumalen, wie die Sache ablaufen würde.

Ich würde neben seinem beschädigten Truck halten und Fenster und Türen fest verschließen. Dann würde ich mich mit einem Ausdruck reiner Freude auf dem Gesicht in ein opulentes Festessen aus Sandwiches und Schokoladenkuchen stürzen und das Ganze noch mit einer Tasse köstlichen heißen Kaffees krönen. Schließlich würde ich, als letzten, zutiefst befriedigenden Akt der Grausamkeit, den Rest des dampfenden Kaffees lächelnd auf die Straße schütten, den Wagen wenden und nach Cooper Landing zurückfahren; und bei dem Gedanken, wie er langsam in der Kabine seines Trucks hungers starb, würde ich noch auf der ganzen Strecke lachen. Das würde einfach wunderbar werden.

Ich war fast da. Ich konnte das Adrenalin spüren, als ich mich der letzten Kurve näherte. Ich wusste, er saß genau auf der anderen Seite bei der Brücke im Graben. Ich fuhr in die Kurve und schaltete die oberen Scheinwerfer an. Als die Straße wieder gerade wurde, starrte ich in die Dunkelheit, und gerade vor mir, genau vor der Brücke sah ich . . . nichts. Die Straße war dunkel und leer. Er hatte mich reingelegt.

Ich hatte Schaum vor dem Mund und raste vor Wut, als ich den Wagen wendete und mich an die lange Rückfahrt nach Cooper Landing machte. Dafür würde er teuer bezahlen müssen. Eines Tages. Irgendwie.

Es war weit nach Mitternacht, als ich die Kurve am Kenai River nahm und in meinen Scheinwerfern seine große Zugmaschine samt Auflieger zusammen mit zehn oder elf anderen vor der Lodge auftauchte. Er war drinnen, genoss sein Essen mit seinen Kumpels und wartete darauf, dass ich zurückkam. Na warte, nicht in diesem Leben, Süßer.

Draußen war es stockdunkel, als ich in den Irrgarten von Trucks auf dem Parkplatz einschwenkte und mich umsah, ob mich jemand beobachtete. Als die Luft rein war, sprang ich aus dem Wagen und suchte im Kofferraum meinen Werkzeugkasten. Dann ging ich ruhig und überlegt daran, jedes Bremskabel, jedes Stück Draht und jedes kleine Kabel, das seine Zugmaschine mit dem riesigen Kühlwagen verband, durchzuschneiden. Als ich damit fertig war, ließ ich als Zugabe aus sechs seiner achtzehn Reifen die Luft raus.

Da hast du's. Es würde Morgen werden, bis er das alles wieder repariert hatte.

Ich konnte ihn in der Lodge lachen hören, als ich den Hügel hoch zu meiner Hütte stieg. Ich verbarrikadierte die Tür hinter mir, fiel ins Bett und schlief, vom süßen Gefühl der Rache eingelullt, den Schlaf der Gerechten.

Erst am nächsten Morgen erfuhr ich, dass ich in meiner blinden Wut den falschen Truck demontiert hatte. Wieder hatte David durch meine eigene Dummheit gewonnen.

Unser Kampf eskalierte in den nächsten Monaten immer weiter, doch schließlich war ein Punkt erreicht, an dem ich einen Schritt zurücktreten und mich fragen musste, in was ich mich da hineingeritten hatte. Meine anfängliche Begeisterung grenzte mittlerweile schon an Besessenheit, und ich konnte nur noch an ihn denken. Ich hatte ihn tagsüber bei der Arbeit im Kopf, und bevor er jeden Abend um sieben Uhr eintraf, war mir fast übel vor Angst, er würde vielleicht nicht kommen.

In dem Moment, wenn er durch die Tür kam, ging ich in Stücke. Meine Hände fingen an zu zittern, ich stammelte und stotterte wie eine schüchterne Sechsjährige, und wenn ich zu lange in seine Augen sah, hörte ich einfach mitten im Satz auf zu reden, aufgeschmissen und völlig verwirrt. Es war peinlich, und es wurde mit jedem Tag schlimmer.

Das Einzige, was mich in der Öffentlichkeit rettete, war die feindselige Natur unserer Beziehung. Jedesmal wenn wir uns näher als drei Meter kamen, fing die Show an, und wir unterhielten alle mit unserem Gezanke und unseren Bissigkeiten. Solange ich mich hinter dieser selbst aufgebauten Fassade verstecken konnte, war ich sicher. Erst später, allein in meinem Bett, gewannen meine wirklichen Gefühle die Oberhand, und ich lag die ganze Nacht vor Leidenschaft und Sehnsucht wach. Ich wollte ihn so sehr, dass es wehtat.

Was war denn an ihm dran, das mir völlig den Kopf verdrehte und mich meinen eigenen Namen vergessen ließ, sobald ich ihn nur sah? Zunächst einmal war er das direkte Gegenteil von allem, was ich an einem Mann attraktiv fand. Er war kalt und unnachgiebig, grausam und gefühllos und ein ganz mieser Chauvinist. Er war verheiratet, und soweit ich wusste, auch noch glücklich. Er war, um Himmels willen, bloß ein *Lastwagenfahrer.*

Hätte ich auf ihn nur rein körperlich so reagiert, hätte ich das vielleicht noch verstanden. Immerhin war er schlichtweg atemberaubend, und ich war mit Sicherheit nicht die erste Frau, die ihn sexy fand. Doch da war noch mehr als reine körperliche Anziehungskraft. Ich war hinter seinem Herzen her.

Ich wollte ihn heiraten. Ich wollte von ihm Kinder haben, seine Hemden bügeln, seinen Toast mit Butter bestreichen und ihm die nächsten fünfzig Jahre dabei zusehen, wie er alt und runzlig wurde. Ich wollte alles über ihn wissen, ihn einwickeln und mit nach Hause nehmen und mich in seinem Kopf einnisten. Ich wollte seine Seele.

Aber ich vergaß da etwas. Ich war kurz davor, das Versprechen zu brechen, das ich mir selbst gegeben hatte, bevor ich Pittsburgh verließ. Ich hatte mir damals aus vielen guten Gründen vorgenommen, niemanden zu nah an mich heranzulassen oder mir etwas zu sehr zu wünschen. Es stand zu viel auf dem Spiel, und ich würde den Verlust nicht verkraften, wenn ich irgendjemanden zu tief in mein Leben einließ.

Gesundheitlich gesehen ging es mir ausgezeichnet. Ich war so glücklich und stark wie schon lange nicht mehr. Doch ich war mir stets bewusst, dass sich trotz alldem nichts geändert hatte. Das Schwert war noch da und wartete still darauf, mir alles zu zerstören.

So wurde David letztlich zu meinem Traumprinzen. Solange er verheiratet war und keine Chance bestand, dass ich ihn je haben würde, stand es mir frei, ihn in die Person zu verwandeln, die ich wollte. In meiner Fantasie wurde er mein Geliebter, mein Freund, mein Beschützer. Er wurde alles, was ich mir je von einem Mann gewünscht hatte, und da ich ihn nie wirklich haben könnte, musste ich ihn auch nie aufgeben.

Der idealisierte Mann, den ich mir in meiner Vorstellung schuf, hatte keinerlei Ähnlichkeit mit der Person, die er wirklich war, und das musste auch so bleiben. Ich konnte nicht riskieren, dass er für mich greifbar und real – eine lebendige, atmende Person – wurde. Er existierte nur als mein Held, meine Fantasiegestalt und mein Traum.

Aber Träume werden manchmal Wirklichkeit. Viel später, lange nach seiner Scheidung, trafen wir uns wieder und schlossen Frieden. In einer anderen winzigen Hütte tief in einem anderen verschneiten Wald verbrachten wir einen langen ruhigen Abend zusammen, sprachen, lachten und teilten sogar versuchsweise einige unserer Geheimnisse. Doch als er schließlich mein Gesicht berührte und mich auf den Mund küsste, sank ich in seine Arme und weinte vor Erleichterung. Dieser Kuss brachte die Dinge zwischen uns irgendwie in Ordnung, und erst da erlosch meine Leidenschaft, und ich konnte endlich und für immer seine Freundin werden.

Doch selbst heute, mehr als siebzehn Jahre später, passiert etwas mit mir, wenn das Telefon läutet und ich seine Stimme am anderen Ende der Leitung höre. Manchmal frage ich mich, welchen Verlauf unser Leben genommen hätte, wenn die Dinge damals anders gelaufen wären.

Fünf

Kenai, Alaska
Februar 1977

Ende Januar geschahen zwei Dinge: Pennie verkündete, sie werde die Lodge verlassen, und der Rundfunksender in Kenai rief an und bot mir einen Job an.

Pennie hatte bereits einige Zeit zuvor beschlossen, Cooper Landing (96 Einwohner) sei für ihren Geschmack zu groß und zu geschäftig, und eine kurze Stippvisite bei einem Freund in Seldovia reichte aus, um sie zu überzeugen, dass sie sich dort niederlassen wolle. Seldovia war ein kleines Fischerdorf auf der anderen Seite der Kachemak Bay, die sich um die Südspitze der Kenai Peninsula zieht. Das Dorf war nur mit dem Boot oder Flugzeug erreichbar, und das passte Pennie ganz ausgezeichnet. Endlich kam sie ein für alle Mal von den Touristen und den Zimtschnecken weg.

Ich war nicht besonders erpicht darauf, Cooper Landing oder die Lodge zu verlassen, aber ohne Pennie würde es nicht mehr dasselbe sein, und das Angebot des Rundfunksenders war einfach zu verlockend. Er zahlte sehr viel mehr Geld, als ich in der Lodge bekam, und ich hätte die Möglichkeit, in Kenai zu leben. Übrigens lag

Kenai nur eine Autostunde von der Lodge entfernt, so dass ich jederzeit hochfahren und Annie und die Trukker besuchen konnte.

Pennie und ich kündigten gleichzeitig, versicherten Annie jedoch, dass wir so lange bleiben würden, bis sich ein geeigneter Ersatz gefunden hätte. Zwei Wochen später verabschiedeten wir uns von der Lodge und all unseren Freunden und fuhren Richtung Süden, neuen Abenteuern entgegen.

Ich fühlte mich in Kenai sofort heimisch. Es war ein kleines Dorf an der Küste, das vom kommerziellen Lachsfang und vom Öl lebte. Tatsächlich war Kenai um das Erdöl herum entstanden – hier im Cook Inlet, einem großen Meeresarm, hatte man einige der ersten und reichhaltigsten Erdöllagerstätten Alaskas gefunden, und von der North Road aus konnte man, nur wenige Kilometer vor der Stadt, ein knappes Dutzend Bohrplattformen auf dem Meer sehen. Sechs Konservenfabriken hatte sich an der Küste entlang angesiedelt, und in der Lachssaison arbeiteten sie vierundzwanzig Stunden am Tag auf Hochtouren. Es wäre wunderbar, direkt an der Küste zu leben, und ich freute mich darauf, hier Wurzeln zu schlagen und ein Teil dieser neuen Welt zu werden.

Ich traf an jenem kalten Februarmorgen gegen acht Uhr in Kenai ein und fuhr direkt zum Sender am Stadtrand. Mir fiel sofort auf, wie schön es hier war. Die Studios waren in einem kleinen sauberen Gebäude untergebracht, das etwas nach hinten versetzt zwischen schneebedeckten Bäumen stand. Was für ein toller Platz zum Arbeiten, dachte ich, als ich den Wagen parkte und das Gebäude betrat. Der Leiter des Senders erwartete mich bereits und stellte mich allen vor. Dann bat er mich zu einem Gespräch über den Sender und meine zukünftige Aufgabe in sein Büro.

Erst da erfuhr ich, dass der Sender einer religiösen Vereinigung namens Solid Rock Ministries – daher die Abkürzung KSRM – gehörte. Von sechs Uhr morgens bis sechs Uhr abends hatte der Sender ein modernes eingängiges Musikformat. Doch von sechs Uhr abends bis zum Sendeschluss um Mitternacht strahlte die Station ein Programm aus, das viele Einheimische lachend als die »Gott-Show« bezeichneten.

Bei exzessiver Religiosität gleich welcher Form hatten sich mir schon immer die Nackenhaare aufgestellt, und wenn ich den Job nicht schon angenommen hätte, wäre ich vermutlich auf der Stelle gegangen. Aber ich wollte unbedingt in Kenai bleiben und ich entschied, wenn sie *mich* ertrügen, könnte ich *sie* auch ertragen – solange sie aus meinem Rücken wegblieben und darauf verzichteten, mir irgendwelche Bibeln über den Schädel zu ziehen.

Ich wurde der Nachmittagsschicht von zwei bis sechs Uhr zugeteilt und sollte noch am gleichen Tag anfangen. Außerdem sollte ich meinen Teil zur Werbung beitragen und täglich eine Sendung mit Namen »Tradio« moderieren. Tradio ist ein Tauschmarkt, eine der schlimmsten Aufgaben des Kleinstadtradios. Gott, wie sollte ich diese Show noch hassen ...

»Guten Tag, Sie sind bei Tradio.«

»Äh, ja, hallo ...«, sagte eine anonyme Stimme schleppend. »Ich habe ein Steuerrad von einem 74er

Bronco zu verkaufen, es ist noch wie neu. Ich habe auch noch einen wenig benutzten Still-BH, Größe 44 Doppel-D, und sechs Paar lange Männerunterhosen, die nur einmal getragen worden sind. Wenn sich jemand dafür interessiert, kann er mich anrufen unter ...«

Es war eine erniedrigende Art, sich seinen Lebensunterhalt zu verdienen, und ich wollte hier so schnell wie möglich wieder weg.

Als Erstes stand an diesem Tag jedoch ein Live-Interview mit dem Morgenmoderator auf dem Programm. Damit sollte ich den Hörern vorgestellt werden.

Doch ich hatte für das Interview andere Pläne. Meine oberste Priorität war es, eine Unterkunft zu finden, und ich nutzte die Gelegenheit, das in der ganzen Stadt in Umlauf zu bringen. Ich sagte, ich würde alles in Betracht ziehen, aber ein kleines Blockhaus irgendwo abseits der Trampelpfade wäre mir am liebsten. Ich hatte bereits Heimweh nach meiner Hütte in Cooper Landing und wollte gerne wieder so etwas Ähnliches finden.

Die Reaktion kam auf der Stelle. Innerhalb einer Stunde hatten elf Leute mir telefonisch Zimmer und kleine Wohnungen zur Miete angeboten, und eine Frau, Helen Keppel, hatte sogar eine Hütte, die leer stand. »Es ist nichts Besonderes«, warnte sie mich. »Sie hat kein fließendes Wasser und keinen Strom, keiner würde hier auf Dauer wohnen wollen. Aber Sie können gerne bleiben, bis Sie etwas anderes gefunden haben.«

Das hörte sich klasse an. Ich ließ mir den Weg erklären und versprach, gleich im Anschluss an meine Schicht vorbeizukommen.

Ob es nun eine Großstadt oder ein kleines Kaff ist, die allererste Schicht bei einem neuen Rundfunksender geht nie ohne ein gewisses Trauma ab, und diese hier war da keine Ausnahme. Technisch gesehen war KSRM ein Vergnügen. Der Sender war wunderbar ausgestattet, und in dieser Hinsicht hatte ich keinerlei Probleme. Doch wegen meiner ersten Live-Nachrichtensendung wäre ich fast gefeuert worden.

Der Ticker (Fernschreiber) der Nachrichtenagenturen stand in einer schalldichten Kammer unmittelbar neben dem Hauptstudio, und ein paar Minuten vor den Nachrichten musste ich dorthin flitzen, den Ausdruck der letzten Stunde abreißen, das Wichtige herausziehen und in eine logische Reihenfolge bringen. Dabei war kein Probelesen möglich, und deshalb wurde meine erste Nachrichtensendung ein »Kaltstart«. Wie jeder Grünschnabel weiß, ist es empfehlenswert, sich mit der richtigen Aussprache der Orte und Namen vertraut zu machen, wenn man zum ersten Mal in einer neuen Gegend arbeitet. Ich lernte auf die harte Tour, dass das für Alaska erst recht gilt.

Der erste Satz der allerersten Meldung begann genau so: »In den Orten Naknek, Konigiganak, Aleknagik und Igiugig ...«

Ich sah es erst, als ich es vorlesen musste, und mir war sofort klar, dass der Ticker verrückt spielte. Ich bekam Panik und wusste nicht, was ich tun sollte. Ich steckte bereits mitten in der Meldung und fand keinen eleganten Ausweg, deshalb tat ich das Einzige, was ich nie hätte tun dürfen. Ich fing an zu kichern.

Aus irgendeinem Grund konnte ich nicht aufhören

und war unversehens mittendrin in einem schallenden Lachanfall. Ich versuchte verzweifelt, mich zusammenzureißen, doch es hatte keinen Sinn. Ich gab auf, schloss das Mikro und spielte ein Lied ein. Ich lachte immer noch hysterisch, als der Chef des Senders tobend ins Studio stürzte und wissen wollte, was los sei. Er war so wütend, dass ich dachte, er kriegt gleich einen Herzinfarkt.

»Ach komm, John«, stotterte ich und wedelte mit den Nachrichtenmeldungen in der Luft herum. »Der verdammte Fernschreiber hat gesponnen. Schau, was er mit den Namen angestellt hat!«

Er griff sich das Blatt Papier in meiner Hand, und während er las, wurde sein Gesicht noch röter, und seine Hände fingen an zu zittern.

»Mit dem Fernschreiber ist alles in Ordnung«, schnauzte er. »Aber bei dir bin ich mir da *ganz und gar* nicht sicher!«

Uups. Typischerweise tat ich schon wieder das Schlimmstmögliche und fing an, wie eine Hyäne zu kichern. Je wilder er wurde, desto mehr kicherte ich, bis er schließlich aus dem Studio stürmte und dabei leise über Radiosprecher, den Rundfunk und die Sinnlosigkeit des Lebens im Allgemeinen vor sich hin schimpfte. Ich schrieb ihn als alten Meckersack ab und brachte den restlichen Nachmittag so gut ich es konnte hinter mich.

So viel zum Thema christliche Nachsicht.

Als ich mich um sechs verabschiedet hatte, sprang ich ins Auto und fuhr zu Helen Keppel, um mir die Hütte anzusehen. Ihre Anweisungen waren etwas vage: »Fahren Sie nur auf der North Road an Eadie's vorbei und biegen Sie dann rechts in die Melody Lane ein. Sie können es nicht verfehlen.«

Melody Lane? Das musste ein Scherz sein.

»Was ist Eadie's?«, hatte ich gefragt.

»Oh, das ist nur ein alter Puff«, sagte sie leichthin. »Machen Sie sich deswegen keine Gedanken.«

Jetzt wusste ich es. Ich bog von der Brückenstraße nach links auf Kenais »Hauptstraße« ein und rollte langsam durch das Stadtzentrum. Es war winterlich dunkel, und die Straßenlaternen warfen weiche Schatten auf die am Straßenrand aufgetürmten Schneeberge. Die meisten Läden waren bereits geschlossen, und ein Schild vor der Bank zeigte die augenblickliche Temperatur an: fünf Grad unter Null.

An jenem Abend zeigte sich der Mount Redoubt in seiner ganzen Pracht. Es ist ein knapp dreitausend Meter hoher, erst kürzlich noch aktiv gewesener Vulkan, der einen unbehaglichen Waffenstillstand mit der Stadt und ihren Bewohnern geschlossen hatte. Er hatte Temperament, und alle wussten es, doch damals wirkte er gerade recht harmlos. Mit ihrem weißen Überzug schimmerten seine massiven Gipfel geisterhaft im Licht des Vollmonds und warfen ein verzaubertes Glühen auf das Wasser. Ich war begeistert. Er sollte mein Talisman sein, so lange ich in seinem Schatten lebte.

Am anderen Ende der Stadt, wo die North Road offiziell begann, fuhr ich an Larry's Club vorbei, einem schäbigen, hölzernen Rasthaus, das wohl schon bessere Zeiten erlebt hatte. In einem gleichmäßigen Strom trudelten Gäste ein, und jedesmal wenn die Tür aufging, unterbrach das traurige Gejammere einer abgrundtief schlechten Countryband die Stille der Nacht. Nach der Anzahl der Autos auf dem Parkplatz zu schließen, war dies der Ort, wo man hinging, wenn einem der Sinn nach ein wenig Action stand. Ich würde ihn mir bei Gelegenheit mal ansehen.

Ein paar Kilometer weiter kam ich an die Stelle, nach der ich suchte. Unmittelbar an der Straße hing ein riesiges pinkfarbenes Holzherz schief an einem Pfosten. Darauf waren, von Dutzenden fetter kleiner Musiknoten umgeben, mit großen weißen Buchstaben die Worte »Melody Lane« gemalt. Es war mit Abstand das Hässlichste, was ich je gesehen hatte. Das ultimative Beispiel für naive Kunst, und ich lachte bei seinem Anblick laut los. Wer auch immer das Schild gemalt hatte, es war jemand, den ich *sehr* mögen würde.

Die Melody Lane war trotz ihres romantischen Namens nichts weiter als ein unbeleuchteter Feldweg, der durch den Wald führte und gerade breit genug für ein Auto war. In der völligen Dunkelheit verriet der Weg keinerlei Anzeichen von menschlichem Leben und schien kein Ende zu nehmen. Ich fuhr langsam und voller Angst, in den Graben zu rutschen, weiter. Cooper Landing hatte so etwas nicht zu bieten.

Nach einer halben Ewigkeit kam ich zu einer kleinen Waldlichtung, und mit einem großen Seufzer der Erleichterung bog ich nach rechts und hielt direkt vor dem Keppel-Anwesen.

Das Haus erinnerte ein bisschen an Westernserien. Es war eine lang gezogene, eingeschossige Blockhütte, wie die Ponderosa aus »Bonanza«, aber nicht ganz so hübsch. Zum größten Teil war sie unter herrlich dickem Schnee begraben, und die großen weißen Rauchwolken, die aus dem Steinkamin quollen, verliehen der Szenerie urige Gemütlichkeit. Es war der Traum eines jeden Siedlers, ein Ort, an dem sich John Wayne sofort zu Hause gefühlt hätte.

Ich wusste in dem Augenblick, als sie die Tür öffnete, dass ich vor der Frau stand, die das Schild gemalt hatte. Helen Keppel war die größte, aufgedonnertste Frau, die ich je gesehen habe.

Ich schätzte sie auf knapp siebzig, aber sie hatte so gar keine Ähnlichkeit mit dem, was man sich unter einer »Seniorin« vorstellt. Nicht im Geringsten. Sie war eine umwerfende Erscheinung, vom Kopf bis zu den Zehen in einen neonorangefarbenen Kaftan gewandet, der in einem dramatischen Schwung auf den Boden floss, für den Mae West getötet hätte. Sie hatte eine mächtige weiße Federboa nachlässig um die Schultern geschlungen, und jedesmal wenn sie sich bewegte, flogen Hunderte winziger Federn auf und schwebten in einer weißen Wolke um ihren Kopf. Doch die Krönung der ganzen Erscheinung war die ungeheure, achtlos übergestülpte Perücke, die sie trug. Das, dachte ich, ist eine Frau, die weiß, wie man einen Auftritt hinlegt.

Jocko, ihr asthmatischer französischer Pudel, bellte hysterisch zu ihren Füßen, als sie mich bat hereinzukommen.

»Hallo!«, begrüßte sie mich würdevoll. »Ich bin Helen Keppel, schön, Sie kennen zu lernen! Kommen Sie herein und passen Sie auf die Eimer auf. Dieses alte Haus fällt auseinander, und nun hat das Dach auch noch ein Loch. Ich habe mir heute Nachmittag Ihre Show angehört und noch den ganzen Tag gelacht. Es wurde aber auch Zeit, dass die jemanden mit Humor eingestellt haben. Diese gottverdammten Heiligen sind wirklich nervig, wenn Sie meine Meinung hören wollen. Kann ich Ihnen einen Drink anbieten?«

Sicher konnte sie das. Ich hatte es nicht eilig, irgendwo hinzukommen.

»Setzen Sie sich ins Wohnzimmer, während ich die Drinks mixe – ist Scotch okay? Ich bin in einer Minute wieder da. Vorsicht, stolpern Sie nicht über Jocko!«

Von der Küche aus konnte ich das Haus in seiner ganzen Länge, vierundzwanzig Meter, überblicken, aber ich hatte Schwierigkeiten, mich darin zurechtzufinden. Für Helen hatte der Satz »Weniger ist mehr« keine Bedeutung, und der knallige Überschwang überall war überwältigend.

»Gefällt es Ihnen?«, rief sie aus der Küche. »Es ist einfach nicht mein Zuhause wenn ich nicht ein paar meiner kleinen Lieblingssachen verteilt habe!«

Ein paar? Das Blockhaus war riesengroß, doch es konnte all das, was sie hineingestopft hatte, kaum fassen.

Allein das Wohnzimmer reichte aus, um mich ins Wachkoma zu versetzen. Es war etwa zwölf Meter lang, vollkommen aus massiven Balken gebaut und mit der weltgrößten Sammlung von Schnickschnack und Kitsch vollgestopft sowie einem halben Dutzend Porträts von Jesus und Elvis im Malen-nach-Zahlen-Stil.

Ich zählte insgesamt sieben Sofas. Vier davon waren zu einer enormen Sitzecke in der Mitte des Raumes zusammengeschoben, wo sie einen riesengroßen hölzernen Teetisch umrahmten. Auf dem besagten Tisch entdeckte ich unter anderem sieben Aschenbecher, vier Stapel Untersetzer, zwei Keramikfrösche, eine große rote Schüssel mit Pokerchips, drei Gipsstatuen der Jungfrau Maria und einen ungeheuren Strauß blauer Plastikrosen.

Den eigentlichen Mittelpunkt des Raumes bildete ein riesiger offener Kamin, der die gegenüberliegende Wand beherrschte und der größte seiner Art auf der gesamten Halbinsel war. Helen erzählte mir, er könne tatsächlich einen halben Klafter Holz fassen, eine Angabe, die ich kaum glauben konnte. Doch wer Helen kannte, hielt nichts mehr für unmöglich.

Ein großes Samtbild vom Letzten Abendmahl hing über dem Kamin, und daneben zierte ein wunderbares schwarzes Bärenfell die Wand, das von Reihen selbstgefertigter Täfelchen mit Sprüchen wie »Segne unsere Hütte« und »Man muss nicht verrückt sein, um hier zu leben, aber es hilft« umgeben war. Riesige Keramikaschenbecher baumelten an Makrameeschnüren von der Decke, gigantische Plastikfarne blühten in jeder Ecke und – ich könnte die Aufzählung noch ewig fortführen.

Ich stand immer noch herum und versuchte, alles in mich aufzunehmen, als sie mit unseren Drinks und einer Platte mit Karibuwurst und Crackern zurückkam. Sie räumte auf dem großen Teetisch eine Ecke frei, und wir ließen uns zu einem winterlich langen Plausch nieder.

Ich erfuhr, dass sie und ihr Mann Mel den Grund in den fünfziger Jahren vom Staat erworben hatten. Sie hatten als Erstes die Haupthütte errichtet und dann, als ihre Familie größer wurde, nach und nach die anderen Räume angebaut.

Jahre später, nachdem Mel gestorben war, nahm Helen ihren Beruf als Krankenschwester wieder auf, und jetzt leitete sie sehr zur Freude aller Patienten eine kleine Klinik in der Stadt. Sie wurde in Kenai wegen ihres großen Herzens und ihrer Hilfsbereitschaft von allen geliebt und respektiert. Es war für uns beide klar, dass wir dicke Freundinnen werden würden, und wir unterhielten uns an jenem Abend stundenlang, bevor irgendwann das Thema Hütte zur Sprache kam.

»Es ist nichts Besonderes«, warnte sie mich erneut. »Wie ich schon sagte, es gibt kein fließendes Wasser oder so, doch du kannst sie gerne benutzen, bis du etwas anderes gefunden hast. Komm, wir können sie uns genauso gut jetzt gleich ansehen.«

Die Hütte stand auf einer kleinen Waldlichtung und war unter dem ungeheuren Schneeberg kaum zu sehen, der sie fast bis zum Dach unter sich begraben hatte. Wir gruben uns bis zur Tür durch, stemmten sie auf und traten ein.

Ich konnte nicht glauben, wie winzig sie war. Die ganze Hütte bestand aus einem kleinen Raum, der knapp zwei Meter fünfzig auf drei Meter fünfzig maß und bis auf einen Tisch, ein Metallfeldbett und einen kleinen Propangasofen in der Ecke leer war. Was für ein Luxus – nie wieder würde ich zum Heizen Holz hacken müssen! Natürlich stellte sich da noch die Frage, wie ich kochen sollte, aber das würde ich schon hinkriegen. Pappy hatte mich gut unterrichtet.

Das Einzige, das mich etwas beschäftigte, war das fehlende Wasser, ob es nun aus dem Hahn oder sonst woher kam. Ich hatte noch meinen großen Krug, so dass Trinkwasser nicht das Problem war, doch wie stand es um ein Klo und um die Möglichkeit zu duschen? Darüber hatte ich mir in Cooper Landing nie Gedanken gemacht, denn da gab es ja die Lodge nebenan, und die hatte beides. Aber das hier war eine völlig andere Sache.

Helen wusste auf alles eine Antwort. Sie deutete auf ein wackliges altes Holzhäuschen hinter der Hütte und erklärte, welch ein Glück ich doch hätte, dass sie es damals mit Blick auf den Wald gebaut hätten. So könnte ich die Tür offen lassen und die Natur genießen, während ich meinem täglichen Ritual nachginge. Sie war eine Frau nach meinem Geschmack.

Das andere Problem erforderte ein bisschen mehr Nachdenken. Helen selbst duschte jeden Tag in der Klinik, aber da ich das nicht konnte, schlug sie vor, ich solle es doch genau wie alle anderen hier machen und im Waschsalon duschen.

»Im *was?*« fragte ich verwirrt. Ich konnte nicht glauben, dass ich sie richtig verstanden hatte.

»Oh sicher«, insistierte sie. »Viele Leute hier haben kein Wasser, deshalb gehen sie jeden Tag zum Waschsalon und nehmen dort gegen Gebühr eine Dusche. Du musst vermutlich in der Schlange stehen, also rechne dafür etwas Zeit ein, aber die Duschen sind sauber und es gibt jede Menge heißes Wasser.«

Nachdem auch dieses Problem gelöst war, wurde der Handel besiegelt, und ich ging zum Wagen, um meine

Sachen zu holen, während Helen den Ofen in Gang setzte.

Eine halbe Stunde später hatten wir alles eingeräumt, und nach einem fröhlichen »Gute Nacht« zog ich mich aus und machte mich zum Schlafen fertig. Die Hütte war warm und trocken, und als ich mich gemütlich in meinen Schlafsack kuschelte, dachte ich, welch Glück ich doch hatte. Zwei Jahre zuvor hätte ich mir auch nicht im Entferntesten diese Art von Leben für mich vorstellen können. Doch hier war ich nun, stark und sicher und glücklicher als die meisten anderen Menschen.

So hatte sich alles ganz ausgezeichnet entwickelt. Die Guten hatten wieder einmal gewonnen, Gott war doch im Himmel, und die Welt war in Ordnung. Ich blies die Lampe aus, schüttelte mein Kissen auf und schlief in der »vorübergehenden« Hütte ein, die für die nächsten vier Jahre mein Hauptquartier werden sollte.

Ich hatte ein Zuhause gefunden.

Ich lernte jedoch schnell, dass ich mich an das Leben hier erst noch würde gewöhnen müssen. Früh am nächsten Morgen erwachte ich, wie die meisten Menschen, mit dem dringenden Bedürfnis, aufs Klo zu gehen. Nur war da diesmal kein Klo. Es gab lediglich dieses elende alte Häuschen und ich hatte nicht die leiseste Ahnung, wie ich das benutzen sollte. Ich krabbelte aus meinem Schlafsack, wickelte mich in eine Decke und öffnete die Tür zu einem dunklen Wintermorgen in Kenai.

Jesses, war das kalt. Um die Sache noch schlimmer zu machen, hatte es über Nacht wieder geschneit, und zwischen mir und dem Objekt meiner Begierde lag ein halber Kilometer hüfthoher Schnee. Ich ging wieder nach drinnen und zog mir Stiefel, Jacke und Handschuhe an. Dann verließ ich mein kleines warmes Nest und begann mir einen Weg zu dem Häuschen frei zu schaufeln.

Es ist nicht gerade einfach, sich durch so tiefen Schnee zu bewegen. Mit jedem Schritt, den ich machte, schob sich mehr von dem kalten nassen Zeug unter mein wollenes Nachthemd, bis ich vor Schmerzen heulte und kaum noch in der Lage war, mich zu rühren. Als ich das Klohäuschen erreichte, waren Teile von mir erfroren, die *niemals* erfrieren sollten, und ich bezweifelte, dass ich mein Gefühl jemals wiedererlangen würde.

Im Inneren des Stillen Örtchens sah es nicht viel besser aus. Man hatte seit Jahren notwendige Reparaturen versäumt. Die Hälfte der Bodendielen fehlte, die Wände waren kaum mehr als eine Formalität, und die Angeln waren so verrostet, dass die Tür weit aufflog und sich nicht mehr schließen ließ. Doch da stand ich nun, höchste Zeit zu tun, weswegen ich hergekommen war.

Genau in diesem Moment erblickte ich die Klobrille. Sie sah aus wie eine ganz normale Klobrille – bis auf eine schreckliche Ausnahme: diese war unter einer zentimeterdicken Schicht klaren blauen Eises eingefroren. Mein erster Impuls war es zu weinen, doch ich riss mich zusammen und überlegte, was John Wayne in einer solchen Situation wohl getan hätte. Eine ziemlich dumme Frage, denn *er* hätte problemlos im Stehen tun können, was ich nicht im Stehen konnte.

Inzwischen funkte meine Blase schon SOS, und weil mir nichts anderes übrig blieb, zog ich mein Nachthemd hoch, sprach ein Stoßgebet und setzte mich so schnell es ging. Einige selige Sekunden lang spürte ich überhaupt nichts. Dann reagierte mein Po nach dem gleichen Prinzip wie eine Zunge an einem gefrorenen Pumpenschwengel und klebte am Eis fest.

Im nächsten Augenblick schoss ein weißglühender Schmerz direkt von meinem Hinterteil ins Gehirn, jagte mich vom Sitz hoch und schreiend hinaus in die Wildnis. Ich ließ drei Hautschichten und das Wachstum von einem Jahr hinter mir, und es sollte eine Woche vergehen, bis ich wieder richtig sitzen konnte. Etwas musste da geschehen.

Duschen musste ich ja auch noch, und deshalb stopfte ich eilig alles, was ich brauchte, in den Rucksack. Es war fast neun Uhr dreißig. Ich zog mich rasch an und schritt hinaus in die frostige morgendliche Luft. Die Sonne dachte gerade daran aufzugehen, und der Himmel war von einem tiefen, schillernden Rosa und über den ganzen Horizont in Violett- und Blautönen und einem so intensiven Purpur gestreift, dass es sogar die Luft zu färben schien. Der Wald um die Hütte herum war dunkel und still, und ich lachte laut, als ich dachte: *Das* ist das Alaska, von dem ich mein Leben lang geträumt hatte.

Ich riss mich von dem Anblick los und lud alles in den Wagen. Als der Motor warm gelaufen war, schaltete ich die Heizung an, legte den Gang ein und machte mich auf die Suche nach dem Waschsalon.

Das Klima des Nordens hat ein einzigartiges Phänomen aufzuweisen, das man »Eisnebel« nennt; dieser Nebel kann die spektakulärsten Wirkungen hervorrufen, die die Natur zu bieten hat. Wenn die Bedingungen stimmen und die Temperatur ausreichend gefallen ist, gefriert die Feuchtigkeit in der Luft zu winzigen Kristallen, die in der Luft schweben und sich auf jeder Oberfläche ansammeln.

In der Nacht zuvor hatte es Eisnebel gegeben, und meinen ersten Blick auf die Melody Lane bei Tageslicht werde ich nie vergessen. Jeder Zweig und jeder Ast war dick mit glitzernden Eiskristallen überkrustet, die das rosafarbene Morgenlicht einfingen und in Tausende funkelnde Regenbogen verwandelten. Selbst die Bäume an der Straße schimmerten und waren schwer vor Eis; hoch oben neigten sich ihre Spitzen und berührten sich fast. Ich fuhr staunend und voller Ehrfurcht ganz langsam durch eine Kristallkathedrale – unter einem gefrorenen Baldachin aus Licht und Luft.

Das war wirklich nicht die schlechteste Art, den Tag zu beginnen.

Ich fand den Waschsalon ohne große Schwierigkeiten und stellte mit Erleichterung fest, dass ich der einzige Kunde war. Der alte Mann hinter dem Tresen war damit beschäftigt, Kleider zusammenzulegen, und sah noch nicht mal auf, als ich fragte, ob ich eine Dusche nehmen könne.

»Das macht einen Dollar«, bellte er. »Einen Schein und einen Quarter, wenn Sie auch ein Handtuch wollen.«

Zum Glück hatte ich daran gedacht, ein Handtuch einzupacken, deshalb gab ich ihm den Dollar und bekam dafür zwei Wasserhähne, einen für heißes und einen für kaltes Wasser.

»Wofür sind die?«, fragte ich verständnislos.

»Sie sagten doch, Sie wollen duschen, oder?«, schnarrte er. »Nun gehen Sie schon, und brauchen Sie nicht das ganze heiße Wasser auf.«

Der war wirklich ein Herzchen. Ich griff mir die Hähne und vermutete, dass sie als eine Art raffinierte Diebstahlsicherung dienten, falls jemand tatsächlich auf die Idee käme, bei *diesem* Mann eine Dusche zu klauen.

Das Duschen war herrlich; ich genoss es ausgiebig und schwelgte im Luxus. Ich habe sie wohl etwas zu lange genossen, denn plötzlich hämmerte der alte Raubvogel an die Tür und schrie wegen des heißen Wassers herum. Ich drehte die Dusche ab, zog mich an und trocknete mein Haar so schnell ich konnte. Dann ließ ich die Hähne auf den Tresen fallen und verließ den Waschsalon, ohne den Alten auch nur eines Blickes zu würdigen. Unsere Beziehung wurde nie herzlicher, und solange ich in Kenai lebte, wechselte er nicht ein vernünftiges Wort mit mir.

Am Ende des zweiten Tages war die Arbeit im Sender beinahe schon Routine geworden. Ich übergab um sechs Uhr den Gottesleuten das Regiment und eilte in die Stadt, um einiges einzukaufen, was ich für die Hütte brauchte: Essen, Pappteller, Töpfe und Pfannen, Kerosin, eine kleine Axt und Toilettenpapier. Ich lud alles in den Wagen und fuhr damit zur Hütte hinaus.

Helen wartete bereits auf mich und war neugierig zu erfahren, wie es mir ergangen war. Sie half mir, die

Sachen wegzuräumen, und zeigte mir dann, wie man eine Höhle in den Schnee gräbt, in der ich die Lebensmittel lagern und vor wilden Tieren schützen konnte. Typischerweise hatte ich an so etwas überhaupt nicht gedacht.

Weil sie so nett war, erzählte ich ihr von meiner peinlichen Vorstellung am Morgen im Klohäuschen. Sie wälzte sich vor Lachen erst mal auf dem Boden, doch nachdem sie ihre Fassung wieder gefunden hatte, erklärte sie mir, wie sehr es sich doch auszahle, einen Nachttopf in der Hütte zu haben (eine leere Kaffeedose mit Deckel würde es genauso tun).

Doch wenn ein Ausflug zur Außeneinrichtung doch *unbedingt* notwendig sei – zum Beispiel, wenn ich Herrenbesuch hätte –, wäre auch das kein Problem. Ich müsste bloß die Klobrille über den Ofen hängen, dann wäre sie immer schön warm, wenn ich sie mit nach draußen nahm. Ganz einfach, eigentlich. Man brauchte lediglich ein bisschen Grips.

Schließlich beschenkte sie mich mit einer ihrer besten kupfernen Kuhglocken und trug mir auf, sie mir jedesmal um den Hals zu hängen, wenn ich in den Wald oder auch nur die Straße entlang spazieren ginge. Durch den Lärm der Glocke würde jeder Elch oder Wolf abgeschreckt, der sich da herumtreiben könnte. Und wenn wir schon dabei wären: ein Gewehr wäre vielleicht auch keine schlechte Idee, falls mir mal eines in die Hände fallen würde. (Damals mussten wir uns nicht allzu viele Gedanken um Bären machen, denn es war Winter, und mit ein bisschen Glück lagen sie noch im Winterschlaf.)

Als sie mein Überlebenstraining abgeschlossen hatte, meinte Helen, sie wolle später am Abend zu Larry's Club hinunterfahren, um ein wenig zu tanzen. Ob ich nicht Lust hätte mitzukommen? Was für eine Frage!

Wem die Vorstellung seltsam erscheint, dass eine junge Frau in den Zwanzigern mit einer »älteren« Frau knapp an die siebzig abends ausgeht, übersieht, dass Helen Keppel sich so gar nicht wie eine Siebzigjährige benehmen wollte.

Als wir gegen zehn zu Larry's kamen, ging es gerade erst los, und wir bahnten uns schnell den Weg zu einem der Tische an der Tanzfläche. Die Country-Band war so schlecht, wie ich erwartet hatte, doch sie war laut und enthusiastisch, und das war alles, was zählte.

Auf der Tanzfläche führte eine ganze Horde von dünnen »Cowboys« in spitzen Stiefeln, schicken Westernhemden und mit riesigen Hüten ihre Tanzpartnerinnen durch die Komplexitäten des Texas Two-Step und des Cotton-Eye Joe. Die Frauen waren genau wie die Männer gekleidet, bis auf einen Unterschied: ihre Hüte waren ein bißchen kleiner.

Das Ganze verwirrte mich. Woher waren all diese Cowboys und Cowgirls gekommen? Ich hatte schon eine Menge Leute eine Menge sonderbare Dinge tun sehen, seit ich nach Alaska gekommen war, doch dieses Zureiter-Gehabe war neu.

»Hey, Helen!«, rief ich über den lärmigen Tisch. »Warum schauen all die Leute so aus, als wären sie gerade aus Dodge City hergeritten?«

Sie schüttelte nur den Kopf und rührte weiter in ihrem Drink.

Gegen halb elf war das Lokal voller Männer und es schien, als würde Helen sie alle kennen. Von dem Zeitpunkt, als wir uns hinsetzten, bis um fünf Uhr am nächsten Morgen ließ sie nicht einen Tanz aus und sorgte dafür, dass es mir nicht anders erging.

»Das ist noch gar nichts!«, brüllte sie, als sie in den Armen eines ihrer vielen Verehrer vorüberwalzte. »Warte nur bis zum Sommer, wenn die Fischer in der Stadt sind – dann wirst du *wirklich* was erleben!«

Dabei legte ich jetzt erst richtig los. Mit diesem ersten Abend bei Larry's begründete ich eine Gewohnheit, die ich in den nächsten Jahren beibehielt. Meine Tage verbrachte ich mit Arbeit, meine Nächte in Larry's Club auf der Suche nach »Code Neun«, und in jeder freien Minute erkundete ich die Gegend. Ich lebte im Himmel auf Erden, und ich war entschlossen, mir jeden Quadratzentimeter davon anzusehen.

****

Das Beste an der Arbeit als Discjockey ist, dass man ein begehrenswertes Mitglied der Gemeinde wird. Eine Stütze der Gesellschaft sozusagen. Kenai war in dieser Hinsicht nicht anders als andere Orte, und kurz nach meiner Ankunft begannen alle möglichen netten Leute im Sender anzurufen und mir ihre Gastfreundschaft anzubieten. Jeder von ihnen begierig darauf, mir zu zeigen, was ihm an der Gegend am besten gefiel.

In Alaska gibt es mehr Privatflugzeuge als sonstwo auf der Welt, und scheinbar war jeder Anrufer ein Pilot. Ich legte Wert darauf, niemanden zurückzuweisen, wenn es ums Fliegen ging. So war ich mindestens drei- bis viermal die Woche in der Luft, und erkundete die wilde Landschaft der Kenai Peninsula aus der Vogelperspektive.

Meine Gastgeber und ich flogen in jenem Winter überallhin, von den spektakulären Harding Ice Fields bei Seward bis zu den riesigen Holzfällerbetrieben der Jakalof Bay an der Südspitze der Halbinsel. Aus dreihundert Metern Höhe verfolgte ich die Bewegungen der riesigen Walherden über die offenen Flächen des Cook Inlet. An Tagen, an denen das Wetter besonders klar war, freute ich mich, Kilometer für Kilometer niedrig über die Gletscher zu fliegen, die sich entlang der Küste tief in die Berge gruben. Der Anblick der unendlich tiefen Gletscherspalten und der scharfen hochragenden Gipfel aus blendendem blauem Eis ging mir die ganze Woche nicht mehr aus dem Sinn.

Es war ein privilegierter Blick auf die Wildnis Alaskas, und bis zum heutigen Tag trage ich diese wunderbaren Bilder in mir.

Doch auch am Boden gab es viel zu unternehmen und mehr als eine Möglichkeit, sich in Schwierigkeiten zu bringen. Hundeschlittenrennen spielen seit jeher eine wichtige Rolle in der Kultur Alaskas, und diese Tradition wird in Kenai besonders wach gehalten. Schlittenbau ist ein beliebtes Hobby, und es ist nicht ungewöhnlich, hinter einer Hütte zwanzig oder dreißig Schlittenhunde zu finden, die für die großen Rennen trainiert werden. Solche Rennen finden im Winter fast jedes Wochenende statt. Das sah nach einem Riesenspaß aus, und ich sagte nur zu gerne ja, als Al Primavera, einer der einheimischen Schlittenfahrer, mich im Sender anrief und für das folgende Wochenende zu einem Rennen einlud.

Der Himmel war wolkenlos und die Luft frisch, als ich am Samstag bei Primavera eintraf, und ich freute mich darauf, hinaus aufs Land zu kommen. Ich hatte alle alten Sergeant-Preston-Filme gesehen und konnte es gar nicht erwarten, einem Gespann von fünfzehn oder zwanzig Hunden »Mush, ihr Huskies!« zuzubrüllen und zu spüren, wie sie loszogen.

Deshalb war ich ziemlich enttäuscht, als ich sah, dass der Schlitten, mit dem ich fahren würde, nur von *zwei* Hunden gezogen wurde. Die Hunde waren klein und wirkten nicht gerade kräftig.

»Oh Al«, fragte ich so taktvoll, wie ich konnte, »ist das alles? Zwei Hunde?«

»Na ja«, sagte er lächelnd. »Du solltest mit ihnen klarkommen. Wenn nicht, können wir immer noch einen ausschirren.«

Natürlich machte er Witze. Dachte ich. Ich konnte nicht glauben, dass diese dürren kleinen Viecher mich irgendwohin ziehen sollten. Doch ich schluckte meine Enttäuschung hinunter und tat so, als würde ich ihm zuhören, als er mir Anweisungen gab. Er zeigte mir, wie man in Gang kommt (man brüllt wirklich »Mush!«), sagte mir die Befehle für links und rechts und betonte, wie wichtig es sei, locker zu bleiben und sich genau wie auf dem Motorrad in die Kurven zu legen. Ich bin sicher, er hat mir auch gesagt, wie man anhält, doch wie erwähnt, habe ich nicht richtig zugehört.

Als alle so weit waren, kletterte ich auf meinen Schlitten und stellte den Fuß auf die Bremse, eine schwere eiserne Klaue, die sich in den Schnee grub und den Schlitten daran hinderte, sich zu bewegen. Das war leichter gesagt als getan, denn die Hunde waren *wirklich* wild darauf zu rennen. Ich hielt sie kurz und wartete auf den Befehl zum Aufbruch. Al stand vorne auf seinem Schlitten (er hatte sechs Hunde), und als er »Mush!« rief, stieg ich von der Bremse und kämpfte damit, aufrecht stehen zu bleiben, als die Hunde losrannten, als sei auf sie mit einem Luftgewehr geschossen worden.

Auf den ersten hundert Metern ging alles gut – ich musste mich bloß festhalten und die Hunde machen lassen. Aber plötzlich schlug der Pfad unmittelbar vor uns eine weite Linkskurve ein. Ich saß in der Klemme. Ich wusste noch, dass Al irgendetwas von Hineinlehnen gesagt hatte. Aber ich konnte mich auf Teufel komm raus nicht erinnern, nach welcher Seite, und die Hunde erreichten jetzt langsam ihr volles Schlepptempo.

»Stopp!«, schrie ich. »Anhalten! Halt! ... BITTE!« Aber nichts half. Ich hatte wirklich Angst. *Wie lautete der richtige Befehl?*

Es war egal. Es war sowieso zu spät, sie zu stoppen. Ich schloss die Augen und umkrampfte die Leinen, als die Hunde in die Kurve rasten. Ich hatte jede Kontrolle verloren. Mein Kopf war leer, und plötzlich spürte ich, wie mir die Leinen aus den Händen gerissen wurden. Ich segelte durch die Luft und schlug mit dem Kopf voran in eine Wand aus Eis und gefrorenem Schnee.

Al drehte seinen Schlitten um und kam zu der Stelle zurück, an der ich wie ein Häufchen Elend am Boden lag. Meine Schulter pochte, und ich prüfte, ob etwas gebrochen war.

»Fehlt dir was?« rief er, als er aufgeregt auf mich zurannte.

»Ich denke, nein«, antwortete ich wütend, während ich mit den Tränen kämpfte. »Aber warum haben die verdammten Hunde nicht angehalten?«

»Weil du ihnen nicht den richtigen Befehl gegeben hast. Ich habe dir doch gesagt, du musst nur ›Whoa‹ rufen.«

Oh. Daran hatte ich nicht gedacht.

Al hielt es für das Beste, wenn wir die Sache für heute sein ließen, aber ich wollte unter keinen Umständen aufgeben. Ich war hierher gekommen, um Hundeschlitten zu fahren, und genau das würden wir auch tun. Und er würde mir auch keinen Hund wegnehmen. Wieder einmal hatte mein blöder Stolz die Oberhand gewonnen.

Ich kletterte von neuem auf den Schlitten und achtete diesmal genau auf Als Anweisungen. Mein zweiter Versuch verlief wesentlich besser als der erste, und wir genossen eine herrliche Fahrt durch das Umland von Kenai.

Die Hundeschlittengemeinde von Kenai war groß, und für den Rest des Winters verbrachte ich meine freie Zeit damit, mit einem geliehenen Gespann durch die Wildnis zu rasen. Ich meckerte jedoch dauernd darüber, dass mich niemand mit mehr als zwei Hunden fahren ließ. Damit ich endlich den Mund hielt, sollte ich beim großen Finalrennen der Saison am Arc Lake mit *vier* Hunden an den Start gehen.

Ich war begeistert. Aber die Sache hatte einen Haken: Ich sollte mir die Hunde ganz alleine aussuchen, ohne irgendwelche Hilfe. Das war fair. Ich war einfach nur froh, die Chance zu bekommen.

Der Renntag dämmerte klar und kalt herauf, und als ich am Arc Lake eintraf, bot sich mir ein Chaos. Hunderte von Hunden und genauso viele Menschen bellten einander an und versuchten sich in Gespannen zusammenzufinden.

Ich hängte meine Nummer an meinen Schlitten und fing an, mich nach den Hunden umzusehen, die ich für mein Gespann brauchte. Es kam vor allem auf die Leittiere an, und ich wollte die größten und stärksten haben, die ich kriegen konnte.

Zu meiner Überraschung fand ich sie ziemlich schnell. Es waren feurige, kräftig aussehende Biester, und sie wollten offensichtlich rennen, so wie sie an ihren Leinen zogen. Ich konnte nicht verstehen, warum niemand sonst sie sich geschnappt hatte, und ich muss fairerweise sagen, dass ihre Besitzer wirklich versucht haben, sie mir auszureden. Doch ich schenkte ihnen keine Beachtung und war überzeugt, dies wären die Hunde, die für mich das Rennen gewinnen würden.

Ich wählte noch rasch zwei andere aus, hängte sie alle an ihre Zugleinen, und als ich an der Reihe war, fuhr ich zuversichtlich zur Startlinie. Der Rennfunktionär gab das Zeichen, und wie die erfahrenen Profis stürmten die Hunde und ich über den zugefrorenen See. Das ist toll, dachte ich, und ich wunderte mich, was das ganze

Theater sollte. Ich fand, dass vier Hunde genauso leicht zu führen waren wie zwei Tiere.

Auf der anderen Seite des Sees vollzog der Pfad eine scharfe Linkskurve in den Wald, und sobald wir für die Zuschauer außer Sicht waren, begann ich mich ein wenig zu entspannen und in den Rhythmus des Rennens einzufinden. Die Hunde rannten kräftig, und auf den ersten paar Kilometern sah es so aus, als ob wir gute Chancen hätten.

Dann geschah etwas Unglaubliches. Als wir uns der Fünf-Kilometer-Markierung näherten, wurden die Hunde allmählich langsamer. Ich konnte schreien und fluchen so viel ich wollte, es nutzte nichts. Es dauerte nicht lange, da hörten sie ganz auf zu rennen und hingen tot in den Leinen, um es einmal so auszudrücken. Ich konnte nicht verstehen, was da los war, doch als ich vom Schlitten sprang und nach vorne lief, wurde alles völlig klar.

Oh nein. Oh nein, nein, nein. Das konnte doch alles nicht wahr sein. Geschockt und verblüfft musste ich mit ansehen, wie die vier vor meinen ungläubigen Augen mit einem Ritual begannen, dass man am taktvollsten als Liebestanz der Hunde beschreiben könnte.

Ich war platt, und als ich da wie ein Spanner im »Reich der wilden Tiere« stand, dämmerte mir langsam, was ich getan hatte.

Diese beiden wunderschönen Leithunde, meine Sieger, waren überhaupt keine Schlittenhunde. Es waren *Haustiere*. Schlimmer noch, es waren Weibchen, die offenbar gerade erst in Hitze gekommen waren. Nahm man die Tatsache hinzu, dass mein zweites Paar Männchen waren, dann wurde diese kleine hündische *menage à quatre* völlig verständlich.

Unter anderen Umständen hätte ich ihnen ihre kleine Indiskretion ja gegönnt (ich war selbst schon mehrfach in Hitze gewesen und konnte mit ihnen fühlen). Aber verdammt, das hier war ein Rennen, und nun war alles hoffnungslos verloren.

Ich setzte mich verärgert in den Schnee und versuchte in eine andere Richtung zu schauen, während die vier Höllenhunde schnauften und keuchten und das Haus zum Einsturz zu bringen versuchten. Als alles vorbei war und sie all ihre Leidenschaft und Energie aufgebraucht hatten, konnte ich auf vier befriedigte Fellkugeln blicken, die ohne jedes Anzeichen, das Rennen beenden zu wollen, im Schnee fest eingeschlafen waren.

Es wurde mit jeder Minute kälter und dunkler, und ich hatte nur noch eine Möglichkeit: Ich hob jeden der vier schlafenden Hunde auf und stapelte sie hinten auf den Schlitten, dann zog ich die Zugriemen über meine Schultern und trat den langen Marsch zurück ins Camp an. Unterwegs begann ich meine Meinung über Tierversuche zu ändern.

Als wir endlich wieder an der Startlinie angekommen waren (eine Stunde nach dem letzten Rennteilnehmer), war ich völlig gedemütigt. Alle wussten, was geschehen war, und verdientermaßen wurde ich zur Zielscheibe endloser blöder Witze und zweideutiger Anspielungen.

Es dauerte eine Weile, doch schließlich konnte ich selbst darüber lachen. Als der Rennleiter mir den Sonderpreis für den letzten Platz überreichte, gelang es mir sogar, ein paar Scherze über die sexuellen Vorlieben einer Gruppe von Männern zu machen, die mehr Zeit mit einem Pack geiler Malamutes als mit ihren eigenen Frauen verbrachten.

Zum Glück war es für uns *alle* das letzte Rennen der Saison.

****

Wie immer stieg im Frühling ein Gefühl der Melancholie und der Einsamkeit in mir auf. Während die meisten das Ende des Winters begrüßen und sich auf die Zeit des Wiedererwachens und Wachsens freuen, neigte ich seit jeher dazu, den Frühling als ein Ende zu sehen. Ich *liebte* den Winter, vor allem in Alaska, und ich hasste es, ihn sich verabschieden zu sehen.

Als es wärmer wurde und die eisige Landschaft des Winters wegzuschmelzen begann, fühlte ich mich zur Felsküste hingezogen, die an die Stadt grenzte und einen Verteidigungswall gegen die Wut des Meeres bildete.

Ich hatte eine besondere geheime Stelle, und spätnachmittags ging ich hinunter an den windigen Strand und stieg hinauf zu einem großen flachen Findling am Fuß einer Klippe. Dort saß ich stundenlang, tief in die Wärme meines Parkas gekuschelt, blickte hinaus auf die kalte graue Weite des Meeres und konzentrierte den Blick auf einen Punkt genau hinter dem Horizont. Irgendwo dort draußen lagen alle Antworten.

Aber wie lautete die Frage? Ich konnte das Gefühl

nicht abschütteln, dass etwas bevorstand. Wenn ich doch nur herausbekäme, was es war, dann könnte ich mich darauf vorbereiten und es zum Guten wenden. Diese Gedanken beunruhigten mich, und zunehmend fühlte ich mich zwischen Wut und Rastlosigkeit hin- und hergerissen.

Meine selbstauferlegte Isolation und das Fehlen einer ernsthaften Beziehung zu einem Mann hatten mich völlig vereinsamen lassen. Zum ersten Mal spürte ich, dass es in meinem Leben noch mehr geben müsste als das schlichte In-den-Tag-hinein-Leben, wie ich es seit meiner Ankunft in Alaska praktiziert hatte. Ich hatte in den letzten paar Jahren einiges erlebt, aber nicht das Gefühl, irgendetwas erreicht zu haben. Und ich hatte absolut keine Ahnung, was ich als Nächstes tun sollte.

Ich kam mir vor, als würde ich hilflos von Mächten fortgetragen, die außerhalb meiner Kontrolle lagen. Mir fehlte ein Ziel oder eine Richtung, ich war ein losgelöstes Wesen, das willkürlich durch die Welt bewegt wurde und auf alles, was um es herum geschah, nur reagierte. Ich hatte mir irgendwann die Zügel aus der Hand nehmen lassen und eine Zeit lang vergessen, dass ich so lange wie möglich die wichtigen Entscheidungen selbst fällen musste.

Aber in welchem Kontext? Und welche Rolle sollte die MS bei meinen Entscheidungen spielen? Ich war nun seit fast zwei Jahren symptomfrei, und es sah danach aus, als könnte dieser Zustand noch eine Weile anhalten. Aber konnte ich mich darauf *verlassen?* Durfte ich die Annahme wagen, dass ich zu den Glücklichen gehörte?

Ich war doch so weit gekommen, oder nicht? Warum sollte es nicht so weitergehen? Viele Menschen hatten erfolgreich gegen schlimmere Krankheiten als meine angekämpft und ein langes und produktives Leben voller Liebe, Glück und Freude geführt. Freude, die aus dem Bewusstsein entsteht, dass sie ihr Bestes gegeben haben.

Und das würde ich auch tun. Ich beschloss in diesem Moment, alle Zweifel hinter mir zu lassen und mit dem festen Glauben weiterzumachen, dass sich alles zum Guten wenden würde. Es *gab* ja noch den lieben Gott im Himmel, und solange Gott mir zur Seite stand, dessen war ich sicher, würde ich alles bezwingen.

Nachdem ich diese Entscheidung gefällt hatte, kam mir alles um mich herum verändert vor. Der Frühling war auf einmal die lebenswerteste Jahreszeit, und ich fing an, mich auf die langen warmen Tage und auf den letzten unbeschwerten Sommer, den ich jemals erleben würde, zu freuen.

Sechs

Homer, Alaska
1977

Die Fischer kamen im Juni. Sie kamen aus dem ganzen Land – aus Washington, Oregon, Kalifornien und sogar aus dem weit entfernten Louisiana. Und sie alle kamen mit einem klaren Ziel vor Augen: zu fischen, bis sie umfielen, und vielleicht ein bisschen reicher nach Hause zurückzukehren.

Doch das war leichter gesagt als getan. Wenn man bedenkt, dass eine kommerzielle Lachsfanglizenz bis zu 80 000 Dollar kosten kann – von dem Preis für das Boot, die Ausrüstung und die Versicherung, den Löhnen und den Lebenshaltungskosten ganz zu schweigen –, wird klar, dass das eine todernste Sache ist. Legt man diese Kosten auf die kurze begrenzte Fischsaison um, so hat man pro Tag Ausgaben in Höhe von rund 20 000 Dollar. Da ist es kein Wunder, dass die Jungs die meiste Zeit wie verrückt schuften, denn jeder einzelne Faktor, von schlechtem Wetter bis hin zu Problemen mit dem Boot, konnte zur Katastrophe führen, und irgendetwas ging *immer* schief.

Aber die Fischer konnten auch feiern. Wenn sie nicht

gerade beim Fischen waren oder Netze flickten, konnte man sie in Larry's Club finden, wo sie soffen, sich prügelten und das Geld hinauswarfen, als gäbe es kein Morgen. Helens Vorhersage traf voll und ganz zu, und unser gesellschaftliches Leben erreichte nie geahnte Höhen. Ich bekam in diesem Sommer nicht sehr viel Schlaf, und ich kann mich an unzählige verkaterte Morgen im Rundfunksender erinnern. Wir müssen alle für unsere Sünden bezahlen, aber das war eine Schuld, die ich nur zu gerne jederzeit wieder abtragen würde.

An Fischfangtagen saß ich am liebsten abends an den Docks der Konservenfabriken und sah zu, wie die unter der schweren Ladung tief im Wasser liegenden Boote einliefen. Die ganze Nacht hindurch wurde entladen; Hunderte von Booten hatten sich vor den Konservenfabriken aufgereiht und warteten, bis sie bei den Kränen an der Reihe waren. Riesengroße Netzkörbe wurden in den Laderaum hinuntergelassen und dann wieder und wieder mit Tausenden von Pfund glitzerndem silbrigem Lachs herausgezogen. Wenn der Laderaum leer war, wurde der Fang gewogen und für das Boot vermerkt. Dann endlich konnte die erschöpfte Mannschaft in die Kojen fallen.

Die Konservenfabrik lief rund um die Uhr auf Hochtouren und verarbeitete den frischen Fang, bevor er schlecht wurde. Es war faszinierend zu beobachten, wie der Lachs noch heil in der Fabrik verschwand und Stunden später in kleinen silbernen Dosen wieder herauskam, fertig zum Versand in die ganze Welt. Von den Fischen wurde fast alles verwertet. Der Kopf und die Schwanzflossen wurden zu Tierfutter und Düngemittel zermahlen, und der im Hafen abgeladene Abfall versorgte die Seemöwen und die wunderschönen weißen Belugawale, die dort patrouillierten, mit einem Abendessen. Das war das natürliche Gleichgewicht von Kenai.

Die Arbeiter in der Konservenfabrik haben die schlimmsten Jobs der Welt. Die Arbeit ist saisonal begrenzt und wird nach Stunden bezahlt. Deshalb war es nicht ungewöhnlich, dass einige von ihnen vierundzwanzig Stunden durchschufteten und der endlosen Prozession von stinkenden toten Lachsen die Köpfe und Schwanzflossen abhackten.

Aber am ärmsten dran waren die Heringspresser. Ihre Aufgabe war es, die Eier aus den Heringen zu quetschen, damit diese verarbeitet und nach Übersee verschickt werden konnten, wo diese grauenhaft aussehenden kleinen Dinger Gerüchten nach tatsächlich von Menschen verzehrt wurden. Wenn sich einem beim bloßen Gedanken daran der Magen noch nicht umdrehte, dann vollbrachte das spätestens der Geruch.

Ich weiß nicht, was schlimmer stank, der Hering oder die Presser, doch am Ende einer langen Schicht war es unerträglich. Es war gut, dass die Konservenfabriken diese armen Leute mit Essen versorgten, denn anderswo bekamen sie nichts. An allen Restaurants der Stadt hingen Schilder, auf denen stand: »HERINGSPRESSER MÜSSEN DRAUSSEN BLEIBEN«. Und Gott sei Dank hielten sie sich auch daran. Es war eine brüske, aber notwendige Ermahnung für die »Unreinen«, die neuen Ausgestoßenen einer ansonsten toleranten Gesellschaft.

Wer nicht darauf nicht gefasst ist, kann vom Sommer in Alaska wirklich überrascht werden. Wenn der Frühling dem Sommer weicht, werden die Tage wie überall länger, doch aufgrund der extrem nördlichen Lage vollzieht sich der Übergang in Alaska viel dramatischer. Die Sommertage sind außergewöhnlich lang, und ab Ende Juni verblasst die Nacht nur noch zu einer Erinnerung. Dann lebt jeder – selbst die Alten – am Rande nervöser Erschöpfung. Man vergisst leicht, wie viel Energie man von der Sonne bekommt, bis sie rund um die Uhr scheint, und dann ist es zu spät. Ich konnte mich nie daran gewöhnen, um Mitternacht ins Bett zu gehen und das Sonnenlicht noch durch mein Fenster fallen zu sehen, oder Larry's Club um vier Uhr morgens zu verlassen und den Himmel hell wie am Mittag vorzufinden.

Aber die langen Tage boten fast unbegrenzt Zeit für Abenteuer, und ich hatte für jede Sekunde Pläne.

Es mag hübschere Orte auf Erden geben als Homer, Alaska, aber davon will ich gar nichts wissen. Das würde mir nur alles verderben.

Das Städtchen Homer liegt an der Küste der Kachemak Bay, fast an der Südspitze der Kenai Peninsula, und unterscheidet sich kaum von anderen winzigen Fischerdörfern in Alaska. Das Besondere an diesem Dorf ist seine Lage auf einer langen schmalen Landzunge, die gut siebeneinhalb Kilometer weit in die Bucht hinausreicht und auf der sich die Fischindustrie des ganzen Gebietes angesiedelt hat.

Konservenfabriken, Schiffsausrüster und Charterfirmen sind am Wasser aufgereiht, und ganz weit draußen, praktisch am Ende der Landzunge, liegt der Hafen von Homer.

Ich kann mich noch an meinen ersten Besuch dort erinnern. Ich wanderte stundenlang auf den langen hölzernen Docks auf und ab und nahm den Anblick und die Geräusche und Gerüche des Ortes in mich auf. Hunderte von großen Krabbenkuttern, Trawlern und schmierigen Tendern kämpften miteinander um einen Platz am Dock, und sie alle verstärkten den blauen Dieseldunst, der über meinem Kopf schwebte.

Am Ende von Pier D lag ein angeschlagenes altes Fischerboot, und wenn da nicht der alte Mann gewesen wäre, der an Deck herumwerkelte, hätte ich geglaubt, es sei ein Wrack. Der Rumpf war geflickt und pockennarbig, das Messing hatte seinen Glanz verloren, und das Ruderhaus sah aus, als würde es bloß noch von Bindedraht zusammengehalten. Die Tatsache, dass es noch schwamm, widersprach allen physikalischen Gesetzen.

Ich rief zu dem alten Mann hinüber und fragte ihn, was er fische.

»Krebse!«, schrie er zurück. »Aber Garnelen sin auch okay – sin genauso gut!«

Ich ging zum Heck des Bootes, lehnte mich über das Dollbord und fragte ihn, ob denn Krebssaison sei.

»Ja, aber nur für die Dungeness-Krebse, die hasse ich wie die Pest«, spuckte er wütend. »Die *Königskrebse* mag ich, aber die sin bis August geschützt. Ich seh die Sache aber so: Ein Mann hat das Recht zu essen, was er will, oder nicht?«

Ich sagte, da habe er schon Recht, und fragte, wann er auslaufe.

»Mach grade alles klar zum Rausgehen. Hab ein paar Körbe draußen in der Bucht, die jetzt voll sein sollten. Vielleicht hab ich ja Glück.«

Ich fragte, ob ich mitfahren könne.

»Vergessen Sie's«, schnappte er. »Jeder Idiot weiß, dass Frauen an Bord nur Unglück bringen. Außerdem würd'n Sie eh nur im Weg rumstehen.«

Da ich mich nie so leicht abwimmeln lasse, jammerte und schmeichelte ich, bis ich ihn schließlich klein gekriegt hatte.

»Na gut, kommen Sie rauf«, seufzte er schwer. »Passen Sie aber bloß auf, dass Sie mir nich im Weg rumstehen, und halten Sie den Mund wegen der Königskrebse. Und dass das klar is: alle Krebse, die wir fangen, gehören *mir.*«

Das war ein fairer Handel.

Ich kletterte an Bord und setzte mich auf einen Haufen aufgerollte Taue, während er ins Ruderhaus sprang und die großen Dieselmotoren anwarf. Sobald wir abgelegt hatten, ging ich zu ihm ins Ruderhaus und sah amüsiert zu, wie er fluchend mit einem Schraubenschlüssel auf den Gashebel einhämmerte, um aus den müden alten »Schraubeneimern« noch einen Knoten mehr herauszuholen.

Er war kein Mann der Worte, aber ich erfuhr, dass er Jack hieß und in diesen Gewässern seit mehr als vierzig Jahren fischte. Es war kein schlechtes Leben, sagte er, nur manchmal ziemlich einsam und im Winter verdammt kalt. »Aber, zur Hölle, der Mensch muss essen, oder?«

Als wir an unser Ziel kamen, sah ich, dass die Wasserfläche mit Hunderten, vielleicht Tausenden großen rosafarbenen Markierungsbojen bedeckt war, die durch ein langes Tau mit einem Drahtkorb tief unten auf dem Meeresboden verbunden waren. Ich habe nie herausgefunden, woher Jack wusste, welche ihm gehörten, doch innerhalb einer Minute hatte er eine der Bojen am Haken und zog sie an die Längsseite des Bootes heran. Nun musste er nur noch das Tau über eine Winde wickeln, einen Schalter drücken, und in Sekundenschnelle kam der Korb an die Oberfläche.

Was für ein Anblick! In dem Korb krabbelten vier oder fünf alaskische Königskrebse herum. Sie sahen wie riesengroße wütende Spinnen aus, und ich war so erschreckt, dass ich das Tau, das ich hielt, losließ und voller Angst quer über das Deck zurücksprang.

Jack warf mir einen angewiderten Blick zu und brüllte mich an, herzukommen und ihm mit dem Korb zu helfen. Ich näherte mich vorsichtig und half ihm den Käfig hoch an Deck zu hieven, wobei ich *sehr* sorgfältig darauf achtete, wonach ich griff.

Was nun? Er zwängte mit einem Stemmeisen den rostigen Deckel auf, während ich nur zusah, jede Sekunde bereit wegzuspringen, falls einer der Krebse versuchen würde zu fliehen. Jack schenkte mir keinerlei Beachtung, als er in den Korb griff und ein langes Bein zu fassen bekam. Er musste ein bisschen kämpfen. Doch nach einer Minute hatte er den Krebs aus dem Korb gezogen und hielt ihn auf Armeslänge von sich weg, um nicht in die Reichweite der schraubstockähnlichen Scheren zu kommen, die verzweifelt um sich schnappten.

»Ach Scheiße!«, fluchte Jack laut. »Das is' ja nur ein verdammtes Baby – dafür hab ich nicht mal 'nen Behälter!«

Ohne einen Blick zurück warf er den Krebs über seine Schulter wieder ins Wasser; dann holte er einen anderen aus dem Korb. Von den fünf Tieren erwies sich nur eines als brauchbar. Man musste genau auf die Größe achten, denn es gab strenge Richtlinien, und das Amt für Jagd und Fischfang konnte wirklich unangenehm werden, wenn man sich nicht an die Regeln hielt.

»Jesses, ich hasse diese Bastarde«, murmelte Jack leise. »Die schicken einen genauso schnell in den Knast, wie sie einen anschauen.«

Ich fragte mich, warum er sich um die Größe so viele Gedanken machte, wenn wir eh bereits illegal fischten. Doch ich hielt meinen Mund, weil ich ihn nicht noch mehr reizen wollte.

»Na ja«, entschied er, als er den Behälter in den Laderaum warf, »der da is in Ordnung, aber wir brauchen noch mehr.«

Wir zogen an diesem Nachmittag noch sechs andere Körbe hoch und hatten am Ende insgesamt vier Behälter mit Krebsen – drei für ihn und überraschenderweise einen für mich. Natürlich musste ich mir diesen Krebs *verdienen*, deshalb saß ich, während Jack Körbe hochzog und den Fang vermaß, an Deck und schnitt Köder zurecht.

Das bedeutet, ich schnitt tote, halb verweste Fische in Stücke, damit sie als Lockmittel für zukünftige Opfer in die Körbe gehängt werden konnten. Ich sehe es als einen persönlichen Sieg an, dass ich den ganzen

Nachmittag lang die Sache nur zwei Mal hinschmeißen wollte.

Einige Stunden später waren wir wieder heil im Hafen, und bevor ich ging, ließ mich Jack aus dem Fang wählen. Er setzte den Krebs in einen großen Karton, klebte ihn am Deckel und an den Seiten zu und riet mir, schnell nach Hause zu fahren, »denn Krebse überleben nich lang auf'm Trockenen, und sie *müssen* noch leben, wenn man sie tötet!«

Das erschien mir logisch.

Das große Krustentier überlebte die hundert Kilometer weite Fahrt nach Kenai, und Helen und ich speisten an jenem Abend wie die Könige. Der erste Bissen Krebs und die Art, wie man sie fängt, weckten meinen Appetit auf mehr, und so war ich schon früh am nächsten Morgen wieder in Homer, strich auf den Docks herum und hoffte auf eine neue Chance, auf Fischfang zu gehen. Weder Jack noch sein Boot waren irgendwo zu sehen, aber es gab ja noch viele andere. Als ich an diesem Abend nach Kenai fuhr, hatte ich den ganzen Wagen voller Krebse und Heilbutt und ein völlig neues Lebensziel: Ich wollte Seemann werden.

Ich setzte auf der ganzen Halbinsel in Umlauf, dass ich nach einem Job auf einem Boot suche, und an allen noch verbleibenden Sommerwochenenden war ich wieder im Hafen zu finden, wo ich mich für diese Arbeit ins Zeug legte wie ein Junkie für seinen nächsten Schuss. Es gab kaum Dauerjobs, aber es gelang mir immer, mich irgendwie an Bord eines Schiffes zu mogeln, entweder als Aushilfe oder einfach als Gast für eine Fahrt.

Es spielte keine Rolle, welche Art von Boot es war – ein Segelboot oder ein Arbeitsboot, ein Tender oder ein Trawler –, solange es auf dem Wasser schwamm, wollte ich auch drauf sein. Die Tage waren lang und die Arbeit war schwer, aber ich lernte, und nur das zählte. Ich mochte es, wie ich mich fühlte, und sogar wie ich am Ende eines Tages roch, wenn meine Mannschaftskameraden und ich das Schiff am Dock festmachten, den Fang einfroren und mit all den anderen Hafenratten auf ein Bier zum Salty Dawg Saloon gingen.

Wie alle großartigen Bars am Wasser überall auf der Welt war das Salty Dawg ein Relikt aus einer anderen Zeit mit einem ganz eigenen Ambiente. »Ungemütlich« ist das Erste, was einem einfiel, wenn man die Tür öffnete. Eine ekelhafte braune Rauchwolke von billigen Zigarren wälzte sich wie eine Nebelbank die Bar entlang, und es roch nach einer üblen Mischung aus gefetteter Wolle, vergammeltem Fisch und menschlichem Schweiß. Doch es war ein solider ehrlicher Geruch, an den man sich gewöhnte und bei dem man wusste, dass man was geschafft hat.

Haufen von rostigen Harpunen, Fischernetzen und Krebskörben waren in den Ecken gestapelt, und an der Decke und den Wänden hingen zerschlissene Signalflaggen und Dutzende abgenutzter Rettungsringe von längst versunkenen Schiffen. Hinter der Bar stand eine alte Registrierkasse mit Kurbel, auf der ein echter menschlicher Schädel ruhte. Auf den Schädel war ein Schild geklebt mit der Aufschrift: »DAS WAR DER LETZTE, DER UNS EINEN UNGEDECKTEN SCHECK GAB«. Die Leute zahlten mittlerweile bar.

Die Nächte hier verliefen immer gleich. Wir versammelten uns um einen der alten Holztische an der Wand, bestellten eine Runde Bier nach der anderen und saßen bis in die frühen Morgenstunden. Wir tranken und erzählten uns haarsträubende Lügengeschichten inmitten lautstarker Chöre alter Seemannslieder – überall auf der Welt eine jahrhundertealte Tradition unter Seefahrern.

In den meisten Nächten schaffte ich es nicht mehr zurück nach Kenai. Es gab immer eine leere Koje auf einem der Boote, und das war eh besser so, denn ich musste morgens früh raus. Um fünf Uhr waren wir wieder auf den Beinen, stoßend und ziehend, schwitzend und fluchend und glücklich, wieder auf See zu sein.

****

Wenn Gott vom Himmel herabstiege und mir sagte, ich könnte mir einen Tag aussuchen, den ich immer wieder von neuem erleben möchte, so würde ich mich für den Tag in jenem Sommer entscheiden, an dem wir auf einem Schoner mit Namen *Mariah* hinaussegelten.

Es war früh an einem Samstagmorgen. Ich drehte meine Runde durch den Hafen, in der Hoffnung, mich für den Tag an einem Boot festbeißen zu können. Damals kannte ich die meisten Schiffe der Flotte bereits sehr gut, zumindest vom Sehen, und deshalb war ich überhaupt nicht auf die Entdeckung vorbereitet, die ich machen sollte.

Normalerweise war das Ende von Pier E für einen der großen Tender reserviert – ein altes verrostetes Wrack von einem Arbeitsboot, das sich in so schlimmem Zustand befand, dass sogar ich mich von ihm fern hielt. Doch aus irgendeinem Grund war es an diesem Tag nicht da. An seiner Stelle bot sich ein außergewöhnlicher Anblick – ein wunderbarer, zweimastiger Schoner mit Gaffel in einem Stil, den ich für längst untergegangen gehalten hatte. Es war ein Traum von einem Schiff, eine schwimmende Erscheinung und einfach das Schönste, was ich je gesehen hatte. Es hieß *Mariah* und maß unglaubliche fünfundzwanzig Meter vom Bug bis zum Heck in einem langen ununterbrochenen Schwung eleganter Linien und Kurven.

Ein Schiff dieser Größe würde in jedem Hafen der Welt auffallen, doch hier in Homer dominierte es alle anderen im Wasser; die kräftigen Masten aus Sitkafichte ragten zwanzig Meter und höher in die Luft. Dieses Schiff ließ alle anderen Boote in seiner Umgebung wie Spielzeuge aussehen.

Ehrfürchtig setzte ich mich auf den hölzernen Pier und verlor mich in Tagträumen. Ich stellte es mir als Piratenschiff im 17. Jahrhundert vor, das auf Raubzüge ging und plünderte und dessen Decks sich vom Blut rot färbten. Die Bilder in meinem Kopf waren so lebendig, dass ich den Totenschädel und die gekreuzten Knochen auf der Flagge an der Mastspitze geradezu vor mir sehen konnte, während das Schiff im Schutze der Nacht seinen todbringenden Weg entlang der nordafrikanischen Küste zog. Ich habe die Neigung zu übertreiben, aber das hier war wirklich etwas Besonderes.

Ich vermute, ich saß da ungefähr ein oder zwei Stunden lang, als ich plötzlich eine Stimme nach mir rufen hörte und hochblickte; ich sah einen drahtigen kleinen Mann auf dem Vordeck stehen. Wundersamerweise forderte er mich auf, an Bord zu kommen!

Ich konnte mein Glück kaum fassen, während ich wie eine Ratte längsseits am Rumpf entlangtrippelte und leichtfüßig über die Reling stieg. Als ich auf dem Deck stand, glaubte ich, ich sei in ein anderes Jahrhundert zurückversetzt: schwere eiserne Belagnägel zierten die Steuerbordreling; dicke schwarze Webeleinen streckten sich bauschig dem Himmel entgegen zum Krähennest empor; und im Heck, am Ehrenplatz, schimmerte ein solides glänzendes Kompasshaus aus Messing. *So etwas* sieht man wirklich nicht alle Tage.

Ich erfuhr, dass der Käpitän Gary Donatelli hieß, und ich nahm seine Einladung gerne an, unten mit ihm eine Tasse Kaffee zu trinken und mich umzusehen. Der Hauptsalon war edel, ganz in Teak und Messing gehalten, und als der Käpt'n mich von Kabine zu Kabine führte, wurde mir erst richtig bewusst, wie groß die *Mariah* tatsächlich war. Achtzehn Leute konnten unter Deck bequem schlafen – sogar noch mehr, wenn sie in engerer Beziehung zueinander standen. Im Kartenraum starrte ich neidisch auf den Navigationstisch mit allem, was man braucht, um sicher und zielgenau von Punkt A zu Punkt B zu gelangen. Es gab Karten, einen Kompass, Berechnungstabellen und sogar einen antiken Messingsextanten.

Gary erklärte, die *Mariah* sei von Hand gebaut, ein naturgetreuer, einzigartiger Nachbau eines alten Küstenschoners, der einst durch die Gewässer der Karibik gepflügt war. Es stellte sich heraus, dass sie wirklich ein Piratenschiff hätte sein können. Das schönste an ihr, betonte er, sei, dass es nicht ein Gramm Plastik, Aluminium oder Nylon irgendwo an Bord gab. Von den großen Dieselmotoren (die bei Charterfahrten notwendig waren) abgesehen, war alles genau wie früher: Die Segel bestanden aus Canvas; die schweren, aufgerollten Taue waren aus reinem Hanf; und alles andere war aus Messing, Kork oder Holz. Natürlich war sie, da ihr alle modernen Annehmlichkeiten fehlten, höllisch schwer zu segeln, aber sie war es wert.

Gary muss gespürt haben, was in mir vorging, denn er lud mich ein, gleich am nächsten Tag mit ihm segeln zu gehen! Er sagte, er würde eine improvisierte Mannschaft von rund zehn Freunden zusammenstellen, und sie würden durch die Kachemak Bay und den Cook Inlet schippern und vielleicht – wer weiß? – sogar ein paar Krebskörbe zum Abendessen hochziehen. Mir hatte es die Sprache verschlagen, ich konnte nur zustimmend nicken.

Um sechs Uhr am nächsten Morgen waren wir alle an Deck versammelt und schufteten bereits schwer, um das Schiff zum Ablegen klarzumachen. Nach einer halben Stunde hatten wir alles verstaut und gesichert, und Gary erteilte Befehle und wies jedem Crewmitglied bestimmte Aufgaben zu.

Die *Mariah* besaß drei unglaubliche Großsegel, und ich war einem davon zugewiesen. Nachdem ich mir genau eingeprägt hatte, wofür ich zuständig war, nahm ich meinen Platz oben im Bug ein, während wir mit Motorkraft auf der Suche nach einer Brise aus dem Hafen fuhren.

Sobald wir sicher von den felsigen Kaianlagen weg waren, stoppte Gary die Maschinen und befahl das erste Segelsetzen. Die großen Canvassegel waren schwer und sperrig, doch wir bekamen sie ohne allzu große Probleme hoch. Als sie alle gesichert waren, kletterte ich zum Ende des langen hölzernen Bugspriets, um eine bessere Sicht zu haben. Von diesem Außenposten verfolgte ich atemlos, wie die erste starke Windböe die riesigen viereckigen Segel blähte und sich der sechzig Tonnen verdrängende Schoner auf die Seite legte und sich seinen Weg hinaus in die Bucht pflügte.

Die Brise hielt an, und wir fuhren den ganzen Tag unter vollen Segeln. Vorsichtig suchten wir uns einen Weg die stillen geheimnisvollen Fjorde hoch, die sich tief in die Berge rund um die Bucht eingruben. Hoch oben funkelten ungeheuer blaue Gletscher wie ungeschliffene Saphire im Sonnenlicht, und um uns herum warf das platinfarbene Meer wie ein Spiegel das Bild geblähter Segel und hoch ragender Spieren zurück.

Wir arbeiteten den Morgen und den Nachmittag hindurch wie die Galeerensklaven. Zur Abendessenszeit starben wir vor Hunger und drohten mit Meuterei, wenn Gary nicht anhielte und auf der Stelle ein paar Krebskörbe hochzöge. Zum Glück machten wir einen guten Fang und hatten am Ende ein Dutzend Riesenkrebse – einen für jeden an Bord. Ein großer Topf mit Wasser wurde erhitzt, und in Kürze war das Festessen fertig. Wir müssen an diesem Tag Krebsfleisch im Umfang unseres eigenen Körpergewichts verspeist haben; wir lümmelten an Deck herum, während uns die Butter die Wangen hinunterlief. Dazu sang uns Jimmy

Buffett etwas von Wind und Wellen, dem Sand und den Sternen und dem Leben in einem wärmeren Meer vor. Eines Tages, hoffe ich, werde ich ihn einmal treffen und mich bei ihm bedanken.

Als es schließlich Zeit war zurückzusegeln, waren wir alle so satt, dass wir nur noch träumend an Deck sitzen konnten, während Gary über seine faule Crew schimpfte und uns Vorträge über die Feinheiten der Sternennavigation hielt. Eine Delphinschule sprang vor unserem Bug aus den Wellen, und als ich ihnen bei ihrem Spiel zusah, wusste ich, dass dies einer der Augenblicke war, die ich für immer festhalten wollte.

Das Wunder dieses Tages trage ich noch heute in mir, und ab und an lege ich eine alte Jimmy-Buffett-Kassette ein und bringe einen Toast auf die *Mariah* aus, diese stolze und elegante Königin der Meere. Ich weiß nicht, wo sie jetzt segelt oder wie viele andere Menschen sie im Laufe der Jahre über die Meere getragen hat, aber für mich wird es stets diesen einen besonderen Hafen geben ...

Wie hasste ich es, den Sommer enden zu sehen. Es war eine Zeit der Wunder, der Freiheit und der Entdeckungen gewesen, und als die lange wilde Jahreszeit sich ihrem Ende neigte, konnte ich nur auf Wiedersehen sagen und »Danke für den Fisch«. Der Winter stand vor der Tür, und es war an der Zeit, in die wirkliche Welt zurückzukehren.

****

Eines Morgens im Dezember hatte ich fast verschlafen, und als ich aus meinem Schlafsack sprang, um mich anzuziehen, knickte mein linkes Bein unter mir weg und ich fiel seitlich auf den Boden, wo ich mir die Hüfte an der scharfen Kante des Feldbetts aufschlug. Verdammt. Ausgerechnet jetzt schlief mir der Fuß ein. Ich saß einen Augenblick lang auf dem Boden, rieb mir die schmerzende Stelle und wartete darauf, dass der Fuß wieder aufwachte.

Doch das Taubheitsgefühl hielt an, und als ich aufschaute, war das Zimmer ein verschwommener Fleck. Alle Umrisse waren unscharf und verwischt. Ich sah alles doppelt, und die Doppelbilder jagten sich gegenseitig durch den Raum, bis sie sich auflösten.

Es war wieder da.

Lieber Gott, hilf, es war wieder da, und ich wusste nicht, was ich tun sollte. Ich schloss die Augen und lehnte mich gegen das Bett, holte tief Luft und kämpfte gegen die Tränen und die Übelkeit, die in mir hochstiegen.

Was war schief gegangen? Und warum jetzt? Sollte das genau so passieren? Ohne jede Vorwarnung? Nur ein Schritt und ein Krachen und der Morgen war zerbrochen. War nun alles, auf das ich mich verlassen hatte, weg?

Ich fühlte mich, als hätte mir jemand einen Schlag in den Magen versetzt. Es ergab keinen Sinn, dass die Krankheit gerade jetzt, wo alles so gut lief, wiederkam. Es war nichts geschehen, das den Schub verursacht haben konnte – es gab keine Krise, keinen emotionalen Stress und keinerlei körperliche Probleme. Sie war einfach wieder da, ein gefürchteter Feind, der des Kämpfens nie müde zu werden schien.

Ich dachte an jenen schönen Frühlingsmorgen am Meer zurück und an den Pakt, den ich mit Gott geschlossen hatte. Ich war mir damals so sicher gewesen, dass das Schlimmste ausgestanden war. Und voller Zuversicht, dass ich mein Leben in dem Wissen fortführen könnte, dass Gott über mich wachte. Aber nun war der Pakt gebrochen worden. Nun war ich wieder alleine, ohne Hilfe, ohne Glauben und ohne das geringste Verständnis, was mir an jenem Morgen widerfahren war.

Ich weiß nicht, wie lange ich dort auf dem Boden saß, betäubt und still, in einen dichten Nebel aus Wut und Ungläubigkeit gehüllt. Stunden vergingen, und langsam wurde mir klar, was passiert war. Allmählich begriff ich, dass die MS gar nicht *zurückgekommen* war, sondern dass sie niemals wirklich verschwunden war. Sie war stets gegenwärtig gewesen und hatte schweigend auf ein geheimes Zeichen gewartet, das die Böswilligkeit auslösen und die Krankheit wieder zum Leben erwecken würde.

Stattdessen war *ich* weggegangen, hatte alles hinter mir gelassen wie die Erinnerung an ein überstandenes Fieber. Und je weiter ich gegangen war, desto schwächer wurde die Erinnerung. Bis zu diesem Morgen hatte ich wirklich geglaubt, ich wäre sie los.

Aber das war natürlich nicht der Fall. Ganz gleichgültig, wie die Dinge äußerlich betrachtet aussehen mochten, gleichgültig, wie stark oder gesund ich erscheinen mochte, die Realität sah anders aus. Das Schlimmste *würde* eintreten, wenn auch langsam.

Das Schwert über meinem Kopf glitzerte nicht mehr mit dem sicheren Versprechen eines schnellen Schnitts. Es war verrostet und stumpf geworden, und wenn es fiele, würde es nur grob verletzen, mich verstümmeln und keinen sauberen Schnitt hinterlassen, der verheilen könnte. So würde mein Ende kommen – nicht mit einem Schlag, sondern mit einem Winseln.

Als ich die Augen wieder öffnete, hatte sich das Zimmer etwas beruhigt und ich spürte, wie das Gefühl in meinen Fuß zurückkehrte. Ich stand vorsichtig auf und vermied es, abrupte Bewegungen zu machen. Als ich sicher war, dass ich stehen konnte, zog ich mich an, ging langsam zu meinem Auto und fuhr wie jeden Morgen zur Arbeit. Ich hatte einen Job zu erledigen. Nichts hatte sich wirklich verändert.

Den ganzen langen Tag über fühlte ich mich etwas aus dem Gleichgewicht gebracht. Etwas war eine Spur daneben. Es war verstörend. Ich kam mir vor, als würde ich einen halben Schritt hinter dem Rest der Welt hinterherhinken – mit einer kleinen Verzögerung nur, die aber trotzdem nervend war. Und ich hatte keine Energie, keinen Enthusiasmus und wollte nur wieder in mein Bett.

Und vor allem fiel mir auf, dass ich den linken Fuß etwas nachzog und ein bisschen seltsam ging, wie ein Betrunkener, der von einem Barhocker zum nächsten wankt.

Das war mir peinlich, und auf der Heimfahrt legte ich einen Zwischenstopp ein und kaufte mir einen stabilen Stock aus Holz. Zunächst kam ich mir damit etwas blöd vor, aber er half mir tatsächlich, und er war außerdem ein optisches Signal für meine Umwelt, dass hier ein kleines Problem vorlag. So ersparte er es mir, immer perfekt gehen zu müssen.

Als ich mich an jenem Abend schlafen legte, war ich völlig erschöpft. Jeder Muskel in meinem Körper schmerzte und schrie nach Ruhe, doch anstatt einzuschlafen, lag ich stundenlang wach, machte mir Sorgen und stellte mir Fragen. Ich musste mit jemandem reden, aber mit wem? Ich hatte Helen von der MS erzählt, aber sie war völlig überzeugt, dass es sich um eine Fehldiagnose handle, und weigerte sich, das Thema auch nur zu diskutieren. Das Letzte, was ich wollte, war, meine Eltern über die große Entfernung hinweg zu beunruhigen. Andererseits konnte ich diese ernste Sache auch nicht einfach so nebenbei gegenüber meinen anderen Freunden ansprechen. Als ich endlich einschlief, hatte ich beschlossen, das Ganze erst mal für mich zu behalten und abzuwarten, was weiter geschehen würde.

****

Am nächsten Morgen fand ich an der Windschutzscheibe meines Autos eine Notiz von Helen. Auf dem Zettel stand, sie hätte am Tag zuvor in der Stadt einen Captain Bill O'Donnell getroffen, und wenn ich noch daran interessiert wäre, auf einem Boot zu arbeiten, sollte ich gleich als Erstes am Morgen bei ihm vorbeikommen. Er war der Skipper der *Willie Allen*, eines hochseetüchtigen Schleppers, der im Moment im Hafen vertäut lag, und er suchte einen neuen Koch. Er hege einen tiefsitzenden Hass auf Frauen, warnte mich Helens Notiz, aber es würde sich lohnen, sich die Sache mal anzuschauen.

Ich stieß einen Freudenschrei aus und fuhr Richtung Hafen. Das war es! Endlich ein richtiger bezahlter Job auf einem hochseetüchtigen Schiff, und alles, was ich dafür tun musste, war, ihn zu überreden, mich an Bord zu lassen! Dann konnte ich wirklich zur See fahren und mir in dieser großen alten maritimen Tradition meinen Seemannsgang verdienen.

Seemannsgang? Ja, war ich denn eigentlich total verrückt? Ich besaß im Moment kaum Kontrolle über meinen Landrattengang und konnte nicht einmal daran denken, bei schwerer See auf einem nassen Deck herumzurennen. Aber, Moment mal – er suchte einen Koch, keinen Matrosen, und wenn ich die meiste Zeit unten in der Kombüse bleiben konnte, würde ich die Sache schon schaukeln. Ich entschied, es zu versuchen.

An diesem Morgen war es knapp unter null Grad. Als ich schließlich im Hafen von Kenai anlangte, musste ich zu meiner großen Bestürzung feststellen, dass die *Willie Allen* nirgendwo zu sehen war. Wo konnte sie sein? Ich ging bis zum Ende des langen Piers, sah an der Seite nach unten, und da war sie – knapp zwanzig Meter grellgelber Stahl lagen fünf Meter tief unter mir, das Opfer einer extrem niedrigen Ebbe.

Um an Bord zu kommen, musste ich über die Seite des Piers klettern, dann Schritt für Schritt eine gefrorene Eisenleiter hinuntersteigen, die flach an die Pfähle geschraubt und mit einer dicken glitschigen Schicht aus Eis bedeckt war.

Das Schiff schwamm etwa drei Meter vom Dock entfernt. Jemand hatte eine Holzplanke über das Wasser gelegt, die mit dem einen Ende auf der untersten Sprosse der Leiter und mit dem anderen auf der Steuerbordreling des Schiffs ruhte. Natürlich sollte man cool über die Planke schreiten und sich dann elegant an Deck hieven. Ganz einfach.

Aber ich war weder cool noch elegant, und so tat ich das Einzige, was mir einfiel. Ich bewegte mich sehr langsam auf allen vieren nach unten und setzte mich rittlings auf die Planke, an der ich mich mit Händen und Füßen festklammerte. Dann bewegte ich mich mit fest geschlossenen Augen zentimeterweise auf die andere Seite und tat alles, um nicht an das aufgewühlte eisige Wasser unter mir zu denken. Als ich das Boot erreicht hatte, griff ich mit beiden Händen nach einem Pfosten, warf mich über das Dollbord und landete auf dem kalten Eisendeck. Es sah so aus, als müsste ich an meinem seemännischen Auftritt noch arbeiten.

Zu meiner großen Überraschung hatte ich immer noch meinen Stock. Ich stand auf und machte mich auf den Weg zum Ruderhaus, wobei ich vorsichtig um die verdrehten Kabel auf dem Deck herumging.

Der Skipper war im Kapitänsstuhl hinter dem großen hölzernen Ruder zusammengesunken und es war nicht zu übersehen, dass er an einem Kater epischen Ausmaßes litt. Er hatte den Kopf in beide Hände gestützt und stöhnte laut; außerdem fluchte er in mindestens sieben Sprachen, die ich noch nie gehört hatte. Vor ihm neben dem Radarschirm stand ein Teller mit kalten grauen Schweinekoteletts in einem erstarrten See brauner Soße. Daneben befand sich ein gesprungener Pott mit öligem Kaffee, der so dick war, dass der Löffel darin stand. Das reichte aus, dem Morgen seinen Glanz zu nehmen.

Ich tippte ihm sanft auf die Schulter und erzählte ihm ruhig, wer ich war und warum ich gekommen sei. Er brauchte eine Minute, bis er meine Worte registriert hatte, doch dann hob er langsam und unter Schmerzen den Kopf, und ich konnte sehen, dass seine verschwollenen roten Augen mich zu fixieren versuchten. Er fing wieder an zu stöhnen.

»Oh mein lieber Jesus, ach du große Scheiße. Es ist schon schlimm genug, dass ich diesen Kopf habe, nun habe ich auch noch eine verdammte Frau im Ruderhaus. Mehr Unglück auf der Welt gibt es nicht. Verschwinden Sie sofort von meinem Schiff. Warten Sie – haben Sie ein Aspirin?«

Ich sagte: »leider nein.«

»Scheiße, das können Sie sich nicht vorstellen. Verschwinden Sie sofort von meinem Schiff.« Damit vergrub er seinen Kopf in den Händen, und ich spürte, dass meine Karriere auf See vorbei war, bevor sie noch begonnen hatte. Aber Job hin oder her, ich würde nicht gehen, bevor dieser Mann nicht eine anständige Mahlzeit oder zumindest einen heißen Kaffee hatte.

Ich überließ ihn seinem Elend und begab mich hinunter in die Kombüse. Dort herrschte ein solches Chaos, dass ich eine Weile brauchte, bis ich alles Nötige gefunden hatte. Doch schließlich hatte ich einen frischen Topf Kaffee am Kochen und in einer Pfanne brutzelten Eier mit Speck.

Er lag immer noch fast im Koma, als ich alles zu ihm brachte, doch er erhob sich so weit, dass er mir den Teller und die Tasse aus den Händen nehmen konnte. Ich setzte mich und sah schweigend zu, wie er alles aufaß. Als er den letzten Rest Eier mit einer dicken Scheibe Brot aufgetunkt hatte, nahm er die dampfende Tasse und schüttete den Kaffee mit einem langen und geräuschvollen Schluck hinunter.

Langsam sah er fast wieder wie ein Mensch aus.

»Scheiße. Haben Sie das alles gekocht?«

Ich versicherte ihm, dass es so war.

»Können Sie auch Mittagessen kochen? Und Abendessen?«

Meine Zeit in der Lodge von Cooper Landing war definitiv nicht umsonst gewesen.

»Okay, Sie haben den Job«, entschied er blitzartig. »Der Lohn macht tausend Dollar im Monat plus Mahlzeiten und Koje. Sie übernehmen das Kochen und Putzen und Sie bleiben um Himmels willen aus dem Ruderhaus draußen. Es gibt kein schlimmeres Unglück auf der Welt. Verstanden?«

Verstanden. Ich sagte, ich hätte noch einiges in der Stadt zu erledigen, aber ich wäre früh genug wieder da, um das Abendessen zuzubereiten.

»Hey!«, stoppte er mich, als ich gerade zur Hauptluke wollte. »Was soll der Stock?«

Jetzt kommt er, dachte ich, der Knackpunkt. Ich setzte mich und erklärte ihm geduldig meinen Zustand. Dann fragte ich ihn, ob das ein Problem sei.

Er dachte eine Minute lang darüber nach.

»Zur Hölle nein!«, verkündete er dann mit einem

breiten Grinsen. »Auf einem Boot laufen alle bescheuert – es wird keinem auffallen!«

Na, da soll doch der Teufel dreinschlagen.

Ich brauchte fast den ganzen Tag, um alles in Ordnung zu bringen. Ich musste meinen Job kündigen, Helen Bescheid sagen, dass ich eine Weile weg sein würde, und ein paar Sachen besorgen, die ich für das Leben auf See als unerlässlich betrachtete – eine Matrosenjacke der Marine, ein Paar hohe Hosen, einen Pullover aus gefetteter Wolle und die vorschriftsmäßig gestrickte Seemannsmütze. Wer weiß? Wenn das funktionierte, könnte ich vielleicht an eine Karriere bei der Handelsmarine denken.

Es war nach drei Uhr, als ich zum Boot zurückging, und der Skipper fing gerade an sich zu rühren. Er warf einen Blick auf meinen prachtvollen Aufzug und erstickte beinahe an seinem Kaffee.

»Jesus Christus!«, brüllte er und lachte schallend. »Wo zum Teufel glaubst du, dass du bist? In *Annapolis*?«

(Annapolis ist die berühmteste Marineakademie der Vereinigten Staaten.) Das vielleicht nicht, dachte ich bei mir, doch wenn ich jemals dorthin kommen sollte, dann wüsste ich schon einen elenden Mistkerl, den ich mit Sicherheit wie in alten Zeiten versenken würde.

»Meine Gute«, kicherte er, »es ist bald Zeit fürs Abendessen. Also los … der Rest der Mannschaft ist unten.«

Es waren nur zwei Leute. Mack, der Maschinist, war eine dürre grantige Seeratte von ungefähr vierzig Jahren mit einem Gesicht, wie man es in den alten Errol-Flynn-Filmen sieht – dunkel und verhärmt.

Er hätte vielleicht gar nicht so schlecht ausgesehen, wenn seine Zähne nicht entweder ganz fehlten oder sich im fortgeschrittenen Zustand der Verrottung befunden hätten. Sie müssen auch fürchterlich wehgetan haben, denn er schluckte Aspirin, als wären es Bonbons, und fluchte fortwährend über seine Zahnschmerzen. Zum Glück war er die meiste Zeit unten im Maschinenraum, so dass uns das Schlimmste erspart blieb.

Donnie, der Matrose, war ein junger, eifriger Kerl Anfang zwanzig mit frischem Gesicht, immer zu einer geistreichen Bemerkung und einer gesunden Portion jugendlichen Sarkasmus aufgelegt. Er wurde mein Verbündeter und mein Folterknecht, ein freundschaftlicher Stachel in meiner Seite. Und ich habe noch nie einen Seemann gesehen, der so oft seekrank war wie er.

Sie saßen beide am Tisch in der Kombüse, als wir durch die Luke kletterten, und studierten mich eingehend, als der Skipper uns vorstellte. Mack sprach als Erster.

»Ach verdammt, B. J.«, jammerte er, »warum musst du uns ausgerechnet eine gottverdammte *Frau* besorgen? Es gibt kein schlimmeres Unglück auf der Welt.«

»Als ob ich das nicht wüsste«, seufzte der Alte schwer. »Aber die hier kann kochen, also halt den Mund und zeig ihr, wo alles ist, wenn du dein Abendessen haben willst. Sie ist in Ordnung. Immer noch besser als nichts.«

Wir drei beobachteten ihn schweigend, wie er sich umdrehte und seinen einsamen Weg zurück ins verbotene Ruderhaus antrat.

Das Abendessen war ein voller Erfolg, und als sich alle mit Spaghetti, Knoblauchbrot und dicken Stücken Schokoladekuchen zum Dessert vollgestopft hatten, war das Eis gebrochen und alte Vorurteile und der Aberglaube gegenüber Frauen machten langsam so etwas wie Respekt Platz. Als das Geschirr gespült und aufgeräumt war, setzten wir uns zu viert um einen Topf Kaffee und das traditionelle Cribbage-Brett der Seeleute zu einem ruhigen abendlichen Spiel. Während des Spiels erzählte jeder der Männer seine Version vom Leben auf See.

Ich erfuhr, dass das Schiff bei einer der großen Ölfirmen unter Vertrag stand und dass wir Ausrüstungsgegenstände über den Cook Inlet zu einer der Bohrinseln auf der anderen Seite beförderten. Die einfache Fahrt dauerte gewöhnlich drei Stunden, wobei noch ein paar Stunden für das Be- und Entladen dazukamen. Ganz normale Routinearbeit. Doch da wir nur bei Flut Segel setzen konnten, mussten wir ständig, vierundzwanzig Stunden am Tag, abfahrbereit sein. Und weil auch noch die ganze Zeit über einer Wache halten musste, konnten die Dienstpläne recht verwirrend werden.

Da kam ich ins Spiel. Es war meine Aufgabe, dafür zu sorgen, dass immer für jeden von ihnen eine heiße Mahlzeit bereitstand, wenn sie mit Essen dran waren, und dass die Kojen immer frisch gemacht waren, damit sich jedes dienstfreie Mitglied der Mannschaft gleich nach dem Essen reinfallen lassen konnte. Aber ganz oben rangierte für mich das Putzen, einschließlich des Vorschiff-Schrubbens – eine Aufgabe, die ich bald hassen lernte.

Ich gewöhnte mich schnell an das Leben an Bord. Wenn wir auf See waren, blieb ich sicher unten in der Kombüse, und alle waren mit meinen Kochkünsten zufrieden. Schließlich hob B. J. das Ruderhaus-Verbot für mich auf und ließ mich tatsächlich während der langen Wache von Mitternacht bis fünf Uhr morgens auf dem Platz des Steuermanns sitzen. Ab und zu durfte ich sogar das Ruder halten, eine Ehre, die nur selten einer Landratte gewährt wurde.

Am liebsten mochte ich die Morgenstunden. Sobald das Frühstücksgeschirr gespült war, sammelte ich die Reste ein und ging an Deck, um damit die großen weißen Belugawale zu füttern. Eine ganze Flotte von ihnen lebte im Hafen, und ich sah ihnen mit Freude zu, wie sie sprangen und spielten, aus dem Wasser hochschossen und den schmackhaften Essensabfällen hinterherjagten, die ich ihnen zuwarf. Ich war hingerissen, und bald schmuggelte ich ganze Brotlaibe und Fleischpackungen nach draußen, um sie anzulocken. B. J. riss mir den Kopf ab, als er dahinterkam, dass ich in einem Monat die Hälfte der Vorräte über die Reling geworfen hatte, doch das war es mir wert. Es war um Längen besser als ein Besuch in Sea World.

Doch wenn die Wale am Morgen auch ein Riesenspaß waren, war das nachts völlig anders. Ich weiß nicht, nach welch sonderbarem Essensplan sie lebten, doch gegen Mitternacht wurden sie aktiv und hatten die nervende Angewohnheit, sich gegen die Längsseite des Schiffes zu werfen. Ich konnte nur vermuten, dass das eine verzweifelte Bitte um Futter war. Ich weiß, das *klingt* niedlich, aber die *Willie Allen* war ein Stahlschiff, und wenn sie es wirklich arg trieben, war es, als versuche man in der Freiheitsglocke zu schlafen.

Es wurde so schlimm, dass ich jede Nacht eimerweise tiefgefrorenen Fisch mit in meine Koje nahm und, wenn sie allzu laut wurden, den Walen einige Lachse durch das Bullauge zuwarf. Dann versuchte ich schnell einzuschlafen, bevor uns wieder ein Wal rammte. Doch das funktionierte nicht sonderlich gut, und am Ende der ersten Woche dachte ich tatsächlich über den Einsatz von Sprengladungen nach. Ich hege eine Menge Respekt für die Leute von Greenpeace, aber keiner von denen hat je eine Nacht auf der *Willie Allen* zugebracht.

Jemand beschrieb das Leben auf See mal als eine endlose Abfolge von Stunden voller Langeweile, die nur von kurzen, entsetzlichen Augenblicken reinen Horrors unterbrochen würden. Ich kann nicht behaupten, dass das mit der Langeweile stimmt – es gab einfach zu viel zu sehen und zu tun. Aber ich sollte bald lernen, was es mit dem Horror auf sich hat.

Sieben

Cook Inlet, Alaska
Dezember 1977

Wir hatten gerade unsere elfte Fahrt über den Cook Inlet hinter uns gebracht, und bis dahin war alles reibungslos verlaufen. Die Überfahrt war ereignislos, das Meer so glatt wie Glas. Während die Männer den Schleppkahn entluden, begann ich das Abendessen zuzubereiten, eine deftige Mahlzeit mit Schweinekoteletts, Süßkartoffeln, Soße, Plätzchen und einem Bostoner Butterkuchen – genau das Richtige nach der Schwerstarbeit. Ich hatte nicht viel Hunger, deshalb ging ich, als die Mannschaft sich zum Essen niederließ, an Deck, um mich zu entspannen und eine Zigarette zu rauchen.

Es müssen in jener Nacht 30 Grad unter null gewesen sein. Die Luft war so kalt, dass das Atmen wehtat, und so klar, dass die fernen eisbedeckten Berge auf der anderen Seite der Bucht zum Greifen nahe schienen. Über mir war der Himmel samtig schwarz und auch die Sterne wirkten so nah, dass ich meinte, ich könne sie in die Hände nehmen und wie funkelnde Diamanten auf dem Wasser verteilen. Es war eine atemlose, stille Nacht, und ich war allein auf dem weiten Meer.

Ich hörte ein sanftes Zischen über mir und blickte gerade zur rechten Zeit hoch, um das Polarlicht über den Himmel huschen zu sehen, ein Feuerwerk in Blau und Violett, das umherschwirrte und die Nacht mit seinem Leuchten erhellte. Ich stand auf einer dunklen Bühne und starrte auf einen schimmernden, phosphoreszierenden Vorhang aus reinem Licht. Er hing bewegungslos in langen eisigen Falten vom Himmel, eine so ungeheure Kulisse, dass sie sogar die Weite des Meeres in den Schatten stellte. Dann wischte eine unsichtbare Hand sanft über das Antlitz der Nacht, und die geisterhaften Lichtstrahlen begannen heller und heller zu glühen, bis sie, als hätte sie ihr eigenes Leuchten erschreckt, davonrasten und an einem anderen Teil des Himmels von neuem erstrahlten.

Das unglaubliche Schauspiel dauerte mindestens zwanzig Minuten, und als es vorüber war, musste ich mich zwingen, nach unten zu gehen. Während ich mich um das Geschirr kümmerte, bereitete die Crew das Ablegen vor, und sobald wir sicher aus dem Kanal heraus waren, kamen Mack und Donnie zu mir in die Kombüse für unsere abendliche Cribbage-Runde. Die Stimmung war locker, und alle freuten sich auf eine angenehme Überfahrt und die wohlverdiente Ruhepause. Aber die Meeresgötter hatten anderes mit uns vor.

Wir waren erst eine halbe Stunde unterwegs, als die erste riesengroße Welle aus dem Nichts herandonnerte. Es gab eine Explosion aus Stahl und Glas, als sie uns breitseits traf und das Schiff fast völlig auf die Seite drückte.

In der Kombüse krachte es, als alles, was nicht festgemacht war, durch die Luft segelte und auf das Metalldeck schmetterte. Abfall flog umher, und plötzlich schoss der Kaffeetopf wie ein Torpedo aus seiner Halterung, krachte gegen das Schott und verbrühte alle mit seinem Inhalt.

Aber nicht einer von uns bewegte sich oder traute sich auch nur zu atmen, als wir scheinbar eine Ewigkeit lang in der Luft hingen. Es waren vermutlich nur ein paar Sekunden, doch manche Sekunden dauern länger als andere. Dann begann sich das Schiff wundersamerweise langsam wieder aufzurichten, und genau in jenem Augenblick brach die Hölle los.

»MAAACK!«, schrie der Käpt'n von der Brücke. »Überprüf um Himmels willen den Maschinenraum – wir nehmen Wasser auf! Donnie! JJ! Bewegt eure Hintern im Laufschritt hier rauf! OH JESUS CHRISTUS, WIR WERDEN ALLE ERSAUFEN!!«

Alle sprangen gleichzeitig auf. Mack raste hinunter in den Maschinenraum, während Donnie und ich die Treppe zum Ruderhaus hochsprinteten. Die Szene, die uns erwartete, werde ich nie vergessen.

Im Licht der Suchscheinwerfer sahen wir, dass das Meer völlig verrücktspielte. Turmhohe Wellen rollten aus allen Richtungen auf uns zu, und ihre Kämme kochten, als der Wind sie zur Raserei trieb und hohe Gischtspritzer in die Nacht flogen. Der Wind heulte wie ein gequältes Tier und zwang uns zu schreien.

»Was zum Teufel geht hier vor, Skipper?!« Donnie war am Rand der Panik.

»Ich will verdammt sein, wenn ich das weiß! Alles war

bestens, bis ich um die Forelands herumkam und genau in diese Scheiße segelte! O Jesus, da kommt schon wieder so ein Hundesohn! LEGT EUCH AUFS DECK!«

Ich griff nach irgendetwas, an dem ich mich festhalten konnte, und starrte mit wildem Blick aus dem Fenster, als eine sechs Meter hohe schwarze Wasserwand sich vor uns aufrichtete und über dem Bug explodierte. Das ganze Schiff schaukelte und warf uns von der einen Seite der Brücke zur anderen. Einen schrecklichen Augenblick lang dachte ich, ich hätte mir das Genick gebrochen. Ich versuchte gerade vom Boden aufzustehen, als die nächste Welle auf uns niederging und ich von unten ein gewaltiges Krachen hörte.

Ich raste die Stufen hinunter, um herauszufinden, was passiert war. Oh Gott. Ich hatte vergessen, die Kühlschranktüren festzumachen, und als die zweite Welle zuschlug, öffneten sich die großen schweren Metalltüren und spuckten alles auf das Metalldeck. Der Hauptgang hatte sich in eine gigantische Hindernisbahn verwandelt und war übersät mit zerbrochenem Glas, aufgeschlagenen Eiern und dem glitschigen Inhalt von zwanzig oder dreißig zerborstenen Krügen. Er war ein Sicherheitsrisiko für uns alle, und ich suchte wie rasend nach einem Wischmop. Ich *musste* den Gang sauber kriegen.

Einen Augenblick später kroch Mack aus dem Maschinenraum und rannte an mir vorbei ins Ruderhaus. Ich erstarrte, als ich ihn zum Skipper sagen hörte, dass wir viel zu viel Wasser aufnähmen und er nicht wüsste, woher es kommt. Was bedeutete das? Würden wir *sinken?* Ich musste es mit eigenen Augen sehen.

Ich hangelte mich zur Luke und ließ mich in den Maschinenraum runter. Mack hatte nicht übertrieben – überall stand das Wasser, und es stieg mit jeder Sekunde höher. Ich konnte sehen, dass es bereits gefährlich nahe an der Schalttafel für die Elektrik stand, und ich wollte nicht einmal daran *denken*, was geschehen würde, wenn es noch höher stieg. Der Skipper hatte Recht: Wir würden alle sterben.

Ich drehte mich um und wollte raus, als Mack durch die Luke wieder herunterkletterte.

»Mack! Was ist da los?« Ich hatte wirklich Angst.

»Aus dem Weg!«, schrie er und schubste mich zurück gegen die Luke. »Ich muss an die Pumpen kommen!«

Oh, Gott sei Dank, wir hatten Pumpen. Was zum Teufel das auch heißen mochte.

Das Schiff stampfte und schlingerte, und ich musste mich an der Reling festhalten, als ich zum Ruderhaus zurückging. Die Szene draußen war noch wilder als zuvor. Donnie kramte Seekarten aus dem Spind, und B. J. beugte sich über den Radarschirm und brüllte Anweisungen.

»Dieser verfluchte Sturm ist mehr, als wir vertragen können!«, rief er durch den heulenden Wind. »Und es gibt keinen anderen Weg, da rauszukommen, als den nach unten – gib mir das verdammte Ding!«

Er riss Donnie die Karte aus der Hand und fing an, sie intensiv zu studieren. Er wollte näher an die Küste kommen, wo der Sturm nicht ganz so schlimm wütete. Das war jedoch gefährlich, denn die Küste war felsig, und bevor wir irgendetwas probierten, mussten wir ganz genau wissen, wo wir uns befanden. Ich wollte unbedingt wissen, wie bald wir sterben würden, damit ich mich darauf vorbereiten konnte. Aber irgendwie war das nicht der richtige Zeitpunkt für eine solche Frage.

In Minutenschnelle hatte B. J. unsere Position bestimmt, und vorsichtig steuerten wir aus dem Sturm heraus. Es war merkwürdig. Sobald wir uns im Schutz der Küste befanden, ließ der Wind beträchtlich nach, das Meer beruhigte sich und wir konnten uns wieder in normaler Lautstärke verständigen.

Mack kletterte ins Ruderhaus und verkündete, die Pumpen im Maschinenraum könnten es schaffen. Dann rannte er zusammen mit Donnie aufs Deck hinaus und ließ den Anker herunter. »Wir können genauso gut hier liegen bleiben, bis dieser Hundesohn sich ausgeblasen hat«, sagte B. J. verächtlich. »Aber wenn der Anker nicht hält, sind wir von allem Glück verlassen.«

Er hielt. Für den Augenblick waren wir in Sicherheit. Sobald Mack und Donnie wieder heil zurückgekehrt waren, ging ich nach unten, um einen frischen Topf Kaffee aufzusetzen und das Durcheinander in der Kombüse zu beseitigen. Was keiner von uns wissen konnte: die Verschnaufpause war nur von kurzer Dauer, und es sollte noch um einiges schlimmer werden.

Ich steckte bis zu den Ellbogen in zerbrochenem Glas, als wir auf einmal von unten einen Schlag abkriegten. Es gab ein ungeheures Krachen, so als würden zwei Güterzüge zusammenstoßen, und jeder Zentimeter des Schiffs hallte von dem Knall wider. Ich ließ den Wischmop fallen und arbeitete mich nach oben. Was hatten wir gerammt?

B. J. war der Hysterie nahe. Er umklammerte mit einer Hand das Ruder, lehnte sich aus der offenen Luke und schrie Mack und Donnie Befehle zu, die wieder am Bug mit der Ankerkette kämpften. Ich konnte nicht verstehen, was er sagte, da der Wind erneut wild heulte und das Meer zu einem siedenden Hexenkessel aufwühlte.

»Was ist passiert?«, schrie ich ihn an. »Was haben wir getroffen?«

»Wir haben den *Grund* berührt, das haben wir getroffen!«, kreischte er. »Dieser gottlose Hurensohn von Sturm kommt bedrohlich näher, und wenn wir nicht *auf der Stelle* von hier verschwinden, wird er uns auf die Felsen schmeißen, das ist so sicher wie das Amen in der Kirche!« Er lehnte sich wieder in den Wind hinaus. »Was zum Teufel treibt ihr zwei? HOLT DEN ANKER HOCH! SOFORT!!«

Sie bemühten sich verzweifelt. Donnie presste sich an die schwere Eisenwinde, während Mack an der Kurbel und der Ankerwinde zog. Aber keine von beiden rührte sich. Auf einmal wurde auch klar, warum; irgendwie war die Ankerkette aus der Führung geglitten, hatte sich falsch herum um die Winde gewickelt und so das ganze System verklemmt.

Wir waren so gut wie tot. Die volle Macht des Sturms drängte mit jeder Sekunde näher, und wir waren hilflos an den Grund gekettet. Wir saßen wie die Ratten in der Falle.

Aber B. J. gab nicht auf. »Übernimm das Ruder!«, schrie er mir zu, als er hinaus an Deck sprintete. Er griff nach dem Hebel der Winde und drückte sich mit seinem ganzen Gewicht dagegen. Ich hörte ein hohes Jaulen, als die Schiffshydraulik in Gang kam, um das schwere Spill zu drehen und den verfluchten Anker hochzuziehen. Der Käptn zitterte am ganzen Körper vor Anstrengung, und langsam, fast nicht wahrnehmbar, begann sich die große Stahltrommel zu drehen. Dann brach auf einmal irgendetwas mit einem lauten Krachen ab, und B. J. wurde nach hinten gegen das Dollbord geschleudert, während die Winde sich wie wild drehte. Sekunden später ratterte die leere Ankerkette an Deck.

Ich traute meinen Augen nicht. Das letzte schwere Kettenglied war nur noch ein übel zugerichtetes Stück Stahl. Unser brandneuer Anker war auf Nimmerwiedersehen auf dem Grund des Meeres verschwunden. Den Anker zu verlieren, noch dazu im schlimmstmöglichen Augenblick, war gefährlich. Aber zumindest waren wir frei.

»Du hast es geschafft, Skipper!«, rief ich, als die drei durchnässt und fast vor Kälte erstarrt ins Ruderhaus zurückrannten.

»Ja, ich hab's geschafft«, spuckte er erbost, »aber nun ist der verdammte Anker futsch und auch die Hydraulik!«

»Was soll's?«, strahlte ich euphorisch. »Wir sind frei, und wir müssen nicht sterben!«

Mack packte mich hart am Arm und zog mich in die Kombüse hinunter. »Hast du nicht gehört, was der alte Mann gesagt hat?«, wollte er mit zitternden Händen wissen. »Die gottverdammte *Hydraulik* ist durchgebrannt!«

»Ist das schlimm?«

»Jesus Christus! Was glaubst du denn, wie wir dieses Ding *steuern*?«

Ach du Scheiße. Er erklärte weiter, dass wir jetzt nur noch zurück ins offene Wasser fahren könnten, weg von den tödlichen Felsen. Und wir könnten nur beten, dass wir noch genug Steuer hätten, um das Schiff auf Kurs und im Wind zu halten. Denn noch so eine Breitseite würden wir so sicher wie die Hölle nicht überleben.

Das Wasser im Maschinenraum war in den letzten Stunden weiter gestiegen, und es muss genau in diesem Augenblick die Schalttafel erreicht haben, denn wir hörten ein lautes Zischen hinter uns. Dieses Geräusch konnte nur eines bedeuten. Wir drehten uns um und sahen mit Entsetzen, wie die ganze Beleuchtung in der Kombüse in Flammen aufging.

Nichts ist an Bord eines Schiffes gefährlicher als ein Brand. Ich schrie, als Mack sich den Feuerlöscher schnappte, mit dem Schlauch zielte und den Sicherungsstift zog. Eine dicke weiße Schaumwolke schoss aus der Düse, und nacheinander brachte Mack alle Feuer unter Kontrolle. Doch als die letzte Flamme zischte und erlosch, gab irgendetwas in dem Irrgarten von Drähten und Schaltern im Maschinenraum seinen Geist auf, und das ganze Schiff war in völlige Dunkelheit getaucht. Jetzt hatten wir überhaupt keinen Strom mehr.

Ich klammerte mich an Macks Arm. Wie ich da so in der Dunkelheit stand und das Schiff wie verrückt hin- und hergeworfen wurde, spürte ich, dass ich zusammenbrach. »O Mack«, flehte ich den Tränen nahe, »was kann denn sonst noch schief gehen?«

Sehr viel, wie sich herausstellte.

Wir hatten noch immer den großen Schleppkahn am Haken, eine Tatsache, die jetzt alle etwas nervös machte. Der Ausfall unserer Elektrik bedeutete, dass wir sowohl auf dem Schiff als auch auf dem Schleppkahn keine Positionslichter mehr hatten. Eine gefährliche Situation. Es war für unsere Sicherheit von entscheidender Bedeutung, dass wir immer wussten, wo sich der Schleppkahn gerade befand, und das war nun unmöglich. Das glaubten wir jedenfalls.

Als wir so dastanden und nicht wussten, was wir als Nächstes tun sollten, kam ein lauter Schrei aus dem Ruderhaus. B. J. beschwor Himmel und Hölle, hämmerte wie Kapitän Ahab auf das Ruder ein und rief nach Hilfe. Wir setzten uns im Laufschritt in Bewegung.

Niemand war auf das vorbereitet, was dann geschah. Nicht mehr als hundert Meter vor unserer Steuerbordseite tauchte der Schleppkahn auf. Er schwamm auf dem Kamm einer ungeheuren Welle, und wir standen vor Angst wie gelähmt, als dreißig Meter Eisen und Stahl erbarmungslos auf uns zukamen, ein sicheres Werkzeug unseres Todes. Die Kollision stand unmittelbar bevor.

Der Skipper rührte sich als Erster. Er kickte auf den Gashebel, warf das Ruder hart herum und wartete. Wir anderen hielten den Atem an und hofften wider alle Vernunft, unser Leben könnte irgendwie verschont werden.

Ein paar entsetzliche Sekunden lang geschah nichts. Der Schleppkahn war so nah, dass wir fast die Ziffern auf dem Rumpf lesen konnten, und uns blieben nur noch ein paar Sekunden. Es war nicht mal Zeit genug, um in Panik zu geraten. Wir konnten nur zuschauen und warten. Aber dann plötzlich, in allerletzter Sekunde griff irgendetwas, und wir fingen an uns zu bewegen! Alle johlten und schrien, als wir unter dem Bug des Schleppkahns wegglitten, über das Schleppseil fuhren und Kurs aufs offene Meer nahmen – direkt zurück ins Auge des Sturms.

Als wir von den Felsen weg und wieder auf offener See waren, hatte sich der Sturm noch weiter gesteigert. Und wir waren mittendrin, und unser einst so stolzes Schiff war beschädigt und dem Sturm wehrlos ausgeliefert.

Da die Elektrik ausgefallen war, hatten wir im Inneren kein Licht, keine Positionslichter, kein Radar, keine Heizung und – das war das Schlimmste – auch keinen Funk, um Hilfe herbeizuholen. Die Steuerung war fast völlig ausgefallen, und wir mussten alles geben, um die Nase des Schiffes im Wind zu halten. Wir steckten in der Klemme. Nur Gott konnte uns jetzt noch retten, und ich war mir nicht sicher, ob er uns überhaupt bemerkte.

In jener Nacht lernte ich etwas über panische Angst. Ich lernte, dass die Panik nur eine bestimmte Zeit lang anhält und dann eines von zwei Dingen eintritt: Entweder stirbt man, oder der Verstand schaltet sich vollkommen ab und geht auf Autopilot, als wäre man bewusstlos. So oder so hört die Panik auf.

Aber zuerst muss man den harten Teil durchstehen, und ich verlor fast auf der Stelle die Beherrschung. Mit dem ersten Adrenalinstoß verwandelte ich mich in eine kreischende, hysterische Verrückte, der jeder Bezug zur

Realität abhanden gekommen war. Ich schlug um mich und schrie; wie eine eingekreiste Ratte wehrte ich jeden ab, der mir nahe kam, ohne an mein eigenes Überleben zu denken. Irgendwann packte ich B. J. an den Haaren und schrie ihn an, er solle sofort über Funk die Küstenwache zu Hilfe holen. Wenn er nicht *auf der Stelle* etwas unternehme, schwor ich, würde ich seinen fetten weißen Arsch an Deck hieven und seine Eier an die Haie verfüttern. Ich meinte es ernst.

Er reagierte auf die einzig mögliche Weise. Er zog meine Hand weg, stieß mich hart gegen das Schott und erklärte laut und fest, dass wir nichts mehr tun könnten. Der Funk war mit der Elektrik ausgefallen, und selbst die Küstenwache würde in einer Nacht wie dieser nicht rausfahren. Es gäbe keine Rettung auf See, und wir konnten nur noch hoffen, dass wir flott blieben, bis der Sturm sich legte.

Genau da zerbrach in meinem Inneren etwas. Mein Herz hörte auf zu rasen, das Adrenalin stoppte und eine unheimliche, fast übernatürliche Ruhe überkam mich. Es war die aus dem Wissen geborene Ruhe, dass es nichts mehr gab, um das sich zu kämpfen lohnte. Nicht einmal unser Leben. Einen Augenblick zuvor hätte ich um zu überleben die Tore der Hölle gestürmt, aber nun war das vollkommen sinnlos. Wir würden sterben, und nichts auf der Welt konnte an dieser Tatsache etwas ändern. Es war nur die Frage, wie und wann.

Das Wie beschäftigte mich am meisten. Ich setzte mich ruhig auf den Stuhl des Steuermanns und lenkte meine Aufmerksamkeit auf den Wahnsinn da draußen. Mein Interesse war jetzt rein medizinischer Natur. Der

Tod würde durch Ertrinken eintreten, dessen war ich sicher, und ich beschloss, es mit so viel Würde hinter mich zu bringen wie möglich. Ich würde nicht schreien oder weinen oder mich jämmerlich am Schiff festklammern, wenn es sich zur Seite legte und seinen langen letzten Abstieg in die Tiefe antrat. Nein, *so* würde ich nicht sterben. Wenn es so weit war, würde ich ein letztes stilles Gebet sprechen, dann ruhig hinaus an Deck gehen und über die Reling in das wartende schwarze Nichts des Meeres schreiten.

Ich erinnere mich daran, dass ich irgendwann B. J. fragte, wie hoch die Lebenserwartung in derart kaltem Wasser sei. Dreißig Sekunden nur? Das ist gut. Wirklich gut. Dreißig Sekunden lang kann ich alles aushalten. Aber was wird danach geschehen? Wie wäre das Sterben? Würde ich einen Schock bekommen und einfach friedlich dahinscheiden, oder würde ich bis zum bitteren Ende bei Bewusstsein bleiben, blind und krank vor Entsetzen, während ich unter die Oberfläche glitt und meinen letzten todbringenden Atemzug tat? Ich wollte es in allen Einzelheiten wissen.

Und was kommt danach? Was passiert dann? Über diesen Fragen versank ich in einen traumartigen Zustand, während ich mir vorstellte, wie mein Körper mit im Tod weit geöffneten Augen in die bodenlose Leere sinkt. Ein blinder, treibender Leichnam, der sich langsam nach unten in die unaussprechliche Dunkelheit hinabdreht ...

Der Hai kommt still als große weiße Gestalt, wie ein Gespenst aus der Tiefe. Angezogen von meinem letzten verzweifelten Kampf, öffnet er langsam sein höhlenartiges Maul und kommt lauernd mit jeder tödlichen Umrundung immer näher.

Plötzlich bricht mit rasender Geschwindigkeit das Entsetzen der letzten Attacke los. Hunderte von rasiermesserscharfen Zähnen reißen meine Haut und Muskeln auf, wenn die riesigen stählernen Kiefer sich schließen – eine einzigartige, zermalmende Kraft. Dicke warme Wolken von Blut quellen aus der Wunde, ein uraltes Signal, das etwas in seinem prähistorischen Gehirn auslöst. Der Fresswahn setzt ein, und mein Herz und meine Lunge explodieren in seinem Maul.

Die fürchterliche Arbeit ist innerhalb von Sekunden getan, und ich sehe, wie das große Tier in die Dunkelheit fortgleitet, zu dumm, um zu wissen, was es gerade verspeist hat, und mit seinen matten toten Augen schon wieder die nächste Mahlzeit sucht. In alle Ewigkeit wäre ich Teil dieses Hais, eines verstandlosen, stillen Raubtiers, das stets auf der Suche ist und niemals schläft . . .

Als ich langsam aus der Tiefe meines Alptraums auftauchte, spürte ich, dass sich alles um mich herum verändert hatte. Dichtes Schweigen hatte sich über das Schiff gelegt, und bis auf das wilde Heulen des Windes und das ferne Hämmern der Dieselmotoren war kein Geräusch zu hören.

Donnie war nach unten gegangen und in seine Koje gekrochen. Nachdem er beschlossen hatte, alleine im Bett zu sterben, gab es nichts mehr, was er noch tun konnte. B. J. war im Kapitänsstuhl zusammengesunken und starrte mit leblosen Augen aus dem Fenster auf das wahnsinnige Toben des Sturms. Das einzige erkennbare Zeichen für seine Anspannung waren die weißen Knöchel seiner Hände, die das Ruder fest umklammert hielten.

Mack saß hinter mir auf dem Boden, eine einsame Gestalt, schweigend und apathisch und bis auf die Knochen durchgefroren. Er hatte sich wie ein Indianer in Schichten von Jacken und Decken gewickelt, aber er zitterte noch immer so stark, dass ich fürchtete, er könne sich verletzen.

Zu diesem Zeitpunkt waren wir schon viele lange Stunden ohne Heizung, und es war im Schiff so kalt, dass unser Atem weiße Raureifwolken bildete, die sich als dünner Film auf den stählernen Schotts absetzten und das Ruderhaus in ein kaltes, klammes Grab verwandelten. Ich vergrub die Hände tief in die Taschen meines Parkas und bemühte mich, nicht an die Kälte zu denken.

Der Sturm wütete die ganze Nacht, und je schlimmer er wurde, desto weniger interessierte das irgendjemanden. Hin und wieder griff Mack nach einer Taschenlampe und stolperte halbherzig in den Maschinenraum hinunter, um die Pumpen zu prüfen, und gelegentlich konnten wir Donnie im Vorschiff würgen hören, wenn das Schiff zu stark schlingerte. Das war aber auch schon alles.

Irgendwann dachten wir ernsthaft daran, den Schleppkahn zu kappen, um so unsere Überlebenschancen zu erhöhen, doch selbst das erschien uns der Anstrengung nicht wert, und die Diskussion wurde rasch beendet. Die meiste Zeit saßen wir da und warteten, jeder in seine eigenen Gedanken versunken. Als die Stunden verstrichen, konnte ich nur noch an meine Familie denken und wie Leid es mir tat, dass ich ihnen dies antun musste. Es war eine lausige Art zu sterben, und nun hätten sie nicht einmal einen Leichnam, den sie beerdigen konnten.

Der Sturm erreichte seinen Höhepunkt unmittelbar vor der Dämmerung, als sei er entschlossen, uns ein letztes Mal zu zeigen, wer der Boss war, bevor er uns endgültig besiegte. Das Schiff stampfte und schlingerte wild, während eine Welle nach der anderen auf uns prallte, und ich spürte das Ende nahen. Es war nichts mehr zu tun, deshalb sprach ich mein Gebet und flüsterte allen, die ich liebte, Auf Wiedersehen zu. Es war Zeit für den letzten Gang über das Deck.

Als gerade die ersten kalten Strahlen der Dämmerung über den Horizont strichen, sprang plötzlich der Skipper aus seinem Sitz hoch und fing an zu johlen und zu brüllen, wir sollten alle kommen und uns das ansehen! Mack und ich sprangen auf die Füße, und Donnie raste von unten hoch. Was war jetzt schon wieder Schreckliches passiert? Würde das denn *nie* enden?

Direkt vor uns, nicht mehr als einen Kilometer entfernt, lag die Einfahrt zum Hafen. Zu *unserem* Hafen. Dem, den wir vierundzwanzig Stunden zuvor so zuversichtlich verlassen hatten. Keiner von uns konnte glauben, was geschehen war; die ganze Nacht hindurch hatte der Sturm uns nach Hause geblasen! Es war ein echtes Wunder.

Im Ruderhaus brach Freudengeschrei los. Als ich endlich begriff, dass wir wirklich am Leben bleiben würden, merkte ich, wie all meine innere Stärke von mir abfiel, und ich brach in kalten Schweiß gebadet auf dem Boden zusammen.

B. J. zog das Ruder herum und nahm Kurs auf zu Hause, als Mack und Donnie schlaff und erschöpft neben mir zu Boden sanken. Wir sprachen kaum ein Wort, während sich das müde alte Schiff durch die zerfetzten Überbleibsel des Sturms schleppte. Ab und zu schaute B. J. über seine Schulter und warf einen angewiderten Blick in unsere Richtung.

»Wenn ihr drei nicht das elendeste Pack von Feiglingen seid, das ich je gesehen habe ...«, kicherte er schadenfroh. »Zwei von euch sehen aus, als hätten sie einen Geist gesehen, und schaut euch die an – die hat immer noch die Hosen voll und schwitzt wie eine Nutte in der Kirche. Teufel noch eins, es wäre eine Katastrophe, mit Leuten wie euch in einem *echten* Sturm zu stecken!«

Der alte Mann war dem Sterben in diesem Augenblick näher als in der ganzen Nacht. Jetzt, wo alles vorbei war, glaubte er, er könne damit durchkommen, dass er vorgab, es hätte nie wirklich eine ernsthafte Gefahr bestanden. Es war nicht gerade das Klügste, was er tun konnte, und ich sah, dass Mack und Donnie kurz vor der Meuterei standen.

Aber was soll's. Ohne ihn hätten wir es niemals geschafft. Er wusste es, und wir wussten es auch. Deshalb ließen wir ihn noch einen weiteren Tag am Leben und versuchten sein manisches Delirium zu ignorieren, während er die *Willie Allen* nach Hause brachte.

Dreißig Minuten später erreichten wir erschöpft den Hafen, und B. J. schrie alle an, an Deck zu kommen und die Leinen zu sichern. Mack und Donnie sprangen auf, um zu helfen, aber als ich versuchte aufzustehen, konnte ich meine Beine nicht bewegen. Nicht ein Muskel rührte sich. Nicht mal ein Zucken. Alles war tot, und egal was ich tat, ich konnte sie nicht dazu bringen, sich zu bewegen.

Zuerst empfand ich nur Überraschung und Verwirrung, wie ein Trunkenbold, der einen Schlag auf den Kopf bekommen hat. Ich schüttelte den Kopf, um das Schwindelgefühl loszuwerden.

Allmählich hob sich der Nebel, und mir wurde klar, dass meine Beine die ganze Nacht hindurch einwandfrei funktioniert hatten. Bei all der Aufregung hatte ich nicht einmal an sie gedacht und war felsenfest davon ausgegangen, dass sie da wären, wenn ich sie bräuchte. Und das *waren* sie auch. Ich konnte mich nicht daran erinnern, den Stock in der Nacht auch nur einmal benutzt zu haben.

Aber jetzt war davon nichts mehr zu spüren. In dem Augenblick, bevor mich Furcht und Hysterie überwältigten, fiel mir die Warnung meines Arztes vor Stress und Erschöpfung wieder ein. Das war es! Sie reagierten auf das, was ich in den letzten fünfzehn Stunden durchgemacht hatte, und wenn ich still sitzen blieb und ihnen die Chance gab, sich auszuruhen, würden sie wieder zum Leben erwachen. Sie *mussten* es einfach.

Ich konzentrierte mich darauf, so ruhig wie möglich zu bleiben, und als die Männer hereinkamen, war ich schon wieder in der Lage zu stehen. So lange ich mich festhielt, sah ich völlig normal aus, und zunächst fiel niemandem auf, dass etwas nicht stimmte. B. J. verschwand nach unten, um rasch eine Bestandsaufnahme der Schäden am Schiff zu machen, und kam mit erschüttertem Gesichtsausdruck wieder. Ich glaube, er war auf das, was er unten vorfand, nicht vorbereitet gewesen. Er muss genauso müde gewesen sein wie wir, denn er schickte uns alle nach Hause, um uns zu waschen und etwas auszuruhen. Er warnte uns, wir sollten alle bis sechs Uhr wieder an Bord sein, damit wir damit beginnen konnten, das Schiff in Ordnung zu bringen. Ich sagte, sechs Uhr sei doch ein bisschen übertrieben, doch er blieb dabei.

Wir waren alle glücklich über die Pause, und als ich mich zum Gehen wandte, gaben meine Beine von neuem nach. Ich brach direkt vor den Füßen des Skippers zusammen. Es hatte den Anschein, als würde ich doch etwas Hilfe brauchen. Mack und Donnie lachten wie ein paar Esel, als sie mich hochhoben; dann trugen sie mich an Deck, die Leiter hinauf und über das Dock zu meinem geparkten Wagen. Erst als sie mich heil im Auto abgesetzt hatten, hörten sie mit den Sticheleien auf und zeigten, wie besorgt sie in Wirklichkeit waren. Ob ich auch wirklich in Ordnung sei? Bräuchte ich Hilfe, um nach Hause zu kommen? Gebe es *irgendetwas*, was sie tun könnten?

Nein, nein, versicherte ich ihnen mehrfach, alles bestens. Das wäre bloß eine verspätete Reaktion auf den ganzen Stress, und sobald ich etwas Schlaf bekäme, ginge es mir wieder gut. Ich sagte, sie täten am besten dasselbe. Wir würden uns um sechs an Bord wieder treffen.

Ich saß im Auto, bis meine Beine sich so weit erholt hatten, dass ich fahren konnte. Schlagartig wurde mir klar, dass ich das letzte Mal von Bord der *Willie Allen* gegangen war. Es war einfach nicht möglich und auch nicht fair, an eine Rückkehr zu denken. Ich hatte die Warnung verstanden und wusste, dass ich meinen Beinen nie wieder voll vertrauen können würde.

Doch es war eine lausige Art, gehen zu müssen. Ich *liebte* dieses alte verrottete Schiff und seine verrottete Mannschaft, und auf meine eigene perverse Weise liebte ich sogar den Sturm. Etwas Wunderbares geschieht, wenn man das eigene Leben riskiert. Ein Gefühl der Dringlichkeit und ein erhöhtes Bewusstsein verbinden sich und verleihen den alltäglichen Ereignissen eine gewisse Leichtigkeit. Die Farben scheinen ein wenig heller zu sein, die Luft riecht ein bisschen süßer, und sogar ein zerbeulter alter Arbeitskahn wird ein Zuhause. Ich würde all das fürchterlich vermissen.

Aber wie der alte Skipper mich die ganze Zeit über gewarnt hatte, zeigt es auch, was geschehen kann, wenn man eine Frau ins Ruderhaus lässt.

Es gibt kein schlimmeres Unglück auf der Welt.

****

Es vergingen volle drei Tage, bis meine Beine wieder normal waren. Ich verbrachte die Zeit allein in meiner Hütte und dachte darüber nach, wie meine nächsten Schritte aussehen würden. Ich musste schnellstens einen Job finden, eine Aussicht, die mir nicht besonders schmeckte. Aber zumindest wusste ich diesmal, wonach ich suchte. Der Rundfunk war Vergangenheit, denn ich hatte ja bereits eine Anstellung beim einzigen Radiosender in Kenai gekündigt. Es war klar, dass mein Körper alles, was er an Aufregung verkraften konnte, bereits erlebt hatte. Deshalb beschloss ich, den langweiligsten, absolut stressfreiesten Job, den ich finden konnte, anzunehmen, solange ich ihn nur auf dem Trockenen ausüben konnte und dafür keine schwimmenden Toiletten sauber machen musste. Wie es das Glück so wollte, fand ich fast sofort eine passende Stelle.

Oberts Insurance war eine kleine familiäre Versicherungsagentur in Kenai, und ich erfuhr von einem Freund, dass sie einen Trainee für ihre Privatkundenabteilung suchten. Weil die Bezeichnung »Trainee« kaum mehr ist als ein ungeheurer Euphemismus für »Das kann jeder« und weil der Job nur unwesentlich langweiliger klang als dem Gras beim Wachsen zuzusehen, bewarb ich mich noch am gleichen Nachmittag.

Das Vorstellungsgespräch war für mich ein völlig neuartiges Erlebnis, weil ich zum ersten Mal die Wahrheit über meinen Hintergrund und meine Berufserfahrung – oder genauer gesagt den totalen Mangel an beidem – schildern musste. Ich wusste einfach nicht ausreichend über diese Branche Bescheid, um eine überzeugende Lügengeschichte erfinden zu können, und natürlich war für mich damit der größte Spaß weg. Doch zumindest dieses Mal wurde ich aufgrund meiner eigenen zweifelhaften Verdienste eingestellt, und ich stimmte zu, gleich am Ersten des neuen Jahres anzufangen.

Noch etwas anderes war mir neu, und zwar die Personalsituation in der Agentur. Ich hatte noch nie in einem Büro mit einem Dutzend Frauen (die meisten davon allein stehend) gearbeitet. Ich dachte, ich hätte im Laufe der Jahre die Kunst der Bosheit perfektioniert, doch diese Gruppe spielte in einer völlig anderen Liga, und ich sah sofort, dass ich da einiges würde nachholen müssen.

Der Chef im Ring war die Büroleiterin Cindy DuBois. Sie war gerade mal Anfang zwanzig, aber manchen ist der Kampfgeist einfach angeboren, und sie war mit allem ausgestattet, um sich im Schützengraben zu behaupten: sie besaß ein Mundwerk wie ein Hafenarbeiter, die Reflexe eines Preiskämpfers und die Augen und das Gesicht eines Engels. Wenn die hübsche kleine Cindy einen auf die Plätze verwies, wusste man, woran man war.

Sie hatte, was nicht ganz unwichtig war, die größten Brüste diesseits des Amazonas. Sie waren von sagenhaften, ja fast mythischen Ausmaßen und waren bereits Gegenstand großen Bürgerstolzes geworden. Die Veteranen waren dafür bekannt, dass sie stehen blieben und salutierten, wenn Cindy vorbeiging, und jedes Jahr an ihrem Geburtstag kletterte einer der lokalen Würdenträger auf die Bühne von Larry's Club und sang ihr zu Ehren einige Strophen von »Thanks for the Mammaries«.

Es hatte den Anschein, als könnte jeder Mann in der Stadt eine Geschichte über eine magische Begegnung mit Cindys gefeiertem Busen erzählen, und die, die das nicht konnten, brachten viel Zeit mit Tagträumen zu. Cindy behauptete natürlich, ihr sei die ganze Aufmerksamkeit verhasst, doch ihre außergewöhnliche Sammlung heller, eng anliegender Pullover strafte sie täglich

Lügen. Sie war eine Frau nach meinem Geschmack: eine lustige, bissige kleine Unruhestifterin und eine Freundin, die mich immer zum Lachen brachte.

Nachdem ich zwei oder drei Handbücher gelesen und einige Tests bestanden hatte, musste ich mich um die lukrativen Autoversicherungen kümmern, eine furztrockene Sache. Nach einigen Tagen hatte ich Routine und stellte fest, dass ich den Job auch ohne viel darüber nachzudenken machen konnte; ein Glücksspiel, das schnell zu einigen Problemen führte.

Da der Job schon bald Gewohnheit war, hatte ich eine Menge Zeit, mich auf andere Dinge zu konzentrieren, und meine Gedanken kreisten immer öfter um meine Gesundheit. Die wackligen MS-Tage, die ich erstmals im Rundfunksender erlebt hatte, traten jetzt viel häufiger auf, und ich begann die manchmal ganztägigen Anfälle von Doppeltsehen, Schwäche und Erschöpfung zu fürchten.

Am schwersten war es, meinen Zustand bei der Arbeit zu verbergen. Natürlich wussten alle über meine Verfassung Bescheid, doch es widerstrebte mir immer noch, irgendwelche Anzeichen der Schwäche offen zu zeigen. Und so behielt ich wieder mal alles für mich und hoffte, niemand würde etwas merken.

Doch es dauerte nicht lange, und es wurde unmöglich, weiter zu verbergen, was geschah. Mein linkes Bein verlor immer mehr Kraft und wurde zusehends reaktionsschwächer, und meine Lüge flog schließlich an dem Tag auf, als mein Stock unter mir wegrutschte und ich mit dem Gesicht flach auf dem Boden des Büros landete. Vor aller Augen.

Cindy und ich hatten an jenem Abend ein langes Gespräch beim Essen. Sie hörte mir aufmerksam zu und machte dann Vorschläge, wie wir die Arbeit im Büro für mich ein bisschen einfacher gestalten könnten, zumindest so lange, bis alles bei mir wieder normal war. Es half mir sehr, jemanden zum Reden zu haben, und ich kehrte an jenem Abend in einer viel besseren Gemütsverfassung in meine Hütte zurück.

Körperlich besserte sich mein Zustand in den nächsten Wochen jedoch nur wenig, und in dieser Zeit trat ein neues verwirrendes Phänomen auf. Wie bei den meisten Menschen war meine Verdauung ziemlich regelmäßig, und deshalb achtete ich nie besonders darauf. Doch das begann sich jetzt zu ändern. Tage, manchmal eine ganze Woche, verstrichen ohne jedes Anzeichen, dass sich irgendetwas tat. Damals sah ich den Zusammenhang zwischen meiner Verstopfung und der Krankheit noch nicht und behandelte das Problem mit einer Ladung Abführmittel und Kleiemuffins. Sie halfen ein bisschen, aber nicht viel, und ich fand mich mit der Tatsache ab, dass mir eine Zeit lang unwohl sein würde. Wenn Unwissenheit ein Geschenk des Himmels ist, dann war ich wohl der reichste Mensch der Welt.

Aber Ende April hatte sich die Situation weiter verschlechtert. Anstatt sich zu bessern, wie ich gehofft hatte, waren meine Beine – vor allem das linke – noch schlimmer geworden. Als ich mich dann gezwungen sah, den Stock gegen ein Paar Krücken einzutauschen, konnte ich mich nicht länger selbst belügen. Zum ersten Mal seit langer Zeit hatte ich wirklich Angst.

Ich war an einen Punkt gelangt, an dem ich erkannte,

dass mir ein Zusammenbruch drohte, wenn ich nicht bald Hilfe bekam. Ich musste mit jemandem reden, der mich liebte, und als ich an jenem Abend meine Eltern in Pittsburgh anrief, brach ich zusammen und erzählte ihnen alles. Sie hörten aufmerksam zu, und dann machten sie mir die Hölle heiß, weil ich noch nicht bei einem Arzt gewesen war. Seltsamerweise hatte ich daran noch gar nicht gedacht, aber ich versprach, mir sofort einen zu suchen. Als wir das Telefonat beendeten, fühlte ich mich schon wesentlich besser.

Meine Eltern neigen jedoch glücklicherweise bei Anrufen wie diesem zu Überreaktionen und am nächsten Tag kam meine Mutter mit der Zwei-Uhr-Maschine aus Pittsburgh. Gute alte Annabelle.

Ich war überglücklich, sie zu sehen, und sobald ich mir ein paar Tage frei genommen hatte, fuhren wir auf der Suche nach einem Arzt nach Anchorage. Durch Zufall entpuppte sich der Arzt, den wir blind aus dem Telefonbuch fischten, ein Dr. Bill Bowers, als einer der Krankenhausärzte, die fast vier Jahre zuvor in Pittsburgh meine Diagnose erstellt hatten! Über diese glückliche Fügung mussten wir beide lachen, doch dann kamen wir schnell zum eigentlichen Thema.

Es stehe außer Frage, sagte er, dass ich mich mitten in einem leichten MS-Schub befände und dass eine kurze Kur mit Steroiden – ACTH und Prednisone – zu empfehlen wäre. Als er die Spritze aufzog, erwähnte ich nebenbei das Problem mit meiner Verdauung und wie unwohl ich mich deshalb fühlte. Er verabreichte mir die Injektion und erklärte dann, dass ich unter etwas leide, das »neurogener Darm« genannt wird, und dass das eine Auswirkung der Krankheit sei. Diese Verbindung war neu für mich. Als ich ihn fragte, wie lange das denn anhalten würde, sagte er, das könne man nicht sagen, und gab mir ein Rezept für ein starkes Abführmittel.

»Hier, nehmen Sie etwas davon, wann immer es nötig ist.«

Dieser Typ war in Ordnung. Ich dankte ihm für die Medikamente und versprach ihm, in einer Woche wieder anzurufen. Dann gingen Annabelle und ich erleichtert und ein bisschen optimistisch nach Hause.

Erneut kam die Wirkung des ACTH fast einem Wunder gleich, und über Nacht waren meine Symptome fast ganz verschwunden. Ich konnte wieder scharf sehen, meine Beine wurden wieder normal, und ich hatte so viel Energie, dass ich gar nicht wusste, was ich damit anstellen sollte. Am dritten Tag fühlte ich mich so gut, dass ich beschloss, mit meiner Mutter eine Wildwasserfahrt durch die Stromschnellen des Kenai River zu unternehmen.

Ich weiß, das klingt, als würde man seiner Mutter etwas Fürchterliches antun, doch eines der Dinge, die mir an meiner Mama am besten gefallen, ist ihre Abenteuerlust und ihre Begierde, alles auszuprobieren. Der Kenai kann streckenweise etwas gefährlich sein, und die Stromschnellen beunruhigten mich schon etwas. Aber Annabelle hatte Mumm; sie lachte und kreischte übermütig, wenn wir in eine dieser großen Wellen krachten, und als wir das Floß am Ende der Fahrt aus dem Fluss zogen und ich ihr Gesicht sah, wusste ich, ich hatte das Richtige getan. Ich wollte sie am liebsten gar nicht abreisen lassen.

Als ich wieder anfing zu arbeiten, hatte das ACTH seine Wirkung getan und ich fühlte mich besser als jemals zuvor. Ich hatte den Stock beiseite gelegt, die Schuhe mit den hohen Absätzen angezogen und war nun bereit, mich wieder dem geistbenebelnden Verkauf von Autoversicherungen zu widmen. Aber ich war mir sicher, dass diese Art von Arbeit für mich keine ausreichende Herausforderung darstellte, und so beschloss ich, die Sache irgendwie interessanter zu gestalten. Die einzige Möglichkeit war, eine Agentenlizenz für gewerbliche Sach- und Unfallversicherungen anzustreben und alles reinzustecken, was ich hatte. Das würde unglaublich viel Lernen und Vorbereitung bedeuten, aber was sollte es? Ich hatte schon bescheuertere Sachen gemacht.

An das meiste in diesem Frühling und Sommer kann ich mich sehr detailliert und mit einem Anflug von Traurigkeit erinnern. Ich weiß nicht, welche Mechanismen der Mensch besitzt, mit deren Hilfe wir alles Schlechte in unserem Leben wegschließen und zuversichtlich nach vorne blicken können, obwohl wir die Wahrheit kennen. Vielleicht machen wir uns nur selbst etwas vor, oder vielleicht ist es ein psychischer Schutzschild, den wir gegen die Dämonen errichten, wenn sie ihre Warnungen durch die dunklen Seitenstraßen unseres Unterbewusstseins rufen.

Ich weiß nur, dass ich in dem Moment, als das Medikament wirkte und ich wieder auf den Beinen war, die Ereignisse der zurückliegenden Monate vollkommen vergaß, fast so, als hätte es sie nie gegeben. Wieder zählte nur die Gegenwart, und das Einzige, dessen ich mir bewusst war, war der Drang, vorwärts zu gehen und alles zu sehen und zu tun, was ich konnte; ganz im Heute zu leben und mir über das Morgen keine Gedanken zu machen.

Ich hatte in Cindy eine bessere Freundin gefunden, als ich geahnt hatte. Wir verbrachten den ganzen Sommer draußen in der freien Natur, lachten, gingen auf Entdeckungstouren und legten das Fundament zu einer Freundschaft, die noch heute besteht. Wir angelten im Russian River Lachse, fischten in Homer Heilbutt, zelteten am Kenai und riskierten – verrückt, wie wir waren – sogar unser Leben auf ein oder zwei großen blauen Gletschern. Wenn einer da stand und erklommen werden musste, kletterten wir eben hinauf.

Und wenn wir gerade mal nicht in die Wildnis ausrissen, waren wir in Larry's Club zu finden, auf der Jagd nach Männern. Cindys zwei Hauptpluspunkte kamen uns in Nächten wie diesen gerade recht, und ich stellte fest, dass sie mir fast genauso gute Dienste leisteten wie Cindy. Aus kilometerweitem Umkreis wurden die Männer von ihnen angezogen. Und ich musste nichts weiter tun, als in der Nähe zu bleiben und die Typen aufzufangen, wenn sie umsanken. Es war schon fast *zu* einfach, und ehe ich mich versah, war der Sommer vorüber.

Acht

Manila, Philippinen
September 1978

Bill Werber brach mit der Feinfühligkeit einer Dampflock in mein Leben.

Er war der neueste Angestellte unserer Agentur, und ich kann mich noch in allen Einzelheiten daran erinnern, wie er aussah, als er das erste Mal ins Büro kam. Er war der gut aussehendste Mann, der mir je begegnet war. Er war groß, durchtrainiert und sehr gepflegt, ein Typ wie aus einem Männermagazin. Er hatte dieses weißblonde Haar, bei dem man an Surfbretter und Sonnenschein denkt, und seine Augen waren von tiefem, kühlem Himmelblau. Gott hatte es gut mit ihm gemeint.

Doch er sah nicht nur gut aus. Er besaß eine gewisse Präsenz – eine fast Angst einflößende Ausstrahlung von Autorität –, und von dem Augenblick an, als er den Raum betrat, konnte ich die Augen nicht mehr von ihm abwenden. Offensichtlich befand ich mich von Anfang an im Hintertreffen. Nachdem wir uns vorgestellt hatten, knüpften wir ein lockeres Gespräch an, und in kürzester Zeit hatte ich ihn als Playboy im Dreiteiler abgestempelt – als scheinheiliges Chauvinistenschwein ohne sozialen Wert. Als eine Art Donald Trump, allerdings ohne Geld.

Doch bei einem einzigen ausgedehnten Mittagessen musste ich feststellen, dass er auch einer der heitersten und lustigsten Männer war, den ich je getroffen hatte. Er hatte einen köstlichen schwarzen Humor, und es war ihm herzlich egal, ob man ihn mochte oder nicht. Ich brauchte nicht lange, bis ich mich darauf eingestellt hatte, und als das Dessert serviert wurde, spielten wir uns, vor Lachen kurz vorm Ersticken, gegenseitig die Bälle zu.

Von diesem Augenblick an waren wir unzertrennlich. Ich gebe gerne zu, dass ich zuerst ein gewisses romantisches Interesse an ihm hatte, und Bill ging es genauso. Doch dies wich schnell etwas Tieferem. Nichts machte uns mehr Vergnügen als ein gutes Rede-Duell, je dreckiger, desto besser, und ohne Rücksicht auf so Pipifax wie Diplomatie und Takt. Nur der Sieg zählte.

Bills Kopf war wie der meine ein riesiger Pfuhl nutzloser und geheimer Gedanken, und am besten konnten wir diskutieren, wenn wir meinten, irgendein geliebtes Prinzip sei in Gefahr. Sobald wir entgegengesetzte Positionen zu einem Thema bezogen hatten, begannen wir zu streiten. Wir schlugen stundenlang verbal aufeinander ein, und unsere Gesichter wurden immer röter und unsere Stimmen lauter, bis wir uns fast kloppten. Dann wechselten wir nur so zum Spaß die Seiten und argumentierten andersherum, einfach um zu sehen, wer der Klügere war. Das war anstrengend, aber auch etwas, auf das wir beide uns schon jeden Abend freuten.

Anschließend kam der Teil, der uns beiden am besten gefiel. Wenn die Luft gereinigt und die Federn der Streithähne wieder geglättet waren, packte einer von uns eine Flasche Scotch aus und wir machten es uns zu einem langen abendlichen Geplauder gemütlich. Wir redeten bis tief in die Nacht hinein; zuerst zurückhaltend, doch im Laufe der Zeit mit einer Offenheit und Intimität, die ich bis dahin noch nie bei einem Mann erlebt hatte. Es war, als ob jeder von uns seine jeweils andere Hälfte gefunden hatte, und im Laufe dieses Winters lernten wir uns als Freunde auf eine Weise kennen, die uns beiden neu war – umfassend und ohne jede Zurückhaltung.

Ich vermute, es war nur natürlich, dass er sich für meine Krankheit interessierte, aber zu Anfang blockte ich all seine Versuche, sie besser zu verstehen, ab. »Da gibt es nichts drüber zu reden«, insistierte ich dickköpfig. Ich fühlte mich gut, und solange das der Fall war, hatte es keinen Sinn, immer wieder davon zu sprechen. Außerdem, was sollte das überhaupt? Ich hatte MS, das war eine Tatsache, und auch noch so viele Gespräche würden daran nichts ändern.

Ich erkannte nicht, wie sehr ich mir mit meiner Leugnung selbst schadete. Bill sah es; und langsam und vorsichtig ermutigte er mich, tiefer in mich hineinzublicken und über meine Gefühle zu reden. Das war keine leichte Sache, denn wenn ich Bill gegenüber bestimmte Dinge zugab, war ich gezwungen, sie auch mir selbst einzugestehen, und damit eröffnete sich eine ganz neue Welt verwirrender Erfahrungen für mich.

Er ließ einfach nicht locker, und nach und nach erzählte ich ihm von Dingen, die ich noch bei niemandem hatte laut aussprechen können. Ich sagte ihm, wie viel Angst ich davor hätte, irgendwann im Rollstuhl zu enden, und davor, dass mein Verstand erstarrte und ich das, was ich sah, meine Umwelt, nicht mehr verstehen könnte. Ich erzählte ihm von den Albträumen und von meiner Angst, mich jemandem zu eng verbunden zu fühlen oder auch nur irgendetwas von Wert zu besitzen, weil ich befürchte, dass es mir eines Tages weggenommen werden könnte. Allmählich, im Laufe der langen Wintermonate öffnete ich mich vollkommen und erzählte ihm alles, was mich bewegte.

Wenn Bill mir etwas beibrachte, dann, dass geteiltes Leid nur halbes Leid bedeutet und dass es manchmal gut ist, ein wenig zu bluten, wenn jemand mit dem Verbandszeug daneben steht. Er war, abgesehen von Ryan, der verlässlichste Freund, den ich je hatte, und das Vertrauen, das wir in diesem Winter aufbauten, hielt uns durch all den Schmerz und die Turbulenzen der folgenden Jahre hindurch fest zusammen.

****

Mitte Februar kamen die Dinge leicht ins Rutschen. Die Verstopfung entwickelte sich zu einem größeren Problem als jemals zuvor, und mein linkes Bein wurde von neuem schwach. Am Monatsende ging ich, frustriert über den Rückfall, wieder am Stock. Bill hatte so etwas bei mir noch nie erlebt, und ich weiß noch, dass er anfangs etwas erschüttert war. Ich erklärte ihm, dass diese alljährlichen Krankheitsattacken für mich schon fast zur Routine geworden seien und dass ein Schuss Steroide mich wieder wie neu machen würde. Es sei wirklich nichts, worüber man sich Gedanken machen müsste.

Ich hatte mich geirrt. Und seltsamerweise war es Bill, dem es als Erstem auffiel.

Es war Samstagabend und wie üblich kippten wir uns in Larry's Club ein paar Biere hinter die Binde. Ich hatte gerade mein sechstes oder siebtes bestellt, als ich merkte, dass Bill mich mit einem sonderbaren Gesichtsausdruck ansah.

»Jesses, JJ, wo schüttest du das alles hin?«, fragte er verwundert.

»Was meinst du?«, fragte ich überrascht. »Du hast mich doch schon früher Bier trinken sehen. Wesentlich mehr als heute. Außerdem hast du zweifelsohne heute auch schon einiges intus.«

»Schon. Aber ich war bis jetzt viermal auf der Toilette und dich treibt es immer noch nicht vom Barhocker. Ein normaler Mensch kann nicht so viel Bier trinken, ohne dass er mindestens einmal pinkeln gehen muss.«

Er hatte Recht. An den anderen Abenden war ich selbst ein halbes Dutzend Mal auf der Toilette gewesen, doch aus irgendeinem Grund musste ich heute einfach nicht. Es erschien mir nicht so wichtig, deshalb wechselte ich rasch das Thema und genoss weiterhin den Abend.

Um sechs Uhr am folgenden Morgen hatte ich heftige Schmerzen. Als ich erwachte, hatte sich meine Blase verkrampft und mein Bauch war hart und aufgebläht.

Wenn ich nicht bald aufs Außenklo ginge, würde ich platzen. Ich schaffte es, aus dem Bett zu steigen und mir ein Paar Stiefel anzuziehen, doch als ich endlich beim Außenklo angelangt war, war ich gekrümmt und keuchte vor Schmerzen. Ich setzte mich eiligst hin und wartete. Sekunden, Minuten verstrichen, ohne dass etwas passierte. Mein Leib war hart wie Stein, und die Schmerzen wurden mit jeder Sekunde schlimmer. Ich musste etwas unternehmen, und zwar schnell.

Wenn ich fest mit beiden Händen auf meine Blase drückte, konnte ich in einem dünnen Strahl urinieren. Die Erleichterung, die ich empfand, war unbeschreiblich, und ich wiederholte die Prozedur fast eine Stunde lang immer und immer wieder. Als es endlich vorbei und meine Blase leer war, lehnte ich erschöpft, schwitzend und zitternd an der Wand.

Was passierte hier? Ich stand vor einem völligen Rätsel. So etwas hatte ich noch nie zuvor erlebt, und die einzige Erklärung, die mir einfiel, war die MS. Ich wusste über den neurogenen Darm gut Bescheid, aber konnte es auch so etwas wie eine neurogene Blase geben?

Ja, das konnte es. Ich ging sofort zu Bill und rief Dr. Bowers an. Als ich ihm erzählte, was geschehen war, erklärte er, das sei ein Symptom, das manchmal bei MS-Patienten beobachtet werde. Er sagte, das Problem werde durch eine Beeinträchtigung des Nervs verursacht, der für das Entleeren der Blase zuständig sei. Noch höre sich die Sache nicht allzu ernst an, meinte er, doch wenn man sie zu lange unbehandelt ließe, könnten sich alle möglichen scheußlichen Dinge daraus entwickeln. Er führte das nicht näher aus, aber ich konnte es mir vorstellen.

Am sichersten sei es, drängte er, wenn ich so bald wie möglich einen Urologen konsultierte. Er könnte die nötigen Untersuchungen durchführen, um das Ausmaß des Schadens zu bestimmen, und eine entsprechende Behandlung verordnen. Ich dankte ihm für den Rat und versprach, mich sofort darum zu kümmern.

Die Untersuchungen, es waren deren drei, mussten alle auf einmal durchgeführt werden. Um mir unnötige Schmerzen zu ersparen, würde ich eine Vollnarkose bekommen, damit ich die ganze Sache verschlafen und nichts spüren würde. Das war die beste Neuigkeit, die ich in dieser ganzen Woche zu hören bekam.

Als ich aus dem Aufwachraum kam, war ich noch ziemlich groggy, aber ich schaffte es, mich aufzusetzen und zuzuhören, als der Urologe mit mir die Untersuchungsergebnisse durchsprach.

Er erklärte mir, infolge einer Nervenschädigung durch die MS hätte sich meine Blase im Laufe des vergangenen Jahres stark verändert. Da die entsprechenden Impulse nicht mehr richtig durch mein Nervensystem geschickt würden, hätten die Muskelwände der Blase ihren Tonus verloren und würden nun weit über ihre normale Kapazität hinaus gedehnt. Mit anderen Worten, während eine »normale« Blase nur rund einen halben Liter Urin speichern kann, ohne dass man sich unwohl fühlt, konnte meine weit über einen Liter fassen, bevor ich überhaupt etwas spürte. Das erklärte die Episode im Außenklo.

Der Zustand sei am besten medikamentös zu behandeln, empfahl der Urologe, mit einem speziellen Mittel, das den zur Blase führenden Nerv stimulieren würde, damit diese sich selbstständig zusammenziehe und sich völlig entleere. Falls das nicht funktioniere, würde er mir etwas anderes verschreiben, ein Langzeit-Antiseptikum gegen die Infektionen, die durch den Resturin in der Blase auftreten könnten. Ob ich bereit sei, die notwendigen Medikamente zu nehmen? Ich sagte, das gehe schon in Ordnung. Wenn etwas schon mit Tabletten zu beheben war, war ich absolut dafür.

Damit war die Sache erledigt. Als Urologe war er ja vielleicht in Ordnung, denke ich, doch wenn ich heute zurückblicke, frage ich mich, warum dieser Arzt mir so viele Informationen vorenthielt. Hätte er mich damals davor gewarnt, was am Ende der Straße auf mich warten könnte, hätte ich vermutlich einiges anders gemacht und mir viele Schmerzen und Demütigungen erspart. Aber er tat es nicht, und das verzeihe ich ihm nie. Er hat es gewusst und kein einziges Wort gesagt.

Weil ich mich schon mal im Krankenhaus befand, wurde entschieden, mich auf eine ACTH-Kur zu setzen, um meine Beine wieder zu stabilisieren. Das hörte ich nur zu gerne, und sobald die Infusion gelegt war, entspannte ich mich und wartete darauf, dass der Zauber begann.

Doch zum ersten Mal seit der Diagnose erfüllten die Steroide ihre Aufgabe nicht richtig. Anstatt der über Nacht eintretenden Besserung, die ich erwartete, erwiesen sich die Resultate nur als marginal. Als ich schließlich wieder zu arbeiten anfing, stützte ich mich noch immer schwer auf meinen Stock.

****

Etwa einen Monat später begannen in der Stadt seltsame Gerüchte über Leute zu kursieren, die auf den Philippinen die »übersinnlichen Chirurgen« aufgesucht hatten und mit unglaublichen Erzählungen von Wunderheilungen zurückkehrten, die durch die Hände der sogenannten »Heiler« bewirkt worden seien. Zunächst konnte ich nicht glauben, was ich hörte: Leute mit schweren, manchmal lebensbedrohlichen Krankheiten reisten um die halbe Welt, um sich einer »Operation« zu unterziehen, die Menschen ohne jede medizinische Ausbildung durchführten.

Mich erinnerte das alles sehr an die Sciencefiction-Serie »The Twilight Zone«. Soweit ich es verstand, öffneten diese Heiler mit bloßen Händen den Körper, holten Klumpen kranken und abgestorbenen Gewebes heraus und verschlossen dann alles wieder, und zwar ohne irgendwelches chirurgisches Besteck und ohne jede Narkose! Das war doch lachhaft, und das sagte ich auch jedem, der es hören wollte.

Doch in der Gegend von Kenai lebten eine Menge Leute, darunter auch Bill, die längst nicht so skeptisch waren wie ich. Tatsächlich war ein Freund von Helen, ein junger Bauarbeiter, bei dem kürzlich ein tödlicher Gehirntumor diagnostiziert worden war, gerade aus Manila zurückgekehrt und behauptete, er sei vollkommen geheilt. Sogar sein Arzt räumte ein, er sei erstaunt gewesen, als ein neuer Satz Röntgenaufnahmen zeigte, dass die Tumoren vollständig verschwunden waren.

Ich war nach wie vor keineswegs überzeugt, aber Bill *war* es, und er trat sofort in Aktion. Ich war völlig ahnungslos, bis mich einige Wochen später eine der größten Überraschungen meines Lebens umhaute: Ich wartete gerade an meinem Schreibtisch auf eine kurzfristig einberufene Sitzung nach der Arbeit, als praktisch alle, die ich kannte, auch Bill und unser neuer Chef Phil Turkington, zusammen hereinkamen und sich um mich herum aufstellten. Dann kicherten sie wie ein Haufen Schulkinder, die ein Geheimnis nicht für sich behalten können, und überreichten mir das Geld für den Hin- und Rückflug nach Manila, sechzehn Übernachtungen und Essen, inklusive Trinkgelder und einem Taschengeld, das ich während meines Aufenthalts dort benötigen würde! Sogar meine Eltern hatten einen Scheck aus Pittsburgh geschickt.

Ich war platt. Es war eine unglaublich großzügige Geste, eine totale Überraschung, die ich mit Dankbarkeit, Staunen und Tränen annahm. Ich hatte meine Meinung über die Heiler noch immer nicht geändert, doch angesichts all dessen, was man für mich getan hatte, musste ich einfach fahren. Und wer weiß? Vielleicht ging da drüben ja doch etwas Besonderes vor sich.

Vor meiner Abreise war noch viel zu tun – Pässe, Fotos und so weiter –, doch das Glück und die Zeit waren auf meiner Seite, und in nur zwei Wochen war ich so weit, dass ich fahren und meine Reisegenossen treffen konnte. (Ich würde mich einer Gruppe von rund dreißig Personen anschließen, die ich alle nicht kannte, die aber dasselbe Ziel hatten wie ich.) Alle lächelten zuversichtlich, als ich ihnen auf dem kleinen Flugplatz von Kenai zum Abschied zuwinkte, doch während des Fluges nach Anchorage begannen meine Nerven zu flattern. Was dachte ich mir nur dabei? Hatte ich ernsthaft vor, um die halbe Welt zu fliegen, um an einem bizarren Hexerritual teilzunehmen? Himmel, ich war genauso verrückt wie blöde.

Der neunzehnstündige Flug nach Manila war eine Tortur für mich, und als wir uns im Landeanflug befanden, war ich erschöpft und meine Beine waren fast völlig gefühllos. Es war offensichtlich, dass ich Hilfe brauchen würde, und ich war erleichtert, als der Kapitän über Funk darum bat, einen Rollstuhl für mich bereitzustellen, wenn wir gelandet seien.

Manila, das immer heiß und feucht ist, litt in jenem April gerade unter einer außergewöhnlich drückenden Hitzewelle.

Als der Flugbegleiter die große Stahltür im vorderen Teil der Maschine öffnete, spürte ich, wie sich jeder Muskel meines Körpers in Gelee verwandelte, während ich hörbar nach Luft rang und meine Lunge zu füllen versuchte. Ich war vor dem Klima am Äquator gewarnt worden, doch auf dies hier hätte mich *nichts* vorbereiten können.

Die Temperatur betrug über vierzig Grad, und die schwere, flimmernde Luft war fast flüssig – eine feuchte, erdrückende Decke, die wie ein Leichentuch das Atmen beinahe unmöglich machte. Als man mich die Stufen hinunter auf das Rollfeld trug und in den Rollstuhl setzte, war jeder Zentimeter von mir schweißgebadet und ich fühlte mich so wattig, dass ich fürchtete, ich würde in Ohnmacht fallen.

Doch all dies war in dem Augenblick vergessen, als ich aufschaute und zum ersten Mal das tropische Wunderland Manila sah. Ich war von einem wilden Kaleidoskop von Farben umgeben, die leuchteten und tanzten, eine kreiselnde Palette von unbeschreiblich intensiven Farbtönen. Unzählige Filipinos in farbenfrohen Gewändern säumten die Landebahn und bunte Fahnen flatterten wie riesige exotische Vögel über dem offenen Terminal. Wohin ich auch blickte, überall blühten schillernde tropische Blumen in wildem Überfluss. »Intensiv« ist das einzige Wort, mit dem man diese Szenerie beschreiben kann. Es war absolut überwältigend und lange Zeit konnte ich nur da sitzen und schauen.

Die Sonne ging gerade über der Bucht von Manila unter, als wir den Bus zum Hotel bestiegen. Entlang des ganzen Roxas Boulevards ragten Reihen prächtiger Kokosnusspalmen gegen die feurigen Streifen in Rot und Orange auf, die den Abendhimmel füllten. Es war eine herrliche Begrüßung, und wir beobachteten schweigend, wie die Sonne mit einem letzten Auflodern hinter dem Horizont verschwand und die Nacht wie ein Schatten heraufzog. Der Sonnenuntergang war so schnell zu Ende, wie er begonnen hatte.

****

Meine erste »Operation« war für acht Uhr am nächsten Morgen angesetzt, und als ich in den Rollstuhl kletterte und in den Warteraum rollte, entdeckte ich fünf oder sechs Mitglieder unserer Gruppe auf Holzstühlen an der Wand. Nach ihrem Gesichtsausdruck zu schließen, waren sie genauso wenig glücklich hier zu sein wie ich. Wir lächelten uns schwach zu und hofften, uns damit etwas Mut für die bevorstehende Nervenprobe zu machen.

In regelmäßigem Abstand erschien aus dem angrenzenden Raum ein junges philippinisches Mädchen namens Maria, rief einen Namen auf und brachte das nächste »Opfer« nach drinnen. Die aufgerufene Person erhob sich mit blassem Gesicht und weichen Knien und verschwand dann still im »Heilraum« nebenan. Die Tatsache, dass keiner von ihnen an jenem Morgen nochmal gesehen oder gehört wurde, trug nicht gerade dazu bei, unsere Unruhe im Wartezimmer zu vermindern, und als mein Name aufgerufen wurde, war ich ein nervliches Wrack.

Das Behandlungszimmer war klein und unmöbliert, mit Ausnahme eines kleinen ledernen »Operationstisches« und eines hölzernen Gestells, das drei oder vier Becken aus rostfreiem Stahl und einen Stapel sauberer weißer Handtücher enthielt. Um den Tisch versammelt standen Maria und die »Heiler« – drei kleine Filipinos, die leger mit kurzärmeligen Hemden und bequemen Hosen bekleidet waren. Einer der Männer sprach, als ich das Zimmer betrat.

»Guten Morgen, Ma'am«, sagte er sanft. »Ich bin Nino. Was ist das Problem?« Ich ging davon aus, dass er der Häuptling war.

»Ich habe multiple Sklerose«, antwortete ich zittrig und kam mir wie eine Idiotin vor.

Er lächelte nur freundlich, während sie mir zu viert aus dem Rollstuhl und auf den Tisch hinauf halfen. Schnell hatten sie mich so hingelegt, wie sie mich haben wollten – mit dem Gesicht nach unten und den Armen an den Hüften. Ich sah aus dem Augenwinkel zu, wie sie mit ihren Vorbereitungen begannen.

Maria nahm ein Handtuch vom Stapel, schüttelte es aus und legte es locker über meinen Nacken und meine Schultern, während Nino und seine Assistenten ihre Hände in eine Pfanne mit warmem Öl tauchten und sie dann an einem Tuch abtrockneten, das leicht nach Alkohol roch. Das war schon das höchste an steriler Methodik für sie, und ich fragte mich, was wohl die Amerikanische Gesundheitsbehörde zu dem Ganzen hier sagen würde.

Als endlich alles bereit war, kamen sie gemeinsam zum Tisch. Die beiden Assistenten Ramon und Luis nahmen mich jeweils an einem Handgelenk und warteten, während Nino die Hände zu einer gebetsähnlichen Geste faltete und sie dann sanft auf meinen Kopf legte.

»Alles ist sehr gut bereit, Ma'am«, intonierte er feierlich. »Wir beginnen mit dem Gehirn.«

Den Teufel würden sie tun. Ich warf den Kopf hoch und versuchte vom Tisch zu krabbeln, doch die drei waren zu schnell für mich. Ramon und Luis drückten mich nach unten und hielten mich fest, während Nino anfing, mir sanft den Hinterkopf zu massieren.

Überraschenderweise war es gar nicht so übel. Wenn das alles war, dachte ich bei mir, dann könnten sie den ganzen Tag so weitermachen. Ich beruhigte mich und versuchte mich zu entspannen, während die Bewegungen seiner Hände fester und eindringlicher wurden.

Nach ungefähr dreißig Sekunden hörte ich ein leises Zischen und spürte, wie sich Ninos Finger tiefer in meinen Schädel gruben. Zu tief. Es war fast so, als könne ich sie *in meinem Kopf* spüren. Das wurde jetzt aber doch ein bisschen zu unheimlich, und ich öffnete den Mund, um zu protestieren.

Doch genau da gab es mehrere laute glucksende Geräusche, und etwas Warmes, Dickes rann mir langsam den Nacken hinunter und über meine Schultern. Was in Gottes Namen ging da vor? Ich versuchte an meinen Nacken zu greifen, doch meine Hände wurden immer noch fest auf den Tisch gedrückt. Ich nahm wider alle Vernunft meinen Mut zusammen und schlug die Augen auf.

Das hätte ich besser nicht tun sollen.

Überall war Blut – ein dicker roter Strom, der meine Schultern bedeckte und langsam von meinem Nacken tropfte und um meinen Kopf herum eine zähflüssige Masse bildete. Es war Menschenblut, *mein Blut!* Als mir das klar wurde, hob mein Verstand in eine andere Dimension ab, und ich fiel in Ohnmacht.

Als ich wieder zu mir kam, schlug Luis mir sanft aufs Handgelenk und sprach zu mir in beruhigendem Tonfall. Gleichzeitig konnte ich ein starkes Ziehen an meinem Hinterkopf spüren. Oh Gott, was geschah denn jetzt? Ich wagte nicht, mich zu bewegen.

Nino ließ etwas in eine der Metallschalen neben sich fallen und übergab diese dann Ramon, der sie zu mir brachte.

»Sehen Sie, Ma'am«, sagte er sanft. »Aus dem Gehirn.« Während er sprach, neigte er die Schale, damit ich sehen konnte, was sich darin befand.

Ich werde nie vergessen, was ich sah: In dem Wasser der Schale schwamm ein großer, ekelhaft grauer Klumpen Gewebe mit schwarzen, geronnenen Blutansammlungen. Es dauerte einen Augenblick, bis ich kapierte, dass das da von mir war. Diese ekelhafte, verfaulende Masse war ein Teil *meines* Körpers und von Menschenhänden tief aus meinem Gehirn geholt worden. Ich spürte, wie sich mir der Magen umdrehte und ich mich auf den Boden erbrach. Das war's. Schon war ich wieder weggetreten.

Als ich das zweite Mal zu mir kam, tupfte mir Maria den Nacken und die Schultern mit einem sauberen Tuch ab, und Nino rieb mir sanft über den Kopf.

»Alles beendet Operation, Ma'am. Sie gehen jetzt.«

Jetzt gehen? Wusste er denn nicht, dass in meinem Kopf ein *Loch* war? Ich würde nie wieder irgendwohin gehen können.

»Nein, nein, nein«, beharrte er lächelnd, »Loch jetzt ganz zu. Alles sehr gut in Ordnung.«

Mir war immer noch schwindlig und schlecht. Ich war zu schwach, um zu protestieren, als sie mich vom Tisch hoben und in den Rollstuhl setzten. Eine der Gruppenleiterinnen wurde gebeten, mir zurück in mein Zimmer zu helfen, und auf dem Weg dorthin erklärte sie mir genauer, wie der ganze »Heilungsprozess« ablief. Sie sagte, an verschiedenen Teilen meines Körpers würden noch fünfundzwanzig bis dreißig weitere Operationen vorgenommen, und das Verfahren sei jedes Mal das gleiche.

Nachdem ich auf den Tisch gelegt worden sei, würde die Fläche, die in der betreffenden Sitzung drankäme, zunächst mit Alkohol gereinigt und dann mit irgendeinem süßlich riechenden Öl benetzt. Als Nächstes würde Nino anfangen, das entsprechende Areal fest zu massieren. Nach ungefähr einer Minute würde ich ein leises Zischgeräusch hören und dann etwas Warmes spüren, wenn der Körper sich öffnen und das Blut aus der Wunde zu fließen beginnen würde. Dann würde ich Ninos Hände spüren, die sanft in mein Inneres vordrangen, und sorgsam alles kranke oder abgestorbene Gewebe entfernten, auf das sie stießen.

Wenn die Prozedur vorüber sei, sagte sie, würde er einfach seine Hände ein paar Sekunden fest auf die Wunde pressen, während sich die Haut schlösse. Nachdem das Blut abgewischt worden wäre, bliebe nur noch eine kleine rote Stelle zurück, die an einen Hautausschlag oder an einen leichten Sonnenbrand erinnere, und selbst diese würde innerhalb einer Stunde verschwinden.

Das sei alles, sagte sie fröhlich, als sie die Tür zu meinem Zimmer öffnete und mir hineinhalf. »Oh, und übrigens«, setzte sie hinzu, als sie sich zum Gehen wandte, »Sie können gerne eine Person Ihrer Wahl ins Zimmer mitnehmen, während Sie operiert werden. Viele Leute machen dabei sogar Schnappschüsse – das sind *tolle* Souvenirs!«

Da wurde mir klar, dass ich mit einer Wahnsinnigen zusammen war, und sobald sie gegangen war, fiel ich aufs Bett und weinte, der Hysterie nahe. Es war ein entsetzlicher Fehler gewesen, hierher zu kommen und echte Hilfe zu erwarten. Stattdessen ging es mir schlechter als vorher. Mir war übel, ich war verängstigt und wütend – und eine Weltreise weit fort von allen, denen etwas an mir lag.

Ich verbrachte den ganzen Nachmittag im Bett, überdachte die Operation wieder und wieder und versuchte, einen Sinn dahinter zu entdecken. Aber ich konnte es nicht. Ich konnte mir nicht erklären, was mit mir passiert war. Schließlich gab ich es auf und schlief ein.

Zur Abendessenszeit fühlte ich mich etwas erholt. Ich zog mich an, kletterte in meinen Rollstuhl und fuhr zur Gruppe zum Essen. Ich war neugierig, wie es den anderen ergangen war. Sie erzählten fast die gleiche Geschichte wie ich und hatten, das war beruhigend, genauso viele Fragen. Als einer der Gruppenleiter aufstand und ankündigte, es gäbe an diesem Abend einen Vortrag über die Grundsätze des »übersinnlichen Heilens«, beschlossen wir einstimmig, hinzugehen.

Zunächst hatte ich keine Schwierigkeiten zu verstehen, wovon der Redner sprach. Er war ein pummeliger älterer Filipino, der Großvater aller Heiler, und er erinnerte mich stark an Norman Vincent Peale, wie er über die Macht des positiven Denkens schwafelte. So weit, so gut.

Doch die Sache wurde schon etwas bizarr, als er auf das Übernatürliche zu sprechen kam, und bald redete er über Dinge wie astrale Projektion, Geistführer von der »anderen Seite«, harmonische Schwingungen und ein seltsames neues Phänomen, das man »Channeling« nannte. Shirley MacLaine hätte sich auf Anhieb wohl gefühlt.

Für mich war das alles ein bisschen zu kosmisch, und ich verließ genervt mitten im Vortrag den Saal. Ich hatte die ganze Zeit Recht gehabt. Der ganze Kram war bloß verdammter Humbug, und ich wollte nichts mehr damit zu tun haben. Ich ging in die Bar und kippte ein paar San Miguels (ein starkes einheimisches Bier), dann rollte ich in mein Zimmer und machte mich für die Nacht fertig. Da ich die für den nächsten Morgen angesetzte Operation nicht wahrzunehmen gedachte, beschloss ich, ich könnte den Tag mit Sightseeing zubringen. Ich holte einige Ausflugsbroschüren hervor, die das Hotel verteilt hatte, legte mich ins Bett und blätterte sie müde durch, bis ich schließlich einschlief.

Ich wachte sehr viel früher als gewöhnlich auf, nahm, froh, den ganzen Tag noch vor mir zu haben, meinen Morgenmantel und stand auf. Ich erstarrte; *ich war aufgestanden!* Ich stand nicht aufrecht, und ich stand auch nicht ohne jede Hilfe, aber ich stand! Ich griff nach meinem Stock und unternahm langsam und vorsichtig ein paar Schritte zur Anrichte. Es funktionierte! Ich drehte mehrere Runden durch das Zimmer, dann setzte ich mich verwirrt auf den Rand des Bettes.

Konnte es sein, dass dies die Folge dieser einen Operation gestern war? *War* vielleicht doch an alldem etwas dran? Humbug oder nicht, ich konnte es mir nicht erlauben, diese Fortschritte zu leugnen, und suchte hastig nach meinen Kleidern. Ich wollte zu meiner zweiten Operation nicht zu spät kommen.

Diese verlief wesentlich glatter. Nino und die Jungs schienen nicht im Geringsten überrascht zu sein, als sie mich auf den Beinen und dem Rollstuhl entronnen sahen, und als ich mit dem Gesicht nach oben auf dem Tisch lag, gingen sie direkt an meinem Bauch ans Werk. Die Prozedur war exakt dieselbe, wie sie mir am Tag zuvor beschrieben worden war – es gab ein Zischen, ein paar Gluckser, einen warmen Blutstrom, und als ich tapfer genug war, die Augen zu öffnen, steckte Nino bis zu den Ellbogen in meinen Eingeweiden und rupfte zufrieden alles Mögliche an scheußlichem blutigem Zeug heraus. Es fiel mir auch diesmal nicht leichter hinzusehen, aber nun hatte ich wenigstens einen Grund für mein Hiersein, und dadurch war alles anders.

In den nächsten zwei Wochen war ich fast täglich für zwei Operationen, eine am Morgen und eine am Nachmittag, eingeteilt. Um die Zeit zwischen den beiden Eingriffen totzuschlagen, warf ich mich in meinen Badeanzug und ging hinauf aufs Dach, wo sich der Swimmingpool des Hotels befand. Rund ein Dutzend andere aus der Gruppe hatten offenbar dieselbe Idee gehabt und waren schon im Wasser, als ich kam. Es kam spontan Applaus auf, als sie mich nur mit Unterstützung des Stocks gehen sahen, und ich kam mir wie eine richtige Berühmtheit vor, als ich mich in den Pool gleiten ließ.

Der Zustand der anderen hatte sich ebenfalls in der vorherigen Nacht entscheidend gebessert, und wir fingen alle auf einmal an zu reden, begierig darauf, unsere Erfahrungen auszutauschen. Es waren einige sehr schwere Fälle da. Die meisten aus der Gruppe hatten unterschiedliche Formen von Krebs, die oft unheilbar waren. Ein kleiner Junge war querschnittsgelähmt, ein anderer hatte Muskeldystrophie, und zwei andere litten an Leukämie. Es war keine Gruppe, die viel Anlass zu Optimismus hatte, doch an jenem Tag war sie nicht wieder zu erkennen. Die Stimmung war euphorisch, die Gespräche angeregt, und Schritt für Schritt kamen sich völlig Fremde näher und schlossen Freundschaft.

In der folgenden Zeit wurden die Operationen sehr viel einfacher für mich, und am vierten Tag konnte ich auf meinen Stock ganz verzichten. Meine Beine funktionierten perfekt, und ich fühlte mich besser als seit über einem Jahr. Den meisten anderen in unserer Gruppe ging es genauso, und einige nahmen sogar an den Tagestouren, die vom Hotel angeboten wurden, teil. Wir verbrachten einen ganzen Nachmittag auf der Insel Corregidor, MacArthurs Kommandoposten während des Zweiten Weltkrieges. Wir fuhren die Strecke des Todesmarsches von Bataan entlang und legten an der Gedenkstätte einen Kranz nieder; anschließend setzten wir mit dem Boot über die Bucht von Manila. Am besten war ein zweitägiger Ausflug zu den sehenswerten Märkten in Baguio, dem Regierungssitz der Philippinen.

In der zweiten Woche bekamen einige jüngere Gruppenmitglieder Lust auf etwas mehr Action. Wir trugen unseren Wunsch dem philippinischen Reiseleiter vor, und er machte mehrere Vorschläge. Am verlockendsten erschien uns allen eine Kanufahrt auf einem wilden Dschungelfluss. Es war eine spannende Art, mehr von der Gegend zu sehen, und wir vereinbarten, früh am nächsten Morgen aufzubrechen.

****

Die Insel Luzon ist fast ganz von dichter tropischer Vegetation bedeckt, was auf ihre Nähe zum Äquator zurückzuführen ist sowie auf die Tatsache, dass es dort dauernd regnet. Obwohl ich all dies wusste, war ich doch erstaunt über das, was wir an diesem Nachmittag erlebten. Je weiter wir uns von Manila entfernten, um so dichter wurde das Grün, und als wir an unserem Zielort eintrafen, waren wir wirklich im »tiefsten Dschungel«.

Unsere Führer und die Kanus erwarteten uns am Rand eines steilen Flussufers. Um zu ihnen hinunterzugelangen, mussten wir uns erst den Weg durch ein dichtes Pflanzengewirr aus Moosen, umgestürzten Bäumen und dicken, grünen Schlingpflanzen bahnen. Eine Machete wäre hilfreich gewesen, und einer der Jungs witzelte: »Na so was, Dr. Livingstone, da haben wir doch glatt vergessen, eine mitzunehmen!«

Es waren drei schwere Kanus für neun Personen, deshalb teilten wir uns in Dreierteams auf und verstauten unsere Ausrüstung sicher unter den dicken Mahagoni-Bodenbrettern. Dann stießen wir uns ab, tauchten die Paddel ins Wasser und zogen beherzt zur Flussmitte durch.

Der Fluss war ein dampfender, stinkender Strom aus schlammig braunem Wasser, das sich träge durch steile Schluchten schlängelte. Die Wände des Canyons erhoben sich Hunderte von Metern nach oben und waren mit dickem grünem Dschungelbewuchs bedeckt, der für das Auge nicht zu durchdringen war. An manchen Stellen kamen sich die Wände so nahe, dass die hohen Palmen und Kletterpflanzen mit ihren Spitzen zu einem Dach zusammenwuchsen und so einen domartigen Baldachin hoch über unseren Köpfen formten. Stellenweise war dieses »Dach« so dicht, dass selbst das Sonnenlicht nicht hindurchdrang, und der Fluss war so unheimlich und ruhig, dass man meinen konnte, man gleite durch die Unterwelt.

Doch darüber war der Himmel alles andere als ruhig. Scharen herrlicher, grell gefiederter Tropenvögel erfüllten die Luft mit ihrem heiseren Kreischen. Dazwischen brüllten, tief im Dschungel verborgen, unzählige Affen, wobei ihre schrillen, durchdringenden Stimmen laut durch die Schlucht hallten. Zuerst war das beunruhigend, wie der Soundtrack zu einem schlechten Tarzan-Film, doch nachdem ich mich an das Geräusch gewöhnt hatte, fand ich es fast schön.

Am Flussufer bot sich ein faszinierendes Panorama, das ich mir nie erträumt hatte. Fröhliche nackte Kinder plantschten und tanzten im Wasser, unter den aufmerksamen Blicken der älteren Frauen, die ein paar Meter stromaufwärts mit der Wäsche beschäftigt waren. Riesige graue Wasserbüffel zogen schwerfällig wie vierbeinige Hinkelsteine am Ufer entlang und grasten ohne Unterbrechung, wobei sie mit ihren spitzen Hörnern im Unterholz nach Wurzeln, Blättern und anderen schmackhaften Leckerbissen suchten. Es war faszinierend, sie dabei zu beobachten, wie sie den Dschungel an einem Ende auffraßen, während sie ihn gleichzeitig am anderen Ende wieder von sich gaben, als Kothaufen von der Größe eines Brotlaibes. Ich dachte an meine eigenen diesbezüglichen Probleme und fragte mich grinsend, wie es wäre, wenn einer von *denen* Verstopfung hätte.

Die Ruderfahrt stromaufwärts war lang und heiß, aber wir hörten schon bald in der Ferne das Rauschen der Stromschnellen. Wir konnten sie noch nicht sehen, doch nach dem Geräusch zu urteilen, stand uns eine höllische Rückfahrt bevor. Wir waren erleichtert, als wir das Ende des Flusses erreichten, eine tiefe kühle Lagune, die von einem gigantischen Wasserfall gespeist wurde, der senkrecht aus mehreren hundert Metern Höhe herabstürzte. Die Farbe des Wassers hatte von Braun zu funkelndem Blau gewechselt, und wir sprangen auf der Stelle hinein und lachten und schrien wie die Kinder beim Spielen in einem tropischen Garten Eden.

Danach kletterten wir erfrischt auf zwei primitive Bambusflöße und hielten uns fest, während die Führer uns lachend und kreischend durch den tosenden Wasserfall hindurch in eine kühle dunkle Höhle zogen, die aus der Felswand dahinter herausgehauen war. Etwa eine Stunde lang blieben wir dort, wie versteinert von dem Anblick einer prähistorischen Welt aus grünem Smaragd und Silber, die majestätisch von einem schaumigen, prasselnden Vorhang aus reinem Weiß eingerahmt wurde.

Die Fahrt flussabwärts war rasant und aufregend, und alles, was wir tun mussten, war, uns festzuhalten und zu hoffen, dass die Kanus nicht umkippten. Wir schossen wild durch die Stromschnellen, entkamen nur knapp einem Zusammenstoß mit Dutzenden von Findlingen in der Strommitte und rammten einmal beinahe mit dem Kopf voran einen unglücklichen Wasserbüffel, der die Gefährlichkeit der Situation nicht erkannte. Er hätte fast mit seinem Leben dafür bezahlt, denn wir waren völlig außer Kontrolle.

Am Ende der Fahrt, als sich die Strömung verlangsamte und das Wasser wieder braun wurde, tat es allen Leid, das Abenteuer zu Ende gehen zu sehen.

In Manila fanden danach, wie geplant, weiter jeweils zwei Operationen pro Tag statt, und am Abend der großen Abschiedsparty war deutlich zu sehen, wie großartig es allen ging. Diese glückliche, lächelnde Gruppe von Menschen, die sich an jenem Abend in der Bar versammelt hatte, hatte keinerlei Ähnlichkeit mehr mit der bedauernswerten Truppe, die nur zwei Wochen vorher hier eingetroffen war. Diese Menschen waren krank und depressiv gewesen, die meisten ohne Hoffnung und manche dem Tod beängstigend nahe. Aber nun war alles völlig anders, und als ich mich den anderen auf der Tanzfläche anschloss, erkannte ich, dass wir alle mit unglaublichen Geschichten nach Hause fahren würden und vielleicht – nur vielleicht – mit einem hellen Hoffnungsschimmer für die Zukunft.

Wenn ich nun auf die ganze Begebenheit zurückblicke, fällt es mir schwer, zu erklären, was in Manila geschehen ist. Ich weiß jetzt, dass alles ein Trick war und nicht mal ein besonders raffinierter. Ich habe seitdem viele Dokumentationen im Fernsehen gesehen, in denen die »Heiler« als geübte Scharlatane entlarvt werden. Und *natürlich* haben sie immer nur Hühnerblut und -gedärme benutzt.

Aber ich bereue es bis heute nicht, dass ich dort war.

Dort *ist* etwas passiert – denn psychisch bekam ich einen Auftrieb kosmischen Ausmaßes. Und zum ersten Mal in meinem Leben wurde mir auf so anschauliche Weise die unglaublich machtvolle Verbindung zwischen Körper und Seele demonstriert.

Wurde ich durch die »Heiler« von der multiplen Sklerose kuriert? Natürlich nicht. Aber etwas anderes war geschehen. Ich war krank, verängstigt und saß im Rollstuhl, als ich in Manila ankam. Als ich abflog, hatte ich sogar meinen Stock weggeschmissen und fühlte mich stärker und gesünder als seit langer Zeit. Und diese Verfassung hielt nach meiner Rückkehr nach Alaska noch *ein ganzes Jahr* lang an.

Sicher, spontane Remissionen kommen bei MS andauernd vor. Aber ich hatte eine wichtige Lektion über die geistige Einstellung zu den Dingen gelernt und gemerkt, welch große Rolle sie im Leben eines Menschen spielt. Selbst jetzt, wenn ich mir die Fotos einiger Operationen anschaue (ja, ich bin schwach geworden und habe ein paar Fotos geschossen), lächle ich und flüsterte denen ein Dankeschön zu, die mich so sehr lieben, dass sie mir dieses Geschenk gemacht haben.

Neun

Anchorage, Alaska
September 1979

Das war doch eine verfluchte Sache. Ich war seit Anfang Mai von den Philippinen zurück, und die Dinge hätten nicht besser sein können. Es ging mir hervorragend, beruflich klappte alles ausgezeichnet und mein gesellschaftliches Leben lief wieder auf dem gewohnt rasanten Niveau. Vor allem hingen Bill, Cindy und ich enger zusammen als je zuvor, und ich hatte mit den beiden soviel Spaß und Gesellschaft, wie ich mir nur wünschen konnte. Mein Leben war fast das, was die meisten als perfekt bezeichnen würden.

Warum fühlte ich mich also so elend? Und warum diese schlechte Laune? Ich konnte es nicht genau sagen, doch etwas hatte sich in den letzten Monaten in mir aufgestaut – ein dumpfer, stetiger Druck ohne feste Form und wirkliche Substanz. Er war immer da, eine freischwebende Unruhe, die mich in gereizte Stimmung versetzte und mit jedem Tag stärker wurde. Es ergab für mich überhaupt keinen Sinn, dass ich mich so fühlte, wie ich mich fühlte. Immerhin war mir das Glück wieder hold, und es sah so aus, als würde es mir auch noch eine Weile lang gut gehen. Ich konnte es locker nehmen, meine Krankheit vergessen und eine Zeit der Ruhe, des Friedens und der Stille verleben.

Aber vielleicht war *genau das* das Problem. Vielleicht war mein Leben ein bisschen zu ruhig und gesetzt geworden, ein Zustand, den ich noch nie als besonders unterhaltsam oder produktiv empfunden habe. Ich hatte immer dann intensiv gelebt, wenn ich mit dem Rücken zur Wand stand, wenn ich auf einem kleinen Fleck festgenagelt war und nur meine Gewitztheit mich retten konnte. Doch in jener Zeit gab es in meinem Leben nichts dergleichen, und das vermisste ich.

Meistens traf ich mich nach der Arbeit mit Bill auf einen Drink, um mich zu entspannen und die Ereignisse des Tages zu bereden. Normalerweise kam ich als Erste, doch aus irgendeinem Grund fühlte ich mich eines Abends besonders angespannt und gereizt. Anstatt zur Bar zu fahren, stieg ich in meinen Wagen und streifte ziellos durch die Stadt, während ich mit meinen Gefühlen ins Reine zu kommen versuchte.

Aber es war sinnlos. Anstatt mich zu entspannen, wurde die Stimmung, gegen die ich ankämpfte, stärker, bis ich meinte, ich würde gleich explodieren. Es war bereits dunkel geworden, als ich den Kampf aufgab und zu Cindy fuhr, um eine Dusche zu nehmen und mit ihr zusammen vielleicht einen unserer reinigenden Meckerabende abzuhalten. *Darin* waren wir besser als in allem anderen.

Sie war in der Küche und machte sich etwas zu essen, als ich eintraf, deshalb goss ich mir einen Drink ein und ging in Richtung Schlafzimmer. Ich hörte Bills Wagen in die Einfahrt einbiegen, doch ich musste erst einige Minuten für mich allein sein, um mich in den Griff zu kriegen.

Ich war überzeugt, mir würde es wieder gut gehen, sobald ich einen Drink intus hätte, doch meine Hand zitterte, als ich die Tür hinter mir schloss. Ich setzte mich auf den Rand des Bettes, nahm einen großen Schluck Scotch und begann zu weinen.

Einige Augenblicke später kam Cindy, um nach mir zu sehen, und als sie merkte, in welcher Verfassung ich mich befand, rief sie nach Bill. Die beiden setzten sich neben mich aufs Bett, legten ihre Arme um mich und ließen mich weinen, bis das Schlimmste vorbei war und ich wieder ruhig sprechen konnte. »Was ist denn los?«, fragten sie mehrfach, um dem Problem auf den Grund zu gehen.

Aber wie konnte ich ihnen sagen, was mit mir los war, wenn eigentlich *überhaupt nichts* falsch lief? Wie konnte ich es ihnen begreiflich machen, wenn nicht einmal ich selbst es verstand?

Ich wusste bloß, dass es um mich herum allzu still geworden war und dass ich von neuem die Uhr ticken hören konnte. Die alte Rastlosigkeit war zurückgekehrt und mit ihr der Drang weiterzurennen, mein Leben am Laufen zu halten. Der Drang war stärker als je zuvor; alles in meinem Inneren rief nach einer Veränderung. Diesmal musste es eine große sein, und sie musste sofort passieren. Das Problem war nur, dass ich nicht die leiseste Ahnung hatte, was ich tun wollte.

So redeten wir zu dritt die ganze Nacht hindurch, und am Morgen hatten wir einen perfekten Plan geschmiedet: Auf der Stelle würde ich meinen Job kündigen, meine Hütte aufgeben und mit all meinem Hab und Gut nach Anchorage ziehen. Nach vier Jahren in den Wäldern wäre die Großstadt eine ungeheure Abwechslung für mich – und wenn ich es richtig anstellte, eine Veränderung, die mir viele interessante Möglichkeiten eröffnete. Ich konnte meine berufliche Karriere in einer anspruchsvolleren Agentur fortsetzen, neue Freundschaften schließen, neue Herausforderungen finden und den Geräuschpegel um mich herum auf einem ohrenbetäubenden Level halten.

Es brach mir beinahe das Herz, die Hütte, die Halbinsel und die vielen Menschen, die ich liebte, vor allem Bill, Cindy und Helen, zu verlassen. Aber manche Dinge müssen geschehen, glaube ich, und dann fallen alle Stücke von selbst an die passende Stelle.

****

Pacific Rim Brokers war ein erstklassiges kleines Maklerbüro mit einem stattlichen Stamm von Firmenkunden. Die Partner Mark und John suchten einen dritten Makler für Sach- und Unfallversicherungen, der sich um die vorhandenen Kunden kümmern sollte, während sie ihren Sachverstand den im ganzen Staat verstreuten großen Baustellen widmen wollten.

Es war genau das, was ich suchte. Der Job brachte einen Haufen Verantwortung sowie ein gewisses Maß an Prestige mit sich und bot mir, das war am wichtigsten, die Chance, meine Kenntnisse des Geschäftes weiter auszubauen. Er würde mich interessieren und mich fordern. Deshalb nahm ich das großzügiges Angebot von Mark und John nur zu gerne an, und als ich mich eine Woche später zur Arbeit meldete, war ich sicher, dass ich auf dem Weg an die Spitze war.

Ich hätte mir keine bessere Arbeitsstelle aussuchen können. Mark und John waren zwei der gewitztesten Köpfe der Branche, und wir drei fanden rasch zu einem lockeren, wenn auch etwas ungewöhnlichen Arbeitsverhältnis. Sie waren die meiste Zeit unterwegs, während ich den größten Teil der Zeit in meinem Büro saß und mir wie ein hohes Tier vorkam, wenn ich unserer hübschen Sekretärin Debra lange hochgestochene Briefe diktierte.

Der Job war ausbaufähig – je mehr Verantwortung ich wollte, desto mehr konnte ich auch haben –, und bald saß ich an viel zu vielen Dingen gleichzeitig und steckte bis über die Ohren in Arbeit. Ein fast an Ekstase grenzender Zustand für eine verhinderte Überfliegerin wie mich.

Privat entwickelten sich die Dinge auch ganz gut. Als ich das erste Mal in die Stadt kam, war die einzige Person, die ich flüchtig kannte, eine Frau namens Jane Hein, eine groß gewachsene hübsche Vertreterin des Insurance Services Office in Alaska. Wir hatten uns ein paar Mal in Kenai getroffen, wenn sie geschäftlich dort zu tun hatte, und als ich nach Anchorage umgezogen war, besuchte ich sie. Auch sie war Single, und es dauerte nicht lange, da verbrachten wir unsere Freizeit größtenteils zusammen, betrieben Männerjagd als Sport und bedauerten bei unzähligen Tassen Kaffee, dass es uns an der Zeit mangelte, ihnen allen gerecht zu werden.

Das Einzige, was in meinem Leben fehlte, war Bill. Er lebte nach wie vor in Kenai, und obwohl wir jeden Abend miteinander telefonierten und uns an den Wochenenden abwechselnd besuchten, war es einfach nicht dasselbe. Ich vermisste es, meinen besten Freund dauernd um mich zu haben, und ihm ging es genauso.

Es gab nur einen Weg, um das Problem zu lösen. Innerhalb von vier Wochen hatte Bill einen beeindruckenden neuen Job in Anchorage an Land gezogen, und im November war wieder alles beim alten. Er, Jane und ich schlossen uns fast auf Anhieb zu einer unheiligen Dreier-Gang zusammen mit dem Ziel, Lärm zu schlagen, Geld zu machen und uns über den ständigen Tumult unserer rauhen Dreier-Allianz hinaus Gehör zu verschaffen. Man nannte uns nicht grundlos die Krachmacher-Bande.

Die Bühne war aufgebaut. Wieder einmal hatte ich es geschafft, meine Welt auseinanderzunehmen und genau so, wie ich sie haben wollte, wieder zusammenzusetzen, und ein ganzes Jahr lang füllten wir drei diese Welt mit Lachen. Ich wünschte nur, ich wüsste noch, über was ich an dem Tag gerade lachte, als alles in die Brüche zu gehen begann.

****

Mark, John und ich saßen eines Abends nach der Arbeit noch im Büro herum und unterhielten uns, als einer von ihnen irgend etwas Dummes sagte. Das war nichts Ungewöhnliches, wenn man berücksichtigte, dass es schon spät war und wir alle stundenlang unter Adrenalin gestanden hatten. Doch es kam mir ganz besonders komisch vor und löste einen jener Lachanfälle aus, die ich einfach nicht stoppen konnte. Je stärker ich es versuchte, desto mehr musste ich lachen; die beiden anderen konnten nur hilflos daneben sitzen, während ich bis in die Stratosphäre hinauf vor Lachen brüllte.

Und da geschah es.

Ich sprang von meinem Stuhl hoch, rannte auf die Toilette und sah nach, ob ich es mir nur eingebildet hatte. Es war nicht viel, bestimmt nichts, das den anderen auffallen konnte, doch es war passiert. Ich hatte mir vor Lachen in die Hose gemacht.

Ich fing wieder an zu lachen, und fünf Minuten lang saß ich auf der Toilette, kicherte und gab mich ganz dem Frohsinn hin. Als ich schließlich ins Büro zurückkam, hatten Mark und John beschlossen, für heute Schluss zu machen. Deshalb packten wir unsere Sachen zusammen und gingen gemeinsam zum Parkplatz.

Ich kann mich noch an ihren Gesichtsausdruck erinnern, als ich wegfuhr; sie fragten sich sicher, was zur Hölle in mich gefahren war. Doch als ich an jenem Abend ins Bett ging, hatte ich den Vorfall schon wieder vergessen, bis dasselbe eine Woche später erneut passierte.

Bill und ich waren Mittag essen, und ich hatte gerade einen großen Schluck heißen Kaffee genommen, als er etwas Witziges sagte. Ich verschluckte mich vor Lachen und spürte, wie sich der Kaffee geradewegs in meine Lunge brannte. Das hatte eine peinliche Szene zur Folge, als ich wild hustete und keuchte, mich auf meinem Stuhl herumwarf und verzweifelt versuchte, die Lunge freizubekommen. Ich hatte auch fast die Beherrschung wiedererlangt, als ich ein letztes Mal hustete und meine Blase in einen festen kleinen Spasmus verfiel.

Auf der Toilette stellte ich fest, dass es diesmal schlimmer war als beim letzten Mal. Ich fing an, mir Sorgen zu machen, aber ich kümmerte mich darum und ging wieder zu Bill ins Restaurant. Ich wollte ihm nichts davon sagen, bis ich die Zeit hatte, der Sache nachzugehen.

Ich besprach das Problem an jenem Abend mit Jane und fühlte mich um einiges besser, als sie sagte, ihr sei das auch schon passiert. Es sei in der Regel die Folge einer leichten Blaseninfektion. Natürlich – ich hatte in letzter Zeit das Antiseptikum, das mir der Arzt verordnet hatte, nicht ganz so regelmäßig eingenommen, und wahrscheinlich hatte ich einen Bazillus aufgeschnappt. *Diesmal* lag es mit Sicherheit nicht an der MS, denn die hatte ja früher genau das Gegenteil bewirkt – die Untersuchungen hatten das übereinstimmend ergeben.

Aber weil ich nicht die anderen Symptome einer Blaseninfektion hatte, beschloss ich, erst mal abzuwarten, ob es schlimmer würde. Wenn ja, dann würde ich einfach einen Urologen anrufen und sehen, was er dazu zu sagen hatte.

Erst zwei Wochen später erkannte ich, wie ernst mein Problem wirklich war.

Die Arbeit war für den Tag beendet, und John und ich waren noch in seinem Büro, wo wir ein paar letzte Details zu einer Akte klärten. Ich saß bequem in einem Ledersessel vor seinem Schreibtisch, hatte die Schuhe ausgezogen und eine Kaffeetasse in der Hand, als ich plötzlich ein unmissverständliches Signal von meiner Blase spürte. Ich musste *wirklich sofort* verschwinden und entschuldigte mich.

Ich war noch keine zehn Zentimeter aus dem Sessel, als sich auf einmal meine Blase verkrampfte und sich ein brennender Strahl Urin zwischen meinen Beinen ergoss. Ich saß wie erstarrt da und war nicht fähig, mich zu bewegen oder zu atmen oder zu denken, als die Flut meine Beine hinunter über den Ledersessel lief und langsam auf den weichen cremefarbenen Teppich zu meinen Füßen tropfte.

Es war totenstill im Raum.

Vom Schock in meinem Sessel festgenagelt, konnte ich John nur stumm anstarren. Er sah aus wie ein Mann, der soeben in einen Albtraum geraten ist. Ich atmete stoßweise, umklammerte die Lehnen des Sessels und kämpfte darum, meine Fassung wiederzugewinnen.

»John«, bat ich ihn so ruhig wie möglich, »ruf bitte Bill in seinem Büro an. Bitte. Sag ihm, er soll *sofort* kommen.« Das war alles, was ich herausbrachte, und das war wohl auch alles, was er für mich tun konnte. Er schloss die Tür leise hinter mir und öffnete sie nicht mehr, bis Bill fünfzehn Minuten später eintraf.

Den beiden gelang es, mich einzupacken und zum Auto hinunterzubringen. Dort klemmte sich Bill nach einer hastigen Beratung hinters Steuer und fuhr mich nach Hause. Ich denke nur ungern daran, was John an jenem Abend noch im Büro zu erledigen hatte, nachdem wir gegangen waren.

Als ich mich geduscht und umgezogen hatte, setzte mich Bill aufs Sofa und versuchte, mich etwas abzulenken. Aber mir war die Sache so peinlich, dass ich nur stumm an die Decke starren konnte, während er weiterplauderte und sich vorzustellen versuchte, was passiert war. Ich war ihm keine Hilfe, und schließlich kam er mit einer uneleganten Wendung direkt auf den Kern des Problems.

»Ah, zur Hölle damit, JJ«, witzelte er, »du hast also Johns Büro vollgepieselt? Mir fallen ein *Dutzend* Leute ein, die dafür Geld bezahlen würden – und du hast es ganz umsonst getan!«

Das Eis war gebrochen und wir lachten so sehr, dass wir beide ins Bad rannten.

Am nächsten Morgen rief ich als Erstes einen Urologen an und besorgte mir einen Termin. Da ging etwas Sonderbares vor sich, und ich musste mich darum kümmern, bevor ich wieder zur Arbeit gehen konnte. Ich wusste nicht, wie ich John je wieder ins Gesicht blicken sollte.

Als ich aus dem Bett stieg, um mich anzuziehen, machte ich eine verstörende Entdeckung. Mein linkes Bein hinkte wieder, und ich musste es hinter mir herziehen, als ich durch den Flur ging, und mich an den Wänden abstützen.

Gottverdammt – nicht schon wieder! Das brauchte ich nicht noch obendrein. Als ich vor der Spüle stand, schlug ich hart an die Wand und schürfte mir alle vier Knöchel auf. Gut. Jetzt hatte ich zumindest einen Grund zum Weinen.

Als ich mich hinsetzte und den ganzen Schlamassel überdachte, wurde mir klar, dass ich in Wirklichkeit fast im Zeitplan war und mit dem nächsten Schub hätte rechnen können. Seit meinem letzten Schub war knapp ein Jahr vergangen, und anscheinend war das mein Rhythmus.

Na gut, dachte ich, es sieht so aus, als müsste ich ein weiteres Mal da durch. Als ich mich angezogen hatte, meldete ich mich telefonisch, im Anschluss an den Besuch beim Urologen, bei Dr. Bowers an. Es konnte nicht schaden, mit Steroiden anzufangen.

Als ich ins Sprechzimmer des Urologen kam, erklärte ich, was passiert war. Dann gab ich ihm eine Urinprobe und wartete, während er sie untersuchte. »Es sieht nicht nach etwas Ernstem aus«, sagte er, »höchstwahrscheinlich ist es nur ein leichter Anfall von Zystitis.« Es würde einige Tage dauern, zur Sicherheit eine Kultur anzulegen. Bis dahin gab er mir ein Rezept für ein Antibiotikum, das die Sache sofort aus der Welt schaffen sollte.

»Kann etwas so Simples wie eine Blasenentzündung tatsächlich die Ursache für das sein, was gestern passiert ist?« fragte ich. »Gewiss«, versicherte er mir, »und deshalb ist es wichtig, auf der Stelle mit der Einnahme des Medikaments zu beginnen, bevor es noch schlimmer wird. Wenn diese Dinge nicht behandelt werden, könnten sie wirklich bösartig werden, vor allem bei einem

MS-Patienten«, erklärte er. Mit großer Erleichterung dankte ich ihm für seine Hilfe, versprach, in ein paar Tagen nach den Ergebnissen der Kultur zu fragen, und machte mich auf den Weg zu meinem zweiten Termin an diesem Vormittag.

Es tat gut, Dr. Bowers wiederzusehen. Wir waren im Laufe der Jahre gute Freunde geworden, und wir plauderten, während er ein Rezept für Prednisone ausstellte.

»Sie sehen großartig aus, Kindchen. Wie lange ist das jetzt her?« fragte er mit Bezug auf meine Diagnose.

»In diesem Monat sind es sechs Jahre. Nicht schlecht, hm?«

»Nicht schlecht? Das ist *wunderbar*, und die diesjährige Attacke sieht danach aus, als würde sie einen leichten Verlauf nehmen. Mit dem Prednisone sollten Sie gleich wieder gerade stehen können.«

Wir lächelten und schüttelten uns die Hände wie zwei Verschwörer, die unter einer Decke stecken. Wir waren ganz sicher, dass wir den Kampf gewinnen würden.

Auf dem Rückweg ins Büro hielt ich an der Apotheke und erstand auch gleich einen neuen Stock. Es sah so aus, als würde ich eine Zeit lang den MS-Schritt vorführen müssen.

****

Im Laufe des nächsten Monats verschlechterte sich mein Zustand jedoch stetig. Mein linkes Bein wurde dramatisch schwächer, meine Augen begannen zu zucken und den Fokus zu verlieren, und die altbekannten

MS-Tage traten wieder regelmäßig auf. Selbst wenn ich den Tag relativ energiegeladen begann, war ich bis zum Nachmittag am Schreibtisch zusammengesunken und dermaßen bis auf die Knochen *müde*, dass ich sicher war, ich würde am Ende des Tages nicht genug Kraft haben, um es zu meinem Wagen zu schaffen.

Und um es noch schlimmer zu machen, geriet meine Blase nun völlig außer Kontrolle. Als die Ergebnisse meiner Urinkultur negativ waren und keinerlei Anzeichen für eine Infektion oder was auch immer aufwiesen, war der Arzt völlig ratlos. Das Einzige, was ihm als Ursache jetzt noch einfiel, war die MS. Er stand kurz davor, mich zu umfassenden so genannten »urodynamischen Untersuchungen« ins Krankenhaus zu stecken. Ihm waren die Ideen ausgegangen, und mir auch. Aber weil der Gedanke daran, tagelang in einem Krankenhausbett herumzuliegen und auf noch schlechtere Neuigkeiten zu warten, absolut nicht verlockend war, beschloss ich, ein bisschen zu warten, was weiter geschehen würde.

Es geschah alles Mögliche, und das völlig unvorhersehbar. Von einer Sekunde auf die andere musste ich zur Toilette, und zwar schnellstens. Ich hatte kaum mehr als dreißig Sekunden Zeit dazu, und wenn ich es nicht rechtzeitig von meinem Schreibtisch hoch, durch den Flur und auf die Toilette schaffte, war ich eingenässt und verlegen und wartete auf die nächste Chance, mich zu meinem Wagen zu schleichen, damit ich heimfahren und mich umziehen konnte, bevor es jemand merkte.

Dem Ganzen schien keinerlei Rhythmus oder Logik zugrunde zu liegen. Manche Tage überstand ich ohne jede Vorsichtsmaßnahme, trank hemmungslos Kaffee und ging höchstens ein- oder zweimal aufs Klo. Aber am nächsten Tag konnte ich morgens gerade mal einen Mundvoll Kaffee getrunken haben und musste, noch bevor der Nachtmittag vorbei war, zehn oder elf rasante Spurts zur Toilette hinlegen.

Bald konnte ich meinen Job nicht mehr ausüben. Seltsamerweise war es der Anschein der Normalität, der mich am meisten beschäftigte. Es war mir wichtig, weiter so zu tun, als sei alles in Ordnung.

Doch das wurde eines Abends im September schließlich unmöglich. Es war ein langer ermüdender Arbeitstag gewesen, und der einzige Ort auf der Welt, an dem ich sein wollte, war mein Bett. John und Mark entschieden jedoch, ich bräuchte etwas liebevolle Fürsorge, und da sie manchmal so überzeugend wie ein Paar schlecht erzogene Pitbulls sein konnten, ließ ich es zu, dass sie mich zu einem späten Abendessen zu Simon and Seaforts, einem der netteren Restaurants in Anchorage, schleppten.

Als wir dort saßen, entspannte ich mich ein wenig, und da meine Blase sich den ganzen Tag über gut benommen hatte, trank ich zum Essen ein Bier. Das Essen war ausgezeichnet, die Unterhaltung ausgelassen und lustig, und ich dachte sogar daran, mir noch ein Bier zu bestellen, als ich dieses vertraute Gefühl spürte. Ich musste auf die Toilette, und zwar schnell. Mein Stock lehnte an der Wand neben mir, und als ich mich umdrehte, um ihn zu nehmen, merkte ich, dass meine Blase sich in einem Schwall entleerte – über meinen Rock, über den Stuhl und hinunter auf den Boden.

Ich konnte nur eines tun: Ich schrie so laut ich konnte, ich hätte soeben draußen vor dem Fenster in der Bucht einen Wal entdeckt. Dann griff ich mir, während aller Aufmerksamkeit abgelenkt war, rasch ein volles Glas Bier und schüttete es »aus Versehen« direkt über meinen Schoß. Das hatte ein vergnügtes Chaos zur Folge. Alle vergaßen den Wal und bestaunten stattdessen lieber meine missliche Lage, und als ich endlich das Lokal verließ, hatte ich tatsächlich ein paar neue Freundschaften geschlossen.

Wieder war es mir gelungen, durch meine Geistesgegenwart eine Katastrophe abzuwenden, doch diesmal stand außer Frage, dass meine Karriere als Hochleistungs-Profi ernsthaft auf dem Spiel stand. Der Stress im Job in Verbindung mit der andauernden Sorge um meine Blase waren einfach mehr, als ich verkraften konnte.

In jener Nacht schlief ich kaum; ich war verwirrt und unsicher, was ich als Nächstes tun sollte. Aber um sieben Uhr am nächsten Morgen hatte ich eine Entscheidung getroffen; um neun Uhr betrat ich ruhig das Büro und kündigte meine Stellung. So viel zur Überholspur.

****

Danach versteckte ich mich wochenlang in meinem Apartment, beschäftigte mich obsessiv mit meiner körperlichen Verfassung und wartete förmlich auf das nächste Symptom. Selbst wenn die Krankheit nicht mehr weiter voranschritt, war ich sicher, dass ich die Probleme, die ich bereits hatte, nie mehr loswürde. Wie ich es sah, hatte ich nur zwei Möglichkeiten: a) Ich konnte alles zurücklassen und nach Hause zu Mutti und Vati gehen, oder b) ich konnte mich zusammenreißen und mich nach einem anderen Job umsehen.

Wenn ich mich für das Letztere entschied, würde ich etwas weniger Anstrengendes finden müssen, damit ich mich darauf konzentrieren konnte, meinen Körper wieder fit zu bekommen. Ich war viel zu lange »zu schnell gerannt« und nun zeigten sich die Folgen. Immer öfter brauchte ich jetzt schon *zwei* Stöcke.

Ich weiß nicht, warum ich damals nicht einfach meine Sachen gepackt habe und an einen sicheren Ort geflohen bin. Es wäre um so vieles leichter gewesen, und ich hatte weiß Gott allen Grund, mir eine ausgedehnte, dringend notwendige Ruhepause zu gönnen. Doch das, was mir zustieß, war so Furcht einflößend, dass ich damit nur umgehen konnte, indem ich es verdrängte. Wenn ich mir – auch nur einen Augenblick lang – erlaubte, der Wahrheit ins Gesicht zu blicken, dann bliebe mir keine Wahl mehr. Ich *müsste* Schluss machen. Ich hätte Alaska, meine Freunde, das Leben, das ich liebte, und alles, was ich mir so hart aufgebaut hatte, aufgeben müssen. Und dann hätte ich mir endlich selbst eingestehen müssen, dass ich eine unheilbare Krankheit hatte, die eines Tages mein Leben zerstören könnte.

Das durfte nicht geschehen, und deshalb machte ich einfach weiter wie immer. Das bedeutete, dass ich gegenüber dem Rest der Welt vorgeben musste, ich sei genauso wie alle anderen – gesund und vor Energie strotzend. Das war eine Lüge, die ich so lange wie möglich aufrechthalten wollte. Jane und Bill waren die Einzigen, die die Wahrheit kannten, und da ich sicher war, dass sie mein Geheimnis für sich behalten würden, ging ich sofort daran, mir einen neuen Job zu suchen.

Das Radio war die einzige andere Sache, von der ich etwas verstand, und es wäre eine ideale Lösung. Wenn es etwas gibt, um das sich beim Rundfunk kaum jemand schert, so ist das die äußere Erscheinung.

Es war mir egal, zu welchem Sender ich ging, wie viel er zahlte und was er spielte. Wenn er ein Mikrofon hatte, hinter dem ich mich täglich vier Stunden lang verstecken könnte, und eine Toilette nicht weiter als fünf Meter weit weg vom Studio, dann war er mein Zuhause. Ich wollte nicht hart arbeiten, ich wollte nicht gut sein, und ich wollte nicht mehr mein Bestes geben müssen. Es war der einzige Plan, der mir einfiel, und ich musste lediglich den schlechtesten Rundfunksender weit und breit finden. Einen, wo alles egal war.

Das war bemerkenswert einfach, denn dieser Sender existierte schon die ganze Zeit direkt in Anchorage. Ich kannte alle Horrorgeschichten über KANC. Es schien, als ob jeder im Rundfunkgeschäft von Alaska irgendwann einmal dort gearbeitet hätte, und sosehr ich mich auch bemühte, ich konnte nicht eine Menschenseele finden, die ein nettes Wort über den Sender zu sagen hatte. Es hörte sich perfekt an.

Die Eingangshalle war verlassen, als ich zum Vorstellungsgespräch eintraf, und trotz wiederholter »Hallo«- und »Ist da irgendwer?«-Rufe konnte ich keine Menschenseele herbeizaubern. Das einzige Lebenszeichen drang aus einem winzigen Lautsprecher an der Wand, der die schlimmste Countrymusik, die ich jemals gehört hatte, von sich gab. Schlecht war okay, aber das hier war *bei weitem* zu viel. Selbst für mich. Ich wollte gerade wieder gehen, als eine drahtige, ungepflegte Frau aus einem der unordentlichen Büros neben der Eingangshalle auftauchte. Sie lächelte und rief mich zu sich und stellte sich als die brandneue Besitzerin des Senders vor.

Das war also die berüchtigte »verrückte alte Lucy«, die Frau, die den schlechtesten Rundfunksender der Welt gekauft hatte und entschlossen war, ihn zum Laufen zu bringen. Ich war beeindruckt. Selbst so schlechte Sender wie dieser konnten Unmengen von Dollars verschlingen, und mit jemanden, der so auf Draht war (ganz zu schweigen von dem Nerv, den man dazu brauchte), das zu wagen, lohnte sich ein Gespräch. Ich humpelte in ihr Büro.

Wir unterhielten uns an jenem Nachmittag mehrere Stunden lang, und ich stellte überrascht fest, dass sie eine heitere, offene und ungewöhnlich intelligente Frau war. Mir war sofort klar, dass sie nicht die Bohne über den Aufbau eines Rundfunksenders wusste. Aber ihr Enthusiasmus war ansteckend, und bald hatte sie mich davon überzeugt, dass sie die Sache wirklich schaukeln könnte. Doch dafür bräuchte sie mich, sagte sie.

Das war das Schlimmste, was sie sagen konnte. Sobald jemand behauptet, er braucht mich, entschließe ich mich *immer*, für ihn zu arbeiten, und zumeist wird es dann ein aussichtsloser Kreuzzug. Die verrückte alte Lucy war eine wahre Kreuzritterin, eine bekennende Feministin, die jedermann zeigen würde, was Sache ist. Und wenn ich dazukäme und ihr guter, starker weiblicher Discjockey würde, dann könnten wir beide nach den Sternen greifen und eine perfekte Welt erbauen, in der ewiger Friede herrsche und Rock 'n' Roll der König wäre. Diese Frau konnte mehr Sonnenschein in einen einzigen Nachmittag bringen, als die meisten Menschen in ihrem ganzen Leben zu sehen bekommen.

Doch zum Teufel damit. Ich brauchte schnell einen Job, das Gehalt war anständig, und sie versprach, wirklich aufzuräumen und einen Programmdirektor zu engagieren, der wisse, was mit der Musik zu machen sei. Was wollte ich mehr? Der Deal wurde auf der Stelle beschlossen, und so landete ich beim schlechtesten Rundfunksender der Welt.

****

Ich wünschte, ich könnte behaupten, all das sei wahr geworden, dass KANC sich auf Anhieb verbesserte und dass er das allein mir zu verdanken hatte. Die traurige Wahrheit ist jedoch, dass der Sender infolge einer katastrophalen Entscheidung nach der anderen fast kollabierte. In den folgenden drei Monaten hatten wir mindestens vier Programmdirektoren, an deren Namen ich mich kaum noch erinnern kann, und jeder hatte einen noch herausragenderen Plan als sein Vorgänger. Die Leute kündigten weiter, Lucy war gereizt, und die Musik wurde noch schlechter.

In meinen Sendungen war ich demoralisiert und niedergeschlagen; und es war mir peinlich, jeden Morgen zur Arbeit zu kommen. Meine Stimme war so näselnd geworden, dass ich mich wie Dolly Parton mit Bronchitis anhörte. Ich wünschte mir nur noch, einen Ausweg aus dem Schlamassel zu finden, in den ich mich hineingeritten hatte.

Aber ich saß fest. Trotz einer neuen Infusion Prednisone wurden meine Beine und praktisch alles andere immer schlimmer. Meine Blase war alles, nur nicht dicht, und sieben- oder achtmal während einer einzigen Vier-Stunden-Sendeschicht auf die Toilette zu rennen, war nichts Besonderes. Natürlich musste ich jedes Mal, wenn ich das Studio verließ, ein Musikstück laufen lassen, das lang genug war, und bevor eine Woche um war, hatten unsere fünf Zuhörer die Nase gestrichen voll davon, dauernd »Orange Blossom Special« zu hören.

Die typischen MS-Tage traten jetzt fast ununterbrochen auf, und es wurde ein richtiger Kampf, eine ganze Sendeschicht durchzustehen, ohne einzuschlafen. Während die Musik spielte, konnte ich mich entspannen, doch alle drei oder vier Minuten musste ich mich wieder in die aufrechte Position zwingen, den Kopf schütteln, um den Nebel zu verscheuchen, und etwas ins Mikrofon sprechen, das wenigstens ein bisschen unterhaltsam war. Langsam packte ich das einfach nicht mehr.

Emotional war ich in der schlechtesten Verfassung, die ich je erlebt hatte. Ich schaffte es immer noch irgendwie, mit einem Lächeln auf dem Gesicht den Tag bei der Arbeit zu überstehen, doch der Unterbau begann zu bröckeln. Als ich es nachts nicht mehr allein in meiner Wohnung aushielt, verbrachte ich die langen Winternächte mit Jane und Bill; ihre Gesellschaft war wie Balsam für meine wunde Seele. Sie waren meine Zuflucht und meine Rettung, eine solide Stützmauer, an die ich mich lehnen konnte, wann immer es zu heftig wurde.

Doch im Dezember war auch das vorbei. Meine Beine waren so schwach geworden, dass ich nun dauernd Krücken brauchte, und meine Blase war völlig hinüber. Als ich einmal den ganzen Studioboden vollpinkelte und mir eine volle Thermoskanne mit heißem Kaffee auf den Schoß schütten musste, um die Schweinerei zu verbergen, war es an der Zeit, Schluss zu machen. Sobald meine Schicht zu Ende war, fuhr ich mit tränenfeuchtem Gesicht und mit nasser Unterhose zu Bill in sein Büro, sank in seine Arme und sagte ihm, dass ich nach Hause wolle.

Von da an übernahm Bill die ganze Angelegenheit, und innerhalb von achtundvierzig Stunden hatte er meine Sachen gepackt, und ich war abflugbereit. Er hatte sich um alles gekümmert, so dass ich nur noch die Neuigkeit Lucy beibringen musste.

Aber sie wollte davon absolut nichts hören. Als ich schließlich zusammenbrach und ihr alles erzählte, beharrte sie darauf, dass wir es lediglich als Auszeit betrachten würden. Ich würde nach Pittsburgh gehen und tun, was nötig wäre, um die Sache in den Griff zu kriegen, und dann auf direktem Wege nach Alaska zurückkommen. Der Sender wäre dann in seine neuen Studios umgezogen, und mein Job würde auf mich warten, bis ich zurückkam. Ich hatte weder das Herz noch die Energie, ihr zu erklären, dass das Problem wesentlich ernster war, als sie meinte, und dass ich vielleicht *nie* wieder zurückkehren würde. So beließ ich es dabei und verabschiedete mich von allen mit einem dicken Kloß im Hals. Inzwischen mochte ich diesen Chaotenladen sogar.

Bis zum Abflug meiner Maschine benahm ich mich, als sei alles in Ordnung. Die Vorstellung, dass ich Alaska tatsächlich und vielleicht für immer verlassen würde, war mehr, als ich in meinem Zustand verkraften konnte. Irgendwie gelang es mir, mir einzureden, dass ich bloß einen kleinen Urlaub machen würde. Das hätte nichts mit multipler Sklerose zu tun, sagte ich mir, oder mit der Tatsache, dass ich nicht mehr länger in dieser Welt leben könne, die ich mir erschaffen hatte.

Aber Bill beherrschte diese Kunst nicht annähernd so gut wie ich. Als wir uns schließlich zum Abschied am Flughafen küssten, stellte ich erstaunt fest, dass er weinte.

****

Nach meiner Ankunft in Pittsburgh schlief ich erst einmal einen Monat lang. Ich war völlig erschöpft und wollte mich nur noch verstecken und den Rest der Welt vergessen. Dad und Annabelle wachten wie Schutzengel über mich und sorgten dafür, dass ich gut genährt und umsorgt wurde, und als ich schließlich aus meinem Koma auftauchte, fühlte ich mich erholt, belebt und stärker, als ich es seit Monaten gewesen war. Sogar stark genug, um meine Runde bei den Ärzten anzutreten.

Als Erstes war der Urologe dran, der mir viele Sachen erzählte, die ich nicht hören wollte. Ich erfuhr, dass infolge des Fortschreitens der Krankheit meine Blase von einem schlaffen Zustand in fast chronische Spasmen übergegangen war und dass das der Grund für meine peinliche Inkontinenz war.

Mich interessierte nur, was man dagegen tun konnte. Ich wusste, dass es Katheter gab, und ich fragte mich laut, ob ich vielleicht eine Kandidatin dafür wäre. Absolut nicht, insistierte er. Diese Idee sei zu gefährlich. Ich könne nur meine Flüssigkeitszufuhr kontrollieren und ein Medikament mit der Bezeichnung Pro-Banthine nehmen. Oh ja, fügte er hinzu, und ich könnte auch an ein Paar Gummihöschen und eine Hygienebinde denken, nur für den Fall ...

«Das ist einfach toll«, schnappte ich wütend, – »warum nicht gleich Pampers?«

Ich hätte besser den Mund gehalten. Windeln *wären* natürlich die beste Lösung, räumte er ein, wenn ich mich dazu überwinden könnte.

Das war's. Ich sagte ihm, wohin er sich seine Pampers stopfen könne, grapschte mir das Rezept von seinem Schreibtisch und verließ in Tränen aufgelöst das Büro. Es musste einen besseren Weg geben.

Mein nächster Termin war der, vor dem ich am meisten Angst hatte. Es war an der Zeit, meinen ersten Arzt wegen einer Untersuchung und eines ausführlichen offenen Gesprächs über meinen Zustand aufzusuchen. Ich hatte ihn seit mehreren Jahren nicht gesehen und war mir keineswegs sicher, ob ich das, was er mir zu sagen hatte, auch hören wollte. Doch es war nicht zu umgehen. Ich benötigte seine Hilfe, und die einzige Möglichkeit, sie zu bekommen, bestand darin, den Fakten ins Auge zu sehen. Was mich anbelangte, hätten die Fakten nicht schlimmer sein können.

Denn jetzt, sagte er, sehe es so aus, als wäre die Krankheit von ihrem anfänglichen relativ gutartigen Verlauf alljährlicher Schübe und Remissionen in eine langsame, aber stetig fortschreitende Verschlechterung übergegangen. Natürlich hatte ich es schon geahnt, aber es nun laut ausgesprochen zu hören, war wie ein Todesurteil. Meine Augen füllten sich mit Tränen, als er fortfuhr.

Er nahm meine Hand und hielt sie fest, als er erklärte, dass man nicht vorhersehen könne, wie die Krankheit verlaufen würde. Ich könnte eines Morgens aufwachen und feststellen, dass all meine Symptome vollkommen und für immer verschwunden seien, es könnte aber genauso gut andersherum laufen. Das Klügste sei es, drängte er, mein Leben so lange wie möglich »normal« fortzuführen. Jetzt würden wir eine weitere Behandlung mit Steroiden versuchen und hoffen, dass wir diesmal Glück hätten.

Wir hatten Glück, und noch im Krankenhaus traf ich die Entscheidung, nach Alaska zurückzukehren. Wenn er meinte, ich solle mein Leben voll ausleben, dann konnte das für mich nur eines heißen. Ich würde die mir noch verbleibende Zeit in den Bergen und am Meer verbringen, an dem Ort, den ich mehr als alle anderen liebte. Ich wäre vielleicht nicht mehr in der Lage, die Berge zu besteigen, und vielleicht könnte ich nie mehr in den Horizont segeln. Doch ich wollte einfach nur dort sein.

Ich blieb noch zwei Monate zu Hause und sammelte meine Kräfte. Als ich dann bereit war zu gehen, befand ich mich tatsächlich in ziemlich guter Verfassung. Ich hatte dieses Mal einen gewaltigen Schuss Steroide bekommen, und die Ergebnisse waren mehr als vielversprechend. Mein Gleichgewichtssinn funktionierte wieder, ich brauchte nur noch einen Stock, und das Beste war, dass mein Blase fast wieder normal arbeitete. Ich riskierte trotzdem nichts, und in meinem Gepäck lagen ein Rezept für Pro-Banthine, sechs Gummihosen und – nur für den Fall – ein großes Paket extragroße Pampers.

Die Stimmung am Flughafen war aufgekratzt. Wenn meine Eltern etwas gegen meine Abreise hatten, ließen sie es sich nicht anmerken, und es schien, als wären wir alle von strahlendem Optimismus erfüllt. Diesmal würde alles einfach ausgezeichnet laufen. Es *musste.* Alle hatten sich so angestrengt.

Zehn

Anchorage, Alaska
März 1981

Ich konnte nicht glauben, wie sich der Sender verändert hatte. Die neuen Räumlichkeiten waren perfekt, und alles in dem Gebäude war frisch und sauber und wirkte sehr professionell. Selbst die Regie und die Produktionsstudios waren mit Teppichboden ausgelegt, schalldicht und vollgestopft mit allen möglichen neuen Geräten. Ich konnte es kaum erwarten, sie auszuprobieren. Doch was mich wirklich überraschte, war die Art, wie der Sender sich anhörte.

Die Musik, die ich so gehasst hatte, war verschwunden, und an ihrer Stelle gab es nun ein viel heitereres Format vom Typ Stadtcowboy. Ich freute mich richtig darauf, meine alte Mittagsschicht wieder zu übernehmen.

Doch typischerweise liefen die Dinge nicht ganz so, wie ich es geplant hatte. Während meiner Abwesenheit waren die Arbitron-Ratings herausgekommen, und während der Sender selbst weiterhin tief im Keller saß, erfuhr ich, dass meine eigenen Bewertungszahlen um etwa ein Billionstel eines Punktes nach oben gerückt waren. Deshalb wurde mir die Ehre zuteil, die Prime Time des Senders zu übernehmen, die Schicht von sechs bis zehn Uhr morgens.

Es stimmt zwar, dass die Zeit des morgendlichen Berufsverkehrs das Aushängeschild eines Senders ist und die meisten Moderatoren sofort zugreifen würden, doch für mich bedeutete diese Ankündigung eine Katastrophe. Schon die Vorstellung, um vier Uhr dreißig aufstehen zu müssen, um ab sechs Uhr auf Sendung zu sein, hörte sich für mich eher wie eine Bestrafung als wie eine Beförderung an. Und es bedeutete doch sowieso nur, dass ich nun die beste Sendezeit des schlechtesten Rundfunksenders der Welt übernehmen würde. Was mein Gehalt anlangte, so war diese Ehre kaum das Opfer wert.

Ich bettelte und flehte Lucy an, es sich noch einmal zu überlegen, aber sie gab nicht nach. Darüber ließe sich nicht verhandeln, beharrte sie. Ich könnte den Job nehmen oder nicht, die Entscheidung liege bei mir. Da ich keineswegs in der Stimmung war, mir einen anderen Job zu suchen, ging ich als erster weiblicher »Morgenmann« von Anchorage in die Geschichte ein.

Es war nun meine Aufgabe, die Hörer am Morgen zu wecken, sie in die Arme zu nehmen und sie wissen zu lassen, dass sie einen brandneuen Tag vermasseln konnten. Aber sechs Uhr war sechs Uhr, und ich fürchte, ich machte das nicht besonders gut. Meine frühmorgendlichen Schichten begannen zumeist so ähnlich wie:

»Guten Morgen, Mädchen und Jungs, es ist fünf nach sechs, es regnet, und ich weiß nicht, warum in Gottes Namen ich überhaupt hier bin. Ihr könnt jetzt aufstehen und zur Arbeit gehen, wenn ihr wollt. Ihr könnt euch aber von mir aus auch umdrehen und bis Weihnachten weiterschlafen. Das ist mir völlig egal. Aber weil man mich dafür bezahlt, dass ich hier sitze, können wir genauso gut in die Gänge kommen.«

Dann spielte ich ein Lied ein, saß da und schlürfte eine Stunde lang Kaffee, rauchte eine Zigarette nach der anderen und versuchte mir den Schlaf aus den Augen zu reiben. Um sieben Uhr war ich dann meistens auf der Höhe, aber diese gottverdammte erste Stunde war elend, und ich konnte mich nie daran gewöhnen, so früh am Morgen wach und fit zu sein. Ich wurde nie auch nur eine Spur netter. Doch so seltsam es klingt, die Leute schienen die Schmähreden zu mögen, und allmählich stieg die Zahl der Zuhörer.

Als ich mich an die Routine gewöhnt hatte, stellte ich überrascht fest, dass mit Ausnahme dieser ersten verdammenswerten Stunde die Welt des frühmorgendlichen Rundfunks gar nicht so schlecht war. Und ehe ich mich versah, waren der April, der Mai und der Juni ohne größere Katastrophen ins Land gegangen.

Glücklicherweise blieb auch alles andere relativ ruhig, vor allem auf dem Gebiet meiner Gesundheit. Ich ging immer noch wie ein Seemann auf seinem dreitägigen Landgang, doch ansonsten war ich in bemerkenswert guter Verfassung. Meine Blase hatte mir seit Monaten keine großen Probleme bereitet, und ich kann mich nicht erinnern, in der ganzen Zeit mehr als zwei oder drei MS-Tage durchgemacht zu haben.

Langsam fing ich an mich zu fragen, ob die Ärzte sich in meinem Fall nicht doch geirrt hatten. Ich spürte nichts von der progressiven Phase der Krankheit, und anstelle der langsamen Verschlechterung, die alle prophezeit hatten, befand ich mich allem Anschein nach mitten in einer langen und stabilen Remission. Je länger sie anhielt, desto übermütiger wurde ich, und bald frönten Jane, Bill und ich wieder unserem wilden und sündhaften Leben.

Es lässt sich nur schwer erklären, wie leicht es mir fiel, in meinen alten vertrauten Lebensstil zurückzufallen, als wäre nie etwas gewesen. Klar, der Stock war immer als Erinnerung dabei, aber ich hatte ihn nun schon so lange, dass er zum Status quo geworden war, und weil ich keine anderen Symptome hatte, konnte ich ohne Schwierigkeiten mal wieder glauben, das Problem hätte sich für immer von selbst gelöst.

Ein Grund dafür war das Gefühl der Unbesiegbarkeit, das ich nach wie vor mit mir herumtrug. Wie jeder in meinem Alter war ich sicher, all die schrecklichen Dinge im Leben würden nur *den anderen* zustoßen. Nichts davon hatte irgendetwas mit mir zu tun. Schließlich war ich etwas Besonderes. Alle hatten mir das mein ganzes Leben lang erzählt, und jeder wusste, dass besondere Menschen immer Sieger bleiben.

****

Der Morgen des 4. Juli dämmerte heiter und klar herauf, doch als ich erwachte, spürte ich, dass etwas nicht stimmte. Ich war kaputter als üblich, meine Beine fühlten sich schlaff und schwerfällig an, und meine Decke war ungewöhnlich schwer. Ich kämpfte mich in eine sitzende Position hoch, um der Sache auf den Grund zu gehen.

Das Bett war nass. Die Tücher, Decken und Kissen waren ein durchgeweichter Haufen, und mein Nachthemd klebte auf meiner Haut. Aber woher war das Wasser gekommen? Ich schlug die Decken zurück und erstickte fast am Geruch. Der Gestank war scharf und unmissverständlich.

Nicht heute, lieber Gott, bitte. Das ist zu viel auf einmal.

Eldridge Cleaver sollte an diesem Morgen ins Studio kommen, und ich war schon die ganze Woche über wegen dieses Interviews nervös gewesen. Seit die Black Panther erstmals ihren Hass auf Amerika offen gezeigt hatten, waren knapp fünfzehn Jahre vergangen, doch ich war ein echtes Kind der Sechziger und die schrecklichen Bilder ihrer Wut und Gewalt standen mir noch lebhaft vor Augen. Ich brauchte jedes Zipfelchen Selbstsicherheit für dieses Interview, das ich aufbringen konnte, und jetzt war alles ruiniert.

Aber ich musste zur Arbeit gehen. Es war zu spät, mich für die Sechs-Uhr-Show krank zu melden, und außerdem war niemand sonst auf das Interview vorbereitet. Also stand ich wütend auf, schälte mich aus dem nassen Nachthemd und verschwand Richtung Dusche. Anschließend versuchte ich nicht daran zu denken, was ich da gerade tat, als ich die Schranktür öffnete und ein Päckchen Pampers herausholte.

Das Interview lief viel glatter als befürchtet und war in Wirklichkeit ziemlich enttäuschend. Statt des Feuer speienden Revolutionärs, den ich erwartet hatte, saß mir ein würdiger, gewinnender Gentleman gegenüber, der so aussah, als könne er jedermanns heiß geliebter Großvater sein.

Wir unterhielten uns ungefähr eine Stunde lang ruhig über Entführung und Mord und den Wahnsinn der sechziger Jahre, und als er ging, schüttelten wir uns höflich die Hand, von Profi zu Profi. Er muss meine Enttäuschung gespürt haben, denn ein paar Minuten später steckte er seinen Kopf ins Studio, lächelte und erhob die Faust in dieser alten trotzigen Geste. *Burn, Baby, burn ... Das* war der Eldridge Cleaver, wie ich ihn in Erinnerung hatte.

Er war noch keine fünf Minuten weg, als meine Blase sich wieder danebenbenahm. Entnervt schob ich »Orange Blossom Special« ins Kassettendeck, langte nach meinem Stock und machte mich auf den Weg zur Toilette. Dank der Pampers schaffte ich es noch rechtzeitig, doch offensichtlich war das alte Problem wieder aufgetaucht. Irgendwie würde ich mich damit befassen müssen.

Das Pro-Banthine war keine Lösung. Es trocknete meinen Urintrakt zwar wie versprochen aus, aber leider auch alles andere. Meine Augen und meine Nase brannten unaufhörlich, mein Kopf dröhnte vor Schmerzen, und mein Mund wurde so trocken, dass ich erst sprechen konnte, wenn ich etwas Flüssiges zum Nippen in der Nähe hatte. Und als ob das noch nicht gereicht hätte, lernte ich auf die harte Tour, dass das Medikament auch eine extreme Verstopfung verursachte. Dadurch verschlimmerten sich meine Probleme, die ich auf diesem Gebiet ohnehin schon hatte, auch noch. Die ganze Zeit hatte ich versucht, dem Problem mit Abführmitteln und Einläufen beizukommen, und bislang hatte ich damit auch Erfolg gehabt. Bis zu jenem kalten, verregneten Samstagnachmittag.

Ich war gerade beim Einkaufen und bis zur Tiefkühlabteilung gekommen, als ich ein leichtes Grollen im Unterleib spürte. Das war ein willkommenes Zeichen dafür, dass ich am Abend auf meine übliche Dosis Abführmittel verzichten konnte.

Die Schlange an der Kasse war an jenem Nachmittag ungewöhnlich lang, und ich hatte erst den halben Weg zur Kasse geschafft, als das Grummeln lauter und drängender wurde. Klugerweise beschloss ich, das Einkaufen auf einen anderen Tag zu verschieben. Doch als ich mich zum Gehen wandte, krümmte ich mich auf einmal infolge eines heftigen Bauchkrampfes. Noch nie hatte ich solche Schmerzen erlebt, und ich klammerte mich am Einkaufswagen fest, als ein ungeheurer Spasmus nach dem anderen wie Schockwellen durch meinen Körper zog.

Was geschah mit mir? Ich kämpfte wild um Beherrschung – mit keuchendem Atem und geballten Fäusten – vergeblich. Da war kein Halten mehr, und ich stöhnte laut, als in meinem Inneren alles nachgab.

In meinem Kopf explodierte etwas, meine Sinne zerbrachen.

O mein lieber Gott, betete ich verzweifelt. Bitte, lass es nicht wahr sein. Bitte, lass es nicht geschehen!

Aber es *geschah*, und ich stand hilflos da, vor Scham und Horror gelähmt, als ich die unaussprechliche Schweinerei meine Beine hinab, über meine Schuhe und auf den Boden des Supermarkts laufen sah.

Ein tödliches Schweigen breitete sich im Geschäft aus. Die Leute starrten ungläubig zu mir herüber. Schock und Ekel spiegelten sich auf ihren Gesichtern, als sie langsam in die Sicherheit der anonymen Menge zurückwichen.

Bitte, lass mich nicht so allein, flehte ich im Stillen, lass mich nicht hier ganz allein ohne jemanden stehen, oder ich sterbe.

Es tut mir Leid, lieber Gott, es tut mir so Leid. Ich wollte nicht, dass das passiert. Ich habe versucht es zu stoppen, aber es ging nicht. Es kam und kam einfach, und jetzt liegt alles auf dem Boden und stinkt, lieber Gott, und ich weiß nicht, ob ich das durchstehe. Wo warst du, DU HUND? Wie konntest du das geschehen lassen? Wie konntest du einfach daneben stehen und nichts tun, als ich dich anflehte und bat, weinte und bettelte und dann auf den Boden des Supermarktes geschissen habe? Ganz genau, lieber Gott, ich habe mir wie ein Baby in die Hose geschissen, und du hast zugesehen und nicht einen Finger gerührt. Dafür hasse ich dich. Hörst du mich, lieber Gott? ICH HASSE DICH!

Ich verlor den Verstand. Ich konnte spüren, wie die Panik in meinen Hals hochstieg, ein heißes krankes Entsetzen. Ich wollte nur noch wegrennen. Aber ich saß in der Falle, von allen Seiten umgeben von einem erschrockenen Mob. Es gab keinen Ausweg, und das Schweigen wurde mit jeder Sekunde tiefer und unheilvoller.

Dann fing jemand in der Menge leise, wie bei einer geflüsterten Obszönität, zu lachen an. Innerhalb von

Sekunden fielen andere ein, und als das Gelächter ein Crescendo erreichte, merkte ich, dass ich zu Boden stürzte ... während es um mich herum schwarz wurde.

Ich habe keinerlei Erinnerung mehr, wie ich an jenem Tag den Laden verließ, zu meinem Auto kam oder nach Hause fuhr. Als Nächstes kann ich mich daran erinnern, dass ich nackt in der Badewanne lag, auf meinen Bauch drückte und in ein Handtuch schrie, während die Dusche auf mich herunterströmte und den Kot abwusch.

Doch es gab auf der ganzen Welt nicht genug Wasser, um mich wieder sauber zu kriegen oder den Gestank der Demütigung abzuspülen, der für immer an mir kleben würde. Mein Körper hatte mich auf unvorstellbare Weise verraten, und der Ekel, den ich empfand, war unbeschreiblich.

Ich ging zu Bett, aber ich lag bis zum Morgen wach und starrte an die Decke, verletzt und beschämt wie noch nie in meinem Leben. Aber ich weinte nicht und ich betete nicht, und ich bat auch Gott nicht um Verzeihung. Ich war nicht schuldig.

****

Es war also Zeit für einen weiteren Schub. Na wenn schon? Ich hatte das schon öfter durchgestanden, und ich würde es wieder durchstehen. Ich rief sofort bei meinem Arzt an, und er verordnete eine neue Runde Steroide, in der Hoffnung, damit wenigstens die Schwere des Schadens, den die MS anrichten würde, zu mildern. Überraschenderweise half das ACTH tatsächlich ein bisschen, aber als der Schub dauerte und dauerte und meine Widerstandskraft weiter abnahm, begann ich, alles aus meinem Leben zu entfernen, was nicht unbedingt notwendig war.

Die Arbeit hatte vor allem anderen Vorrang, und bald drehte sich fast alles, was ich tat, um diese allmorgendlichen vier Stunden auf Sendung. Ich begann literweise Kaopectate zu trinken, um sicherzugehen, dass ich die ganze Woche Verstopfung hatte. Dann nahm ich am Freitag eine ungeheure Menge Abführmittel und verbrachte das ganze Wochenende im Badezimmer, wo ich mich für die nächste Woche entleerte. Ich riss mich selbst innerlich in Stücke, aber das war mir egal. So einen Vorfall wie im Supermarkt wollte ich nie wieder erleben.

So schwer es auch war, ich zwang mich jeden Morgen, eine große Dosis Pro-Banthine und anschließend noch fünf oder sechs Aspirin gegen die Kopfschmerzen zu schlucken. Mit dem Medikament, der Gummihose und den Pampers gelang es mir meistens, während der Arbeit trocken zu bleiben, aber das war nicht hundertprozentig sicher, und so schwitzte ich vor Angst auch noch den letzten Tropfen Flüssigkeit heraus.

Wenn ich schlecht sehen konnte, ließ ich den Wagen zu Hause und fuhr mit dem Taxi zur Arbeit, weil ich weder mich noch andere auf der Straße in Gefahr bringen wollte. Wenn ich in der Sendung etwas verlesen musste, nahm ich eine Kopie davon am Abend vorher mit nach Hause, lernte den Text auswendig und hoffte inständig, dass niemand auf die Idee käme, noch in letzter Minute etwas am Wortlaut zu ändern. Der Gedanke, blind zu werden, versetzte mich in Angst und Schrecken.

Aber das Schlimmste waren meine Beine, vor allem das linke. Ich musste mich auf jeden Schritt voll konzentrieren, und bald wurde ich einer jener Menschen, die wirklich nicht gleichzeitig gehen und Kaugummi kauen können. Das war vor allem bei der Arbeit heftig, weil ich ja ständig zur Toilette musste, und am Ende einer vierstündigen Schicht war ich völlig fertig.

Wenn ich mich um zehn Uhr morgens verabschiedete, konnte ich mich nur noch nach Hause schleppen und ins Bett fallen. Völlig erledigt lag ich dort dann den ganzen Tag und hoffte, dass ich zum Abendessen auf die Beine kommen würde. Danach ging ich wieder ins Bett und schlief bis halb fünf am nächsten Morgen, wenn der Wecker klingelte und der Kampf wieder von vorne begann.

Es war eine unglaublich schwierige Art zu leben, und manchmal frage ich mich noch heute, wie ich es überhaupt geschafft habe. Oder genauer gesagt, *warum*? Die einzige Antwort, die mir dazu einfällt, ist, dass ich es tat, weil ich es tun musste. So ermüdend und schmerzhaft es war, den Tag zu überstehen oder mehr als fünfzehn oder zwanzig Schritte auf einmal zu machen, ich tat es, weil die einzige Alternative zu jenem Zeitpunkt für mich undenkbar war.

Aber ich machte mir nichts mehr vor. Ich wusste, wie knapp ich davor war, alles zu verlieren, und zum ersten Mal wurde mir bewusst, dass ich kämpfen musste. Es würde kein Racheengel da sein, der mich diesmal aus dem Feuer holte, und ich würde mit aller Kraft kämpfen bis zum Schluss.

Die Furcht und das Selbstmitleid, die ich vielleicht

noch in mir herumtrug, wurden von einer wilden Wut weggeschwemmt, und diese Wut ließ mich weitermachen. Wie konnte ich daran denken, jetzt Schluss zu machen? Da draußen gab es nach wie vor eine Welt, in der ich leben musste, und ich würde ihr, ganz gleich, wie schlimm es werden mochte, ein lächelndes Gesicht zeigen.

Ich würde alles tun, um die Fassade in der Öffentlichkeit aufrechtzuerhalten. Wenn das bedeutete, dass ich in meinem Apartment auf Händen und Knien herumkrabbelte, wenn ich zum Laufen zu erschöpft war, oder morgens in dem stinkenden See meiner eigenen Ausscheidungen erwachte, dann verflucht, war das genau das, was ich tun würde. Aber ich würde keinen Zentimeter nachgeben. Dieser Schub konnte nicht ewig dauern, und wenn er vorbei war, würde ich groß und stark dastehen, mit unverletzter Würde und unversehrtem Humor. Ich hätte es wahrscheinlich auch geschafft, wäre ich nicht losgezogen und hätte etwas derart Dummes getan, wie mich in Tony Stone zu verlieben.

****

Lucy machte die große Ankündigung in einer unserer allwöchentlichen Personalsitzungen im August. Nach einem langen richtungslosen Sommer hatte sie sich endlich dazu durchgerungen, für uns einen anderen Programmdirektor zu suchen. In der Zwischenzeit würde sie den Job selbst übernehmen, ein seltsames Arrangement mit vorhersehbar lächerlichem Ergebnis.

Ein Programmdirektor kann entscheidend für einen Rundfunksender sein. Es ist seine Aufgabe, die Sprecher zu trainieren und zu führen, die Musik auf dem aktuellem Stand zu halten, Live-Wettbewerbe und -Promotions zu veranstalten sowie das Tagesgeschäft des Senders zu überwachen. Es ist eine anspruchsvolle Aufgabe, die sehr viel Rundfunkerfahrung, Humor und Kreativität erfordert – Eigenschaften, mit denen Lucy nicht gerade gesegnet war.

Es überraschte mich, wie sehr sie sich seit unserem ersten Zusammentreffen verändert hatte. Damals war sie so offen und enthusiastisch gewesen – eine Frau, die die Welt mit ihrem Elan und ihrer kühnen Entschlossenheit in Brand setzen wollte. Aber in letzter Zeit war sie sonderbar verschlossen und zynisch geworden und hatte für den Sender Entscheidungen getroffen, die, zumindest meiner Meinung nach, ans Lachhafte grenzten.

Allein schon deshalb hörte ich mit Freude, dass wir einen Ersatz bekommen würden. Doch ich war überzeugt, dass sie uns nur mit einem neuen Versager in Unruhe versetzen würde. Wir hatten weiß Gott schon mehr als genug davon gehabt.

Dieser ist nicht wie alle anderen, beharrte sie. Er sei ein echter Profi, eine populäre Radiopersönlichkeit und verstehe wirklich etwas vom Geschäft. Er sei ein junges Programmgenie. Meine einzige Reaktion bestand darin, laut zu gähnen und einen Blick auf meine Armbanduhr zu werfen. Das hatte ich alles schon öfter gehört.

Außerdem hatten wir uns alle auf unserem Platz am Tabellenende der Rundfunksender in Anchorage sehr gemütlich eingerichtet. Und wenn es eines gab, das wir nicht brauchten, so war das irgendein Unruhestifter, der daherkam und das solide Niveau der Mittelmäßigkeit, an dem wir alle hart gearbeitet hatten, heben wollte. Das war einfach nicht fair. Deshalb beschlossen wir, die Sache auszusitzen und abzuwarten, was das Genie zu sagen hatte.

Als wir an dem Tag, an dem unser neuer Leiter eintraf, in den Konferenzraum gingen, waren wir alle gelangweilt und entnervt. Es war erst zehn Uhr morgens, aber natürlich war ich bereits am Boden, und so wie die anderen Jungs aussahen, ging es ihnen genauso. Die meisten hatten sich unbekümmert um den großen Holztisch verteilt, die Füße hochgelegt und waren mit den Köpfen irgendwo anders. Wie B. J., mein alter Skipper, gesagt hätte: Wir waren ein erbärmlich aussehender Haufen Nichtsnutze.

Doch in dem Augenblick, als Tony Stone ins Zimmer trat und zu sprechen begann, änderte sich schlagartig alles. Seine Energie und sein Enthusiasmus waren unwiderstehlich, und wir waren auf der Stelle hellwach, saßen gerade auf unseren Stühlen und hingen an seinen Lippen. Sogar Mason Davis, unser Hauszyniker, schien beeindruckt. Es war auch schwer, nicht beeindruckt zu sein. Zunächst einmal trug der Neue Jackett und Schlips, ein Phänomen, das unter Radioleuten unerhört ist, vor allem hier in der Prärie. Aber das war nur der Anfang. Er sah aus wie eine Kreuzung aus einem Beachboy und Warren Beatty – blondes Haar und große braune Augen –, und jedes Mal, wenn er sein unglaubliches Lächeln aufblitzen ließ, war es, als hätte jemand im Raum die Wattzahl erhöht. Wenn ich ihn mir erträumt hätte, hätte er auch nicht perfekter ausfallen können. Ich reagierte auf ihn alles andere als professionell und musste meine Augen förmlich von seinem Gesicht wegreißen und mich gewaltsam auf das konzentrieren, was er sagte.

Die erste Aufgabe, insistierte er mit Nachdruck, war, *auf der Stelle* dieses gottverfluchte Countrymusik-Format fallen zu lassen. Von jetzt an werde KANC der »Musiksender Nummer eins für Erwachsene« in Anchorage.

Gut! Der Rock 'n' Roll war noch am Leben! Keiner von uns konnte es glauben – es war, als seien wir auf einmal in Oz gelandet und von jetzt an würde alles wunderbar werden. Dingdong, die böse Hexe war tot! All die anderen Burschen hüpften auf und nieder und jubelten wie ein glücklicher Wurf Welpen. Ich war so aufgeregt, dass ich zitterte – das konnte es wirklich sein!

Doch meine Euphorie verwandelte sich schnell in Hoffnungslosigkeit, als er fortfuhr, seinen Plan für den großen Umbau zu umreißen. In den nächsten achtundvierzig Stunden würden wir alle im Sender kampieren, um in Schichten daran zu arbeiten, eine komplett neue Rock-'n'-Roll-Titelsammlung auf Band aufzunehmen.

Anschließend, wenn das neue Format am Montagmorgen anlief, müsste jeder von uns *mindestens* acht Stunden am Tag im Sender arbeiten. Die Crew würde nicht mehr am Ende einer vierstündigen Schicht aus dem Studio stürzen. Das Leben, wie wir es kannten, kam mit quietschenden Reifen zum Stillstand. Wenn wir ein echter Rundfunksender werden wollten, erklärte er, müssten wir auch anfangen, so zu arbeiten.

Das war für mich das Ende. Ich trieb mich bereits bis an meine Grenzen, und ich konnte den Zeitplan, den Tony verlangte, nicht um alles in der Welt einhalten. Deshalb bat ich am Ende der Sitzung darum, ihn unter vier Augen sprechen zu können. Ich erklärte ihm kurz meine Situation und sagte ihm, sei ich bereit, mit sofortiger Wirkung zu kündigen. Es brach mir das Herz, aber mir blieb schlichtweg nichts anderes übrig.

Unsinn, sagte er und blendete mich mit einem weiteren Megavolt-Lächeln. Lucy habe ihn bereits über mich aufgeklärt, und das sei gar kein Problem. *Selbstverständlich* sei ich vom Wochenendmarathon und allen zusätzlichen Arbeitsstunden an den Werktagen befreit. Die Morgenshow würde meine einzige Verantwortlichkeit bleiben, und er würde alles tun, um dafür zu sorgen, dass sie die Beste wurde.

Inzwischen solle ich nach Hause gehen und mich erholen, denn der Montagmorgen werde wohl ein ziemlicher Zirkus werden. »Oh, übrigens«, fragte er nebenbei, als ich mich zum Gehen wandte, »ist es in Ordnung, wenn ich dich später kurz in deinem Apartment besuche?« Er wolle ein wenig mein Hirn anzapfen über die Art und Weise, wie der Sender arbeitete.

Wie konnte ich das ablehnen? Er war neu in der Stadt, er war der bestaussehende Typ, den ich seit Bill Werber kennen gelernt hatte, und wenn etwas am Gesetz der Serie dran war, würde er nicht sehr lange bleiben. Also erklärte ich ihm den Weg zu meiner Wohnung und sagte, ich würde ihn gegen acht Uhr erwarten. Dann schritt ich auf den Parkplatz hinaus, stieg in mein Auto und fluchte laut, als sich meine Blase auf den Sitz entleerte.

Er kam ein wenig zu früh an jenem Abend, aber ich war fertig. Ich hatte ein ausgedehntes Nickerchen gehalten, eine doppelte Dosis Pro-Banthine und ein halbes Dutzend Aspirin genommen und soviel Kaopectate, wie ich hinunterbrachte. Als Tony eintraf, war ich geduscht, gewickelt und angezogen – wild entschlossen, mich nicht vor dem Boss zu blamieren.

Er brachte eine Flasche Scotch mit, und als die Drinks eingeschenkt waren, setzten wir uns aufs Sofa und gingen daran, uns gegenseitig kennen zu lernen. Die Unterhaltung entwickelte sich leicht, wie es der Fall ist, wenn zwei Menschen vom Fleck weg spüren, dass sie gute Freunde werden. Er interessierte sich für meine Krankheit, deshalb erzählte ich ihm darüber so viel, wie mir angenehm war, und dann lehnte ich mich zurück und gab vor, seiner Lebensgeschichte zu lauschen. Aber das war nur Maskerade. Alles was ich wirklich wollte, war ein Grund, um den Abend hinauszuziehen.

Ich fand alles an ihm anziehend, von seinem schwarzen Humor bis zu der lässigen Art, wie er angezogen war. Ein weiches Wolljackett und Jeans wirken an einem Mann ausgesprochen sexy, und die Art, wie er beides trug, ließ mich an Holzfäller und Dichter und lange Winterabende am offenen Kamin denken. Das ist eine Kombination, der ich noch nie widerstehen konnte.

Ich hatte noch nie jemanden wie ihn getroffen, und ich war von seiner Offenheit und seiner Unvoreingenommenheit und der umwerfenden Kraft seiner Persönlichkeit fasziniert. Aber ich machte mir auch Gedanken über seine Pläne für den Sender. Es war klar, dass er die besten Absichten hegte, aber ich hatte bereits ganze Bataillone von Programmdirektoren kommen und gehen sehen, und ich war nicht sicher, ob er mit der verrückten alten Lucy klarkommen würde. Glaubte er wirklich, dass er diesen fürchterlichen Sauhaufen von einem Sender in einer Woche völlig umkrempeln konnte?

Natürlich tat er das. Das neue Format entstand genau nach Plan, und am Montagmorgen begannen wir mit Rock 'n' Roll.

Die Veränderung war fast nicht zu glauben. Über Nacht verwandelten wir uns vom weltschlechtesten Rundfunksender in einen mit echtem Potential. Wir brauchten lediglich ein bisschen Entwicklungshilfe, und deshalb war Bruder Stone in die Stadt gekommen. Er war der Messias, und wir waren seine Jünger, eine Horde hingebungsvoller Apostel, die das Privileg besaßen, dem Meister zu Füßen liegen zu dürfen.

Ich kann mich noch an seinen ersten Kuss erinnern. Anchorage lag unter hohem Schnee begraben. Wir parkten auf einem Feld am Stadtrand und beobachteten den Sonnenuntergang über der Bucht. Wie üblich funktionierte in seinem Auto die Heizung nicht, und wir hatten uns unter einen Haufen Decken gekuschelt und tranken Brandy aus Pappbechern. Der Sonnenuntergang war spektakulär, und keiner von uns sprach, als die letzten roten Strahlen über das Wasser brannten und das Meer in ein glühendes Becken geschmolzenen Kupfers verwandelten.

Trotz des Brandys bibberten wir, und als er die Hand ausstreckte, um seinen Schal um mich zu wickeln, strichen seine Finger sanft über meine Wange. Eine so sorglos vertrauliche Geste, dass ich fast losheulte. Mir stockte der Atem, als ich seine Arme um meine Schultern spürte, und dann küsste er mich, und ich erwiderte den Kuss leidenschaftlich. Der Handel war besiegelt. Ich war bis über beide Ohren verliebt.

Aber die ganze Sache war von Anfang an aussichtslos, und ich wusste es. Ich hatte kein Recht, mich an diesem Punkt meines Lebens mit jemandem einzulassen, vor allem nicht mit jemandem wie Tony Stone. Wir hatten keine gemeinsame Vergangenheit und mit Sicherheit keine gemeinsame Zukunft. Als Neuling in meinem Leben konnte er nicht wissen, was es hieß, so zu leben, wie ich es tat, oder was es mich kostete, einen Tag durchzustehen. Er wusste bloß, dass ich ein bisschen Schwierigkeiten mit dem Gehen hatte, das war alles. Von meinem hässlichen anderen Leben, das ich führte, wenn keiner hinsah, ahnte er nichts.

Und das sollte er auch nie. Ich wollte nicht, dass er oder sonst jemand Mitleid mit mir hatte oder mir sagte, wie »tapfer« ich sei. Ich wollte keine Last, keine Schande in seinem makellosen Leben sein. Ich wollte nur die Frau sein, die allmorgendlich von sechs bis zehn in der Sendung lebte. Das war eine starke, bissige, fanatisch unabhängige junge Frau, und Leuten wie Tony Stone absolut ebenbürtig.

Doch diese Frau hatte nie wirklich existiert. Sie war

jemand, den ich vor langer Zeit im Krankenhaus erfunden hatte, an dem Tag, als man mir sagte, ich hätte MS. Ein Teil von mir hörte an jenem Tag auf zu leben, als ich vollkommen unbewusst eine andere Person erschuf, die *für mich* lebte. Eine, die der Welt mit Feuer und Esprit und einem Mut, den ich nie besessen habe, ins Auge blicken konnte. Solange sie am Start war und kräftig rannte, war ich sicher. Ich konnte mich verstecken und vorgeben, eines Tages wäre ich dann an der Reihe. Und dann würde ich über die Ziellinie sprinten und endlich triumphierend in die wartenden Arme meines Geliebten sinken.

Aber nichts davon war jemals real gewesen, und ich fing gerade an, das zu akzeptieren.

Es würde nie jemanden geben, der mich liebt, respektiert und umsorgt, der mir sagen würde, dass ich morgens hübsch aussehe, und der mir zum Geburtstag Rosen schenkt. Nichts davon war jemals für mich gedacht.

Seit die Diagnose feststand, hatte ich nach einem Helden gesucht, der mit den Drachen ringen, die Dämonen vertreiben und mich irgendwie vor dem drohenden Schwert retten könnte. Doch es gab keine Helden mehr; es gab nur Tony Stone, einen Sterblichen und meine allerletzte Chance, jemanden körperlich und mit ganzem Herzen zu lieben.

Fast ein halbes Jahr lang arbeiteten und spielten wir Seite an Seite. Ich kam mir vor, als hätte man mir einen Schluck Zaubertrank verpasst, mit dem ich weit über meine Grenzen hinauswachsen konnte. Tony hatte den Drive von zehn Männern, und es hatte, so verrückt es klingt, den Anschein, als würde ich tatsächlich sicherer und leichter gehen, wenn er bei mir war.

Wenn er mich liebte, war ich wunderschön. Ich konnte die Augen schließen und davonfliegen und vorgeben, ich sei die Frau, die er sein Leben lang gesucht hatte – ich konnte ihn mit an ferne Orte nehmen, wo Prinzen auf weißen Hengsten ritten und Feen in Feldern aus Sternenstaub schliefen. Wenn ich ihn nur irgendwie bei mir behalten könnte, im Land der Vorspiegelung, dann würde sich nichts jemals ändern müssen, und der Morgen würde niemals kommen.

Doch das war das Problem. Der Morgen *kam* immer, und ganz gleichgültig wie hart ich auch dagegen kämpfte, der Morgen würde – wie das Schwert – immer da sein und darauf warten, alles zu zerstören.

****

Den ganzen Herbst und den Winteranfang hindurch schaffte ich es, alles zusammenzuhalten, doch im Dezember fing die Fassade an zu bröckeln. Das Tempo, das ich mir vorgegeben hatte, war zu hoch, und als mich die langen Monate ungebremster Aktivität schließlich einholten, war es zu spät, das Unausweichliche aufzuhalten.

Zunächst fiel mir nur auf, dass sich meine Anfangssymptome verschlimmerten. Was mich jedoch richtig in Angst versetzte, waren die seltsamen *neuen* Symptome, die fast täglich auftraten und wieder verschwanden.

Ganz plötzlich fing meine Haut an zu brennen. Es fühlte sich an, als hätte mich jemand von oben bis unten mit Benzin übergossen und dann ein Streichholz drangehalten. Es schmerzte wie verrückt, und ich weiß noch, dass ich stundenlang im Bett saß und mir Arme und Beine mit Lotion einrieb, um das Feuer zu löschen.

Auch mein Tastsinn war völlig durcheinander geraten, als ob mein Gehirn alles falschherum verstünde. Das heiße Wasser fühlte sich kalt an und umgekehrt, und wenn ich mich mit einer Nadel stach, fühlte es sich an, als würde mich jemand mit einer Feder kitzeln. Das Schlimmste war: Wenn Tony mich mit seinen sanften Händen berührte, fühlten sie sich wie Schmirgelpapier an und raspelten und kratzten auf meiner Haut. Es war zum Verrücktwerden, und es wurde immer schlimmer.

Ich wurde hochgradig hitzeempfindlich und musste vorsichtig sein, wenn ich in der Badewanne lag. War das Wasser zu warm und blieb ich zu lange drin, wurden meine Muskeln zu Gelee und versagten den Dienst, bis ich mich mindestens eine halbe Stunde lang von Kopf bis Fuß in kaltem Wasser eingeweicht hatte. Ich lernte, mir im Badezimmer massig Zeit zuzugestehen. Es war das Beste, wenn ich nicht frühmorgens bevor ich zur Arbeit ging badete, sondern am Abend. Ich lernte mich darauf einzustellen, war aber nicht auf das vorbereitet, was mir ungefähr eine Woche später passierte.

Zunächst dachte ich, ich hätte einen Anfall. Ich holte gerade das Abendessen aus der Bratröhre, als der Topflappen wegrutschte und meine Finger die heiße Pfanne streiften. Plötzlich versteiften sich meine Arme und Beine und begannen unkontrolliert zu zittern, während mir die Pfanne aus der Hand glitt und quer durch den

Raum segelte, wobei sie Tonys Kopf nur knapp verfehlte. Der Krampf dauerte nur ein oder zwei Sekunden, doch das reichte aus, um mir Angst einzujagen. Ich rief gleich am nächsten Morgen den Arzt an und erzählte ihm, was geschehen war.

Er hätte so etwas erwartet, sagte er und erklärte mir, was die Symptome bedeuteten. Die Krämpfe, das Brennen und die gestörten Empfindungen waren die Folge eines Kurzschlusses in meinem Gehirn. Da die Krankheit die Markscheide wegfraß, war mein Zentralnervensystem durcheinander geraten und sandte jetzt wirre, falsche Signale an die verschiedenen Körperteile. Doch ganz gleichgültig, wodurch sie verursacht wurden, sagte er, müssten die Symptome unter Kontrolle gebracht werden. Er verordnete mir eine weitere Behandlung mit Steroiden, und wir warteten nervös darauf, wie sie anschlagen würden.

Die Mühe war vergebens. Meine Beine wurden schwächer, die Krämpfe stärker, und die Erschöpfung drohte mich zu überwältigen. Mir ging die Luft aus, und zwar schnell.

Ich bekam Albträume, fürchterliche, Angst einflößende Träume voller entsetzlicher Bilder von Tod und Verstümmelung. Grässliche Kreaturen schlichen durch die Dunkelheit und warteten lechzend in den Schatten meines Verstands. Ihre Münder stanken nach Erbrochenem, und in den offenen Wunden auf ihrer Haut krabbelten fette weiße Maden. In den dunkelsten Nächten kamen sie in mein Bett, um mich zu holen, wo sie mich wieder und wieder vergewaltigten, bis ich schreiend in Tonys Armen erwachte.

Dann hielt er mich fest und fragte, was los sei. Wo tue es weh? Was könne er tun? Aber ich konnte ihm nichts von den Träumen erzählen. Sie gehörten zu meinem geheimen Leben, zu dem Leben, von dem er nichts wusste. Ich konnte ihm nur versichern, das alles in Ordnung sei.

Erst später, als er wieder eingeschlafen war, schüttete ich ihm mein Herz aus und erzählte ihm alles. Ich erzählte ihm, wie sehr ich ihn liebte, und dass ich wüsste, dass er mich nicht liebt, doch das sei okay. Es sei genug, dass er bei mir sei, und wenn er auch nicht für immer bleiben könne, dann doch bitte so lange es geht.

Ich erzählte ihm alles über das Leben, das ich geführt hatte, und wer ich war, bevor er mich kennen lernte. Ich sprach von den Orten, an denen ich gewesen bin, und all den wundervollen Dingen, die ich gesehen habe. Und ich versuchte ihm klarzumachen, wie wichtig es sei, dass ich die Erinnerung an diese Jahre behalten würde, noch lange nachdem es mit dem Rennen vorbei und alles andere verloren wäre.

Aber meistens erzählte ich ihm davon, wie verängstigt ich war und wie sehr ich das Auf und Ab und diese schrecklichen Attacken leid war. Der Kampf dauerte schon zu lange, und jetzt, wo das Ende so nah war, war ich mir nicht mehr sicher, ob ich es bis zur Ziellinie schaffen würde.

Ich erzählte ihm, wie viel Angst ich vor dem hatte, was kommen würde – vor dem Tag, an dem meine Beine endgültig aufhören würden zu funktionieren. Wäre ich dann immer noch ich? Oder wäre ich einfach ein

Ding, ein trauriger Krüppel, der angestarrt, bemitleidet und dann vergessen werden würde?

Es gab so viel, was ich ihm sagen wollte, und die ganze Nacht hindurch, während er schlief, legte ich mein Geständnis ab. Als es schließlich Morgen wurde, strich ich ihm die Haare aus der Stirn, küsste ihn sanft auf den Hals, kuschelte mich warm und eng an ihn und fühlte mich für eine kleine Weile noch sicher.

****

Zunächst dachte ich, ich wäre paranoid, aber es war irgendwie gespenstisch, dass der Sender genauso schnell in die Brüche zu gehen schien wie ich. Tony hatte Unglaubliches geleistet und alles umgekrempelt; die Musik passte, die Werbezeiten und die Quoten waren hoch, und unsere Sprecher klangen flotter und besser denn je. Doch Ende Dezember war für jedermann klar, dass wir es einfach nicht schaffen würden.

Alle Elemente für den Erfolg waren da, doch der Widerstand von oben wurde immer stärker. Vor langer Zeit hatte jemand unserer geschätzten Eigentümerin den Spitznamen »verrückte alte Lucy« angehängt. Die Gründe dafür wurden jetzt klar. Aus unserer Sicht handelte sie selbstzerstörerisch, traf eine katastrophale Entscheidung nach der anderen, fast, als ob sie es darauf anlegte zu scheitern. Das war frustrierend, und bald griff die Anspannung auf alle über. Die Moral sank in den Keller, und rasch verwandelten wir uns von dem Heer engagierter Kreuzritter wieder in den verratenen, entmutigten Haufen Söldner von früher.

Ich glaube, der Zusammenbruch traf mich härter als die anderen, weil ich mich so stark mit der Person, die ich auf Sendung war, identifizierte; dies sowie die Tatsache, dass mir zu jener Zeit in meinem Leben außer Tony und unserer Arbeit im Sender nur wenig anderes geblieben war. Doch Ende Dezember spielte auch das keine Rolle mehr.

Als ich zum ersten Mal stürzte, geschah das, weil ich nicht aufgepasst hatte, wo ich hintrat. Pooch, mein großer fauler Kater, schlief auf dem Bettvorleger, und als ich aufstand, um ins Bad zu gehen, stolperte ich über ihn, verlor das Gleichgewicht und schlug mit dem Kopf voran auf den Boden. Zum Glück war ich nicht verletzt, doch als ich aufstehen wollte, stellte ich fest, dass meine Beine überhaupt kein Gewicht mehr trugen, und ich fiel unbeholfen gegen die Anrichte. Tony eilte herbei und versuchte mir ins Bett zu helfen. Als er mich mit seinen Armen hochhob, öffnete sich meine Blase und entleerte sich auf den Boden.

Mir war das so peinlich, dass ich nur noch weinen konnte. Ich hatte mich so bemüht, die Wahrheit vor ihm zu verbergen, und nun hatte sie mich doch eingeholt. Mein Geheimnis war keines mehr, und ich spürte heiße Tränen der Scham auf meinen Wangen brennen, als ich mich zu ihm wandte und mich entschuldigen wollte. Er lächelte nur traurig und hielt mich fest, während er den Arzt anrief und ein Zimmer im Krankenhaus besorgte.

Die nächsten fünf Tage schlief ich, nässte in mein Bett und betete.

Bitte, lieber Gott, bring mich heil hier heraus, und ich werde alles tun, was du willst. Ich werde zweimal am Tag in die Kirche gehen, ich werde im Chor singen, ich werde sogar all mein Geld der Wohlfahrt schenken. Lass es nur nicht so enden. Wenn du mir jetzt meine Beine nimmst, schaffe ich es nicht. Ich bin noch nicht bereit, lieber Gott, gib mir bitte noch etwas Zeit.

Krankenschwestern schlichen fortwährend in mein Zimmer herein und wieder hinaus, wechselten die Bettwäsche, fummelten an meiner Infusion herum und taten all die tausend Kleinigkeiten, die für mein Wohlergehen notwendig waren. Ich bemühte mich, mit ihnen auszukommen, doch als eines Morgens die Stationsschwester mit einem Rollstuhl hereinkam und sagte, es sei Zeit, zum Röntgen nach unten zu fahren, rastete ich aus.

»Schaffen Sie das Ding *auf der Stelle* hier raus!«, kreischte ich. »Schaffen Sie ihn weg, und bringen Sie ihn nie wieder herein. HABEN SIE MICH VERSTANDEN?«

Die Schwester wurde bleich und versuchte zu erklären, dass das eine Routinesache sei. *Jeder* fuhr mit dem Rollstuhl zum Röntgen. Es sei sicherer so, insistierte sie, und hier im Krankenhaus so üblich.

Ich sagte ihr, dass ich mich für das Krankenhaus oder seine Regeln nicht die Bohne interessiere, und schnappte, wenn sie mir diesen Rollstuhl nicht sofort aus den Augen schaffe, könne es sein, dass sie selbst bald einen bräuchte. Ich führte mich unmöglich auf, aber der Anblick des Rollstuhls löste Panik in mir aus.

Kurz bevor ich entlassen wurde, besuchte mich Doktor Bowers, und wir führten ein ausführliches offenes Gespräch über meine Zukunft. Die Steroide hätten ein wenig geholfen, sagte er, aber er wisse nicht, wie lange das anhalten würde. Und er mache sich auch Gedanken über den schlechten Zustand meines Darmtrakts und meiner Blase. Wenn ich mich weiterhin so überfordere und meinem Körper nicht genug Zeit lasse, um sich zu erholen, würde ich bald zusammenbrechen, warnte er mich.

Ich müsste mir mehr Zeit nehmen, beharrte er, und er setzte hinzu, ich solle darüber nachdenken, in den Osten zurückzukehren und mir dort helfen zu lassen. Es gebe dort große Rehabilitationszentren, erklärte er, Einrichtungen, wo man alles über MS und die damit verbundenen Probleme wisse. In so einem Zentrum könne ich eine Menge lernen, betonte er, und es wäre auch keine schlechte Idee, eine Zeit lang meine Eltern in der Nähe zu haben.

Ich dankte ihm für den Rat und versprach, ich würde es mir überlegen. Doch bis dahin, erklärte ich, wären da noch ein paar Dinge, die ich zu Ende bringen wollte. »Ich weiß, Sie wollen nur mein Bestes«, sagte ich freundlich, »Aber ich bin noch nicht bereit, jetzt schon alles aufzugeben.«

Noch nicht, lieber Gott, bitte, ich brauche noch ein bisschen Zeit. Es gibt so vieles, über das ich nachdenken muss, und so viele Dinge, die ich noch tun muss. Wenn du das Ganze nur ein klein wenig verlangsamen kannst, lieber Gott, dann kann ich es vielleicht schaffen. Ich verspreche dir, ich werde gut sein, und ich werde dich nie wieder um irgendetwas bitten, wenn du mir jetzt hilfst.

Einige Tage später wurde ich entlassen. Lucy verkündete, sie würde unser neues Format über Bord werfen und beabsichtige den Sender zu automatisieren, womit sie uns alle arbeitslos machte. Wir waren sprachlos. Was dachte sie sich dabei? Wir hatten alle so schwer gearbeitet und alles gegeben, um den Sender erfolgreich zu machen, und jetzt, wo wir es geschafft hatten, zog sie den Stecker raus.

Ihre Entscheidung bedeutete für mich das Ende. Es gab jetzt nichts mehr, um das ich kämpfen konnte, keinen Grund mehr, mit dem Kopf durch die Wand zu gehen. Jetzt war alles weg, und bald würde auch Tony an einen anderen Ort und zu einem anderen Leben verschwinden.

Ich dachte, ich könnte ihn vielleicht zum Bleiben überreden. Aber Tony festhalten zu wollen, war wie der Versuch, Wasser in den Händen zu tragen, und in der Nacht, als er mich zum Abschied küsste und ohne einen Blick zurück fortging, begriff ich endlich. Ich war für ihn nie mehr gewesen als ein weiteres einsames Mädchen in einer weiteren einsamen Stadt. Und die Wahrheit war: Auch ich hatte *ihn* nie wirklich gekannt oder geliebt. Wie all die anderen war er nur ein Held gewesen, den ich erfunden hatte, jemand mit der Kraft, mir durch die Nacht zu helfen.

Nachdem er gegangen war, saß ich lange Zeit auf dem Sofa, starrte in die Dunkelheit und überlegte, was ich als Nächstes tun sollte. All meine Gefühle waren ausgetrocknet, und ich fühlte mich, als sei ich zusammengeschlagen und dem Tod überlassen worden. Jetzt wollte ich nur noch weit weg, an einen sicheren Ort, wo ich meine Wunden lecken und vielleicht ein wenig Kraft sammeln konnte.

Als ich versuchte vom Sofa aufzustehen, bewegten sich meine Beine nicht. Es war alles weg, und meine einzige Reaktion darauf war teilnahmsloses Erstaunen.

Das war es dann also. Der Augenblick, vor dem ich mich so viele Jahre lang gefürchtet hatte, war schließlich gekommen, und er wurde nur durch Schweigen markiert. Keine Glocken läuteten, keine Türen wurden zugeschlagen, niemand kam, um mich wegzutragen. Es gab nur mich und diesen Augenblick. Das Schwert war gefallen. Die Uhr hatte aufgehört zu ticken.

Ich saß eine Weile still da, bis ich mich gefasst hatte. Dann rief ich mit sicheren Händen und ruhiger Stimme Bill an und bat ihn, mir einen Rollstuhl zu bringen.

Alle kamen, um sich von mir zu verabschieden. Jane und Bill waren wie immer da, und sogar Cindy und ihr neuer Ehemann Jesse unternahmen die lange Fahrt von Kenai, um meinen letzten Tag mit mir zu verbringen. Als wir am Abend in der Flughafenbar um einen Tisch saßen, dachte ich, was für ein Glück es war, so gute Freunde zu haben.

Wenn sie alle nicht gewesen wären, hätte ich die letzten paar Jahre nicht überstanden, und der Gedanke, auf Wiedersehen zu sagen, war mehr als ich ertragen konnte.

Es schneite leicht, und als der große Jet eine letzte Runde über Anchorage drehte, sah ich hinaus und entdeckte weit unter mir die Chugach Mountains, deren scharfe verschneite Gipfel im dunstigen Wintermondlicht weiß schimmerten. Diesen Anblick liebte ich mehr als alles andere, und als das Flugzeug in die frostige purpurfarbene Nacht davondröhnte, presste ich das Gesicht gegen das Fenster und fing an zu weinen.

Ich komme heim, Mama, flüsterte ich in die Dunkelheit. Ich habe alles kaputtgemacht, und jetzt komme ich heim.

Elf

Pennsylvania
Sommer 1982

Nicht einmal in meinen kühnsten Träumen hatte ich mir vorgestellt, dass ein Rehabilitationszentrum so aussehen würde. Ich weiß nicht, was genau ich erwartet hatte – eine Schlangengrube vielleicht, eine dunkle und Angst einflößende Welt voller verkrüppelter und kaputter Körper, einen Ort, an den hoffnungslose Fälle, denen niemand mehr helfen konnte, zum Sterben kamen. Stattdessen fand ich eine hochmoderne Einrichtung der Spitzenklasse vor, die große Ähnlichkeit mit einem Ferienhotel hatte.

Die Anlage war ungeheuer groß; sie umfasste viele Quadratkilometer dicht mit Bäumen bestandener Landschaft und blickte auf einen blauen Fluss hinunter, der sich in Mäandern schlängelte und die Farben der Bäume und Wildblumen an seinen Ufern widerspiegelte. Es war überwältigend und kaum auf einen Blick zu erfassen.

Doch es war etwas anderes, was mich bei diesem ersten Gang durch das Zentrum am meisten beeindruckte. Das war der überraschende Anblick von Hunderten von Menschen in Rollstühlen, die unbekümmert ihren Tätigkeiten nachgingen, als sei es völlig normal, sich nicht auf den eigenen Beinen, sondern auf zwei Rädern fortzubewegen. Ich war nicht sicher gewesen, wie ich auf diesen Anblick reagieren würde, doch anstatt des schrecklichen Gefühlschaos, das ich erwartet hatte, empfand ich nur ein überwältigendes Gefühl der Erleichterung.

Ich gehörte nun hierher. Ich war endlich zu Hause bei Menschen, die genauso waren wie ich. Ich musste keine Ausreden mehr erfinden oder mich für mein Aussehen entschuldigen. Hier konnte ich genau das sein, was ich geworden war – eine dreißigjährige Multiple-Sklerose-Patientin, die verwirrt, empfindlich und verängstigt war bei dem Gedanken, ihr Leben von null auf neu beginnen zu müssen. Die Leute hier würden das verstehen, und sie wussten, was es bedeutet, in einer Welt, die Perfektsein zum Standard erklärt hatte, nicht ganz perfekt zu sein.

Doch es würde nicht leicht werden. Ich musste noch viel über das Leben im Rollstuhl lernen, und wenn ich das durchziehen wollte, würde ich härter arbeiten müssen, als ich je zuvor gearbeitet hatte. Mein Kampf gegen die Krankheit begann gerade erst, und hier an diesem Ort würde ich die Munition finden, die ich brauchte, um die Schlacht zu schlagen. Das alles ging mir durch den Kopf, als ich die Aufnahmeformulare unterschrieb; ich war dankbar für die Chance, die ich bekommen hatte, und entschlossen, daraus das Beste zu machen.

Die oberste Priorität des Zentrums war die Patientenschulung, und meine begann auf der Stelle. Als ich aufgenommen und in mein Bett gebracht worden war, kam eine Gruppe Krankenschwestern mit einem Videogerät und einem Stapel Instruktionskasetten. Einiges davon war neu für mich und wirklich interessant.

Ich erfuhr, dass Station Sechs (wo ich sein würde) auf die Behandlung von Rückenmarksverletzungen (Genick- und Rückgratbrüche) sowie auf Krankheiten des Gehirns und des Zentralnervensystems spezialisiert war, wozu auch multiple Sklerose, Gehirnlähmung, das Guillain-Barre-Syndrom und Ähnliches zählte. Hin und wieder wurde ein Amputierter oder ein Schlaganfallpatient aufgenommen, wenn ein Platz frei war, doch die meisten der rund fünfzig Patienten auf der Station gehörten zur Kategorie Rückenmarksverletzungen.

Die Patienten wurden in zwei große Gruppen unterteilt – in Paraplegische (an zwei Gliedmaßen Gelähmte) und Quadriplegische (an vier Gliedmaßen Gelähmte). Die »Paras« (zu denen ich zählte) waren von der Taille oder den Hüften an abwärts gelähmt, während bei den »Quads« die Lähmung von der Brust oder sogar vom Hals an abwärts reichte. Je höher die Verletzung des Rückenmarks liegt, desto schwerer ist auch die Behinderung.

Aber ungeachtet dieser Unterscheidung gab es bestimmte Probleme, die allen mit irgendeiner »Beteiligung« des Rückenmarks, wie man es nannte, gemeinsam waren. Bei der Diskussion dieser Probleme fiel mir zum ersten Mal die große Vorliebe der Mediziner für eine euphemistische Ausdrucksweise auf. Warum soll man das Kind auch beim richtigen Namen nennen, wenn es so viele andere Möglichkeiten gibt, das

Thema zu betiteln und die Empfindlichkeiten aller zu schonen?

Wenn Sie beispielsweise eines Morgens aufwachen und Ihre Bettwäsche voll und Ihre Blase leer vorfinden sollten, seien Sie unbesorgt. Sie haben sich nicht vollgepinkelt oder etwa das Bett eingenässt. Sie hatten lediglich eine »inkontinente Episode« oder haben »sich entleert«. Das klingt irgendwie niedlich, wie etwas, das sogar Prinzessin Diana oder sogar Nancy Reagan gelegentlich passieren könnten.

Genauso wird es Sie erleichtern zu erfahren, dass der peinliche Schlamassel in Ihrer Hose gar nicht das ist, wofür sie ihn halten. Er ist lediglich die Folge einer »imperativen« oder »automatischen Darmbewegung« oder kurz eine »Automatische«. Das Ergebnis ist dasselbe, aber wer weiß? Vielleicht riecht es ein bisschen besser, wenn Sie die richtige Terminologie benutzen.

Und was das Thema Wundliegen angeht, so ist es wichtig, nicht zu vergessen, dass das heute niemand mehr tut. Nie. Heute entwickeln wir »Druckgeschwüre«, »Hautdefekte« oder »Areale«. Was ist das doch für ein präziser kleiner Begriff. »Areale« treten an Druckpunkten auf – am Gesäß, an den Hüften oder den Knien –, überall da, wo Knochen gegen die Haut drükken und die Blutzirkulation behindern. Wenn der Druck nicht regelmäßig weggenommen wird, setzt eine Schädigung der Haut ein, und noch bevor man es mitbekommt, hat man ein hässliches, schwärendes kleines »Areal« und jede Menge Ärger damit. Aber Kopf hoch, es ist zumindest kein Wundliegen.Während ich zuhörte und all die neuen Informationen aufzunehmen versuchte, schaffte ich es, zweimal ins Bett zu pinkeln, oder besser gesagt, »mich zu entleeren«. Als der Arzt kam, war mein Bett durchnässt und ich den Tränen nahe. Das war wirklich nicht gerade die beste Art, einen tollen ersten Eindruck zu machen.

Doch er war ein netter Kerl und nahm ruhig seine Untersuchungen vor, als würde er so etwas ständig erleben, was wohl auch der Fall war. Die Untersuchung war die sorgfältigste, die ich je erlebt hatte, und dauerte über zwei Stunden. In dieser Zeit besprach er mit mir sehr detailliert, wo ich, medizinisch gesehen, stand und was im Laufe meines langen Aufenthalts im Zentrum geschehen würde. Die Krankheit war von dem ursprünglichen Schub-Remissions-Verlauf in eine stetige Verschlechterung umgeschlagen. Die Tatsache, dass ich bereits einen Rollstuhl bräuchte, sei kein gutes Zeichen, fuhr er fort, und man könne nur hoffen, dass die Progression langsam verlaufe. Zu diesem Zweck würden er und die anderen im Zentrum alles, was in ihrer Macht stünde, tun, um meine Chancen zu verbessern. Und sie würden dafür sorgen, dass ich so fit und gesund wie möglich bliebe. Doch zuallererst, insistierte er, gehe es darum, meine Blase in den Griff zu bekommen.

Er erklärte mir, wie gefährlich es wäre, sie in ihrem jetzigen Zustand zu lassen. Wenn die Blase nicht regelmäßig vollständig entleert würde, würde der darin verbliebene Resturin zum Brutplatz für alle möglichen hinterhältigen Keime werden. Das könne zu einer schlimmen Infektion des Harntraktes führen, und das sei etwas, an das wir bei MS nicht einmal *denken* wollten. Aber es gebe eine Möglichkeit, das in Ordnung zu bringen, sagte er, und wir würden sofort damit anfangen.

Ich war von den Neuigkeiten hochbegeistert und ungeheuer erleichtert zu hören, dass es für ein Problem, das ich lange für unlösbar gehalten hatte, doch eine Lösung gab. Das heißt, ich *war* hochbegeistert, bis ich herausfand, wie die Lösung aussah. Er meinte, eine Schwester würde gleich kommen, um mir einen Katheter zu legen, und danach würde sie mir beibringen, wie ich das selbst machen könnte! Auf diese Weise – wenn ich die notwendigen Medikamente nahm, meine Flüssigkeitszufuhr kontrollierte und mir alle vier bis fünf Stunden selbst einen Katheter legte – könnte ich mich trocken halten, Infektionen vermeiden und für den Rest meines Lebens wie eine Rose duften.

Ich sagte, das höre sich in der Theorie alles wunderbar an, doch er würde doch nicht wirklich glauben, dass ich mir etwas Derartiges antue. Aber er nickte nur kurz, kritzelte etwas auf mein Krankenblatt und verließ den Raum, ohne einmal zurückzublicken.

Vereinfacht gesagt bestand die Prozedur darin, einen langen Plastikschlauch durch die Harnröhre in die Blase hinaufzuschieben, ein Kunststück, das die Krankenschwester leicht und mit großer Präzision vollbrachte. Abgesehen von der demütigenden Haltung, die ich dazu einnehmen musste, bereitete der Vorgang tatsächlich kaum Beschwerden, und ich dachte, ich hätte es mit großer Würde und Grazie hinter mich gebracht. Aber damit war es noch nicht getan.

Die Vorstellung, mir einen Fremdkörper dieser Größe in eine derart kleine empfindsame Öffnung einzuführen, ließ meine Hände zittern und trieb mir den Schweiß auf die Stirn. Plötzlich erschien mir der Gedanke, mein restliches Leben lang vor mich hin zu nässen und zu riechen, gar nicht mehr so übel.

Aber hier stand mein Stolz auf dem Spiel, deshalb schluckte ich schwer, holte tief Luft ... und kriegte es nicht hin.

Während die Schwester eindeutig den Vorteil hatte, zu sehen, was sie tat, war ich auf reines Tasten angewiesen, und das war das Problem. Ich war mir nicht sicher, wo alles genau lag, und jedes Mal, wenn ich den Katheter an die falsche Stelle (wagen Sie es nicht, auch nur zu fragen, wohin) geschoben hatte, musste ich ihn wegwerfen und von vorne anfangen.

Nach zwei Stunden, drei Wutausbrüchen und elf Kathetern war ich endlich erfolgreich. Bis dahin hatte meine Aktion eine ganze Menge Schwestern angelockt, und im Augenblick des Sieges brachen alle in Gejohle und Beifall aus. Ich hatte große Lust, aufzustehen und mich zu verbeugen.

Ich hatte es geschafft. Und damit leitete ich in meinem Leben einen entscheidenden Wendepunkt ein. Zum ersten Mal hatte ich wieder die Kontrolle übernommen und mir etwas von der Krankheit zurückgeholt: ein Stück Selbständigkeit. Außerdem lernte ich, dass ich *alles* hinkriegen konnte. Wenn ich lernen konnte, mir einen Katheter zu legen – und das hatte ich gerade getan, oder nicht? –, dann war nichts mehr unmöglich.

Es war ein Riesenschritt nach vorn, und als ich später

in den Aufenthaltsraum fuhr, um die anderen Patienten kennen zu lernen, tat ich dies mit leerer Blase und brandneuem Selbstvertrauen. Vielleicht gab es *doch* Hoffnung für mich.

****

»Schweeester ...«

»Schweeeeester ...«

»SCHWEEEEEESTER!! ...«

Himmel, war das nervend. Und es war kaum zu glauben, dass all der Lärm von nur zwei kleinen alten Männern verursacht wurde. Sie waren in Decken gewickelt und lagen auf Krankenhaustragen in der Ecke des Aufenthaltsraumes, unmittelbar neben dem Schwesternzimmer. Keiner der beiden hatte wirklich ein Problem, aber sie brüllten trotzdem immer lauter, weil ihnen niemand auch nur ein Fitzelchen Aufmerksamkeit schenkte. Alle in dem Raum mussten entweder taub, verrückt oder komatös sein. Es gab keine andere Erklärung dafür.

An dem großen Holztisch vor dem Schwesternzimmer saß eine kleine Gruppe von Jungs in Rollstühlen, die Poker spielten und sich vor Lachen über eine Schwester ausschütteten, die soeben einen ganzen Krug voll Pflaumensaft über sich gekippt hatte. Der Älteste der Gruppe war etwa Mitte dreißig, und als er mich im Gang sitzen sah, winkte er und forderte mich auf, mich mit an den Tisch zu setzen.

»Hallo, ich bin Gino!«, verkündete er fröhlich. »Bist du neu hier?«

»Ja, ich bin heute früh gekommen«, antwortete ich. »Aber ich habe fast den ganzen Tag mit dem Arzt verbracht.«

»Oh ja, Breschnew. Du wirst ihn noch hassen. In Wahrheit wirst du alles an diesem Ort hassen, wenn du lange genug hier bist. Hast du was zum Rauchen?«

Als ich in meine Tasche griff, ließ einer der Alten einen weiteren lauten Schrei los, und ich zuckte erschrocken zusammen.

Gino lachte nur. »Beachte die Veg-O-Matics nicht«, sagte er lässig. »Du wirst dich bald an sie gewöhnt haben.«

»Beachte *wen* nicht?«, fragte ich entsetzt.

»Diese Knaben«, er zuckte die Schultern. »Die Schlaganfälle. Sie machen das die ganze Zeit. Wird nach einer Weile auch langweilig. Hast du auch eine Zigarette für Mickey?«, fragte er und nickte in Richtung der jungen Schwarzen, der neben ihm saß.

Ich gab ihm noch eine Zigarette, und als er sie anzündete, erklärte er, dass Mike sich im letzten Sommer bei einem Tauchunfall das Genick gebrochen hatte und jetzt ein Quadriplegischer war, oder wie Gino es so taktvoll ausdrückte, »vom Hals abwärts nur noch Scheiße wert ist«.

»Das ist echt Mist, nicht, Mickey?«

Mike gab zu, dass es manchmal die Hölle sei, ein Quad zu sein, und wenn er nicht *auf der Stelle* diese Zigarette bekomme, werde er einer bestimmten Schwester sagen, wo ein bestimmter jämmerlicher Arsch von Südländer einen halben Liter eingeschmuggelten Whiskey versteckt hätte. (Saufen war auf der Station strengstens verboten und der Besitz von Alkohol war ein Grund zur sofortigen Entlassung.)

Gino lächelte schwach, steckte seinem Kumpel die Zigarette zwischen die Lippen und machte mit der Vorstellung weiter.

Eric »Nichts geht über ein tolles Paar Beine« Britten war beidseitig beinamputiert. Er hatte seine Unterschenkel bei einem schlimmen Busunfall verloren. Eric war ein unbekümmerter Kerl, außer wenn er sich über seine künstlichen Beine Gedanken machte, was fast dauernd der Fall war. Erics Beinprothesen zu klauen war das Lieblingsspiel der Schwestern und der Patienten, und jedes Mal, wenn er sie nicht trug, verschwanden sie mit Sicherheit. Infolgedessen verbrachte er den Großteil des Tages damit, mit besorgtem Gesichtsausdruck durch die Gegend zu streifen und seine fehlenden Anhängsel zu suchen.

Neben Eric saß in einem blauen elektrischen Rollstuhl Bob Irvin, ein ZP-Quad und der Liebling aller. Das ZP stand für Gehirnlähmung, ein wirklich unangenehmer Zustand, doch Bob ließ sich davon nicht unterkriegen. Obwohl sein Sprachvermögen durch die Krankheit schwer beeinträchtigt war, konnte er fluchen wie ein Kesselflicker und hatte keinerlei Schwierigkeiten, bei den schmutzigen Gesprächen der Gruppe mitzuhalten.

Je länger ich bei ihnen saß, um so bissiger wurde die Unterhaltung, und ich brauchte nicht lange, um mich mit der Gefangenen-Mentalität der Gruppe anzufreunden. Wie jede große Einrichtung hatte das Zentrum eine Reihe von rigiden Vorschriften. Diesen brachten die »Insassen« den Respekt entgegen, den sie in ihren Augen verdienten (also keinen), und das hatte zur Folge, dass das Verhältnis zwischen Personal und Patienten alles andere als gut war. Wie gute Kriegsgefangene überall auf der Welt hatten sich die Bewohner von Station Sechs geschworen, die Prinzipien der Freiheit und Gerechtigkeit für alle hochzuhalten und ihr gottgegebenes Recht zu verteidigen, dem Feind – das heißt dem Personal – ab und an ein wenig die Hölle heiß zu machen.

Es kam zwar nur selten zu offenen Akten der Aggression, doch die Unterströmung des Widerstandes war überall deutlich zu spüren; die Station hieß »Lager«, der Codename für den Arzt lautete »Breschnew«, und die Schwestern wurden als »Quadriplegische Kontrolleinheit« oder QKE bezeichnet. (Natürlich gab es ein paar hübsche Ausnahmen, aber man riskierte seinen Ruf, wenn bekannt wurde, dass man dem Personal Küsschen zuwarf.)

Der Mann, der den Titel »Bringt am wahrscheinlichsten eine Schwester um« trug, war das fünfte Mitglied der Gruppe, ein Para, der mir als Gabriel Dante Joseph Smith und »Besitzer des erstaunlichsten Darmtrakts der Welt« vorgestellt wurde. »Shitty Smitty«, wie er allgemein hieß, war eine Legende, da er alle bestehenden Rekorde in der Anzahl spontaner Darmbewegungen oder »Automatischen« gebrochen hatte, die in einem Monat verzeichnet wurden. Aber er wurde nicht so sehr wegen seines reichen Outputs verehrt, sondern mehr noch wegen seines einzigartigen Taktgefühls, und alle waren wild darauf, mir die Geschichte zu erzählen, wie er einmal eine Schwester dazu gebracht hatte, sich ihr Essen noch mal durch den Kopf gehen zu lassen.

Er hatte gerade einen seiner unzähligen Anfälle von »Automatischen« gehabt und lag auf der Seite im Bett, während eine der jungen Schwestern damit beschäftigt war, ihn sauber zu machen. Sie steckte bis zu den Ellbogen in Arbeit und sah nicht, wie Smitty in die Schublade seines Schränkchens griff und eine Schüssel Schokoladenpudding herausholte, den er für diese Gelegenheit versteckt hatte. Er stopfte sich schnell den Mund mit Schokopudding voll, drehte sich dann zur Schwester um und quetschte mit breitem Grinsen langsam den dicken braunen Brei zwischen seinen Zähnen durch.

Das war's. Die Schwester schaute einmal hin, gab ihr Mittagessen von sich, und eine Legende war geboren.

Ich habe nie herausgefunden, ob die Geschichte wirklich stimmt. Okay, es war abscheulich und pupertär, aber das war auch die Vorstellung, dass erwachsene Männer und Frauen tagein, tagaus praktisch ohne jede Kontrolle über ihre grundlegenden Körperfunktionen lebten. Die einzige Möglichkeit, damit fertig zu werden, war, es mit Humor zu nehmen, je schwärzer, desto besser.

So wurden die Schlaganfallpatienten die »Veg-O-Matics«, die Quads die »Talking Heads«, und die Schädeltrauma-Station im ersten Stock hieß nur noch »Bananenstadt«. Das ist heftig? Ich glaube, dort musste man so sein.

****

Die Arbeit begann am nächsten Morgen, als ich meinen Tagesplan erhielt und mich in der Physikalischen Therapie zu melden hatte. Die »Morgen-PT«, wie sie genannt wurde, bestand größtenteils aus passiven Bewegungsausrichtungs-Übungen. Wenn man eine Weile im Rollstuhl sitzt, neigen die Muskeln dazu, sich zu versteifen und zu verkürzen, und diese Ausrichtungs-Übungen sollten alles so locker und beweglich wie möglich halten.

Man musste sich nur auf eine große graue Matte legen und die Augen schließen, während der Therapeut nacheinander jedes Glied nahm und mit ihm eine Reihe beruhigender Streckübungen machte. Ab und zu geriet man an einen echten Folterknecht, der versuchte, einem die Knöchel hinter den Ohren festzunageln, aber das kam selten vor, und meistens war das Ganze sehr entspannend.

Ein Patient namens Tony Gianelli verstand es wirklich, die PT zu genießen. Er war an die dreihundert Jahre alt und völlig senil, und er war immer für ein bisschen Unterhaltung am Morgen gut. Ich vermute, wenn man so alt ist, verliert man leicht alle Hemmungen, oder vielleicht war er auch einfach nur zu verwirrt, um noch zu wissen, was sich gehört. Wie dem auch sei, sobald sich der Therapeut ihm näherte, hatte Tony seinen Auftritt. Er ächzte und stöhnte zunächst Mitleid erregend, doch in Minutenschnelle war er fest eingeschlafen und schnarchte laut, wobei er die Hände in der Unterhose und ein glückliches Lächeln auf dem Gesicht hatte. Angesichts seines Alters war das wirklich sehenswert, und es beweist, dass es mit über achtzig wirklich noch ein Leben gibt.

Dann kam die Beschäftigungstherapie. Die Arbeit hier geschah taillenaufwärts mit besonderer Betonung der Hände. Widerspenstige Finger wurden ermutigt, sich wieder zu bewegen, indem sie Aufgaben wie Makramee, Ausschneiden, Töpfern und dergleichen ausführen mussten. Wenn man in der BT festsaß und Basteln nicht ausstehen konnte, war man verratzt. Ich hatte nicht viel dagegen einzuwenden – es war bloß die Atmosphäre dort, die mir auf den Wecker ging.

Ich weiß nicht, was Beschäftigungstherapeuten an sich haben, dass sie mit anderen nicht wie mit Erwachsenen reden können, doch wie sie sprachen, machte mich verrückt. Nach dem Motto: »Wie geht es uns an diesem schönen Morgen, Miss James? Wollen wir heute ein bisschen mit den Fingern weben? Oder was halten wir davon, einen süßen kleinen Topflappen zu häkeln?« Es war zum Wahnsinnigwerden, und wenn ich jemals dem Drang nachgegeben hätte, ihr zu sagen, was »wir« *in Wirklichkeit* tun wollten, dann wären »wir« hochkant rausgeflogen.

Glücklicherweise ging es mir von der Taille aufwärts hervorragend, und als jeder davon überzeugt war, dass ich in diesem Bereich absolut in Ordnung war, wurde ich auf Dauer von der BT befreit – sehr zur Erleichterung aller Beteiligten.

Neben der Morgen-PT und -BT bot das Zentrum eine große Auswahl an Wahl- und Erholungstherapien an – Haushaltsführung, psychologische Beratung und so weiter, die den Übergang von der unbehinderten zur behinderten Welt erleichtern sollten. Aber all diese vielen Programme waren nur das Vorspiel zum Hauptereignis des Tages, der Nachtmittags-PT. Das war der Grund, warum wir alle hier waren, und wenn sich am Körper noch *irgendetwas* bewegte, konnte man darauf wetten, dass dieser Teil hier ein Workout bekam.

Die Sporthalle war riesig, und sie war bevölkert von Aberdutzenden Patienten, Therapeuten und jedem Gerät, das die moderne Reha-Medizin kennt – eine bizarre Studie in Chrom und Schweiß. Wo man auch hinsah, schwitzten und mühten sich Leute mit jeder nur vorstellbaren körperlichen Behinderung und zwangen sich an die Grenze ihrer Leistungsfähigkeit, auf der nie endenden Suche nach »körperlicher Restaurierung«.

Ganz rechts befand sich eine große tragbare Plattform mit einer Rampe und eingebauten Stufen, wo die Amputierten das Gehen auf ihren künstlichen Gliedmaßen übten. Eric Britten war hier stets zu finden, wo er glücklich herumstampfte und sich darüber freute, dass seine Prothesen wieder fest mit seinem Körper verbunden waren. (Wir sorgten immer dafür, dass er sie rechtzeitig zur PT wiederbekam.)

An den beiden Seiten der Turnhalle standen Reihen glitzernder Kraftmaschinen aus rostfreiem Stahl. Hier wurde das Konditionstraining für den Oberkörper absolviert. Das Verfahren war einfach; man parkte den Rollstuhl vor einer der Maschinen, zog die Bremsen fest, langte nach den Holzgriffen und zog so lange an ihnen, bis einem die Arme abfielen. Das war schweißtreibende Schwerstarbeit und für meinen Geschmack das Langweiligste, was ein Mensch tun kann. Aber es war notwendig, denn wenn man seinen elenden Körper *und dazu* einen fünfundzwanzig Kilo schweren Rollstuhl durch die Gegend bewegen wollte, brauchte man ordentlich Kraft im Oberkörper.

Die Rückseite der Halle war ein Bereich, der »Paraplegischer Himmel« hieß. Hier wurde der größte Teil der Restaurationsarbeit geleistet. Zwei lange Paare gleichhoher Barren standen dort, damit alle Paras jeden Tag hoch kamen und »liefen«, um jedes verbliebene bisschen Muskel zu stärken.

Aber bevor man überhaupt anfangen konnte, musste man sich selbst erst einmal fest in die individuell angepassten Beinklammern aus rostfreiem Stahl und Leder schnallen und prüfen, dass sie richtig saßen. Dann musste man sich aus eigener Kraft in eine stehende Position hochhieven und endlos zwischen den Stangen vor und zurück »laufen«, während ein sadistischer Therapeut einen tüchtig antrieb. Es fühlte sich verteufelt gut an, wieder zu stehen, wenn auch gestützt.

Schließlich wurden draußen vor der Halle in einem besonderen Areal »Rollstuhlkenntnisse« vermittelt. Das Beste, was man mit dem Rollstuhl lernen konnte, war ein »Wheelie«, ein Kunststück, für das man die Vorderräder vom Boden hochreißen, auf den großen Hinterrädern balancieren und eine Vielzahl von Manövern ausführen musste. Das konnten wilde Kreiselbewegungen nur so zum Spaß sein, aber auch praktische Dinge wie Treppen steigen.

Neben den täglich angesetzten Programmen musste jeder Patient von Station Sechs eine Reihe von Vorträgen über Themen besuchen, die von der Katheterpflege bis zur »Rollstuhl-Etikette« reichten, und einmal in der

Woche Vertreter der Abteilung Psychologie und Ernährung treffen.

Ich war die Einzige, die jemals zugegeben hat, dass sie den allwöchentlichen Besuch beim Psychologen mochte. Alle hielten mich für verrückt (also *hatte* ich den Besuch auch nötig), aber ich sah das als eine Möglichkeit, ruhig mit einer Frau meines Alters über ernstere Themen zu sprechen als die, über die am Pokertisch im Aufenthaltsraum diskutiert wurde. Außerdem hatte sie die Schlüssel zum Biofeedback-Raum, und ich konnte sie immer überreden, mich eine Stunde lang an den Elektroden hängen zu lassen, während ich meinen Kopf freimachte und ins Vergessen abdriftete.

****

Insgesamt betrachtet hatte sich das Zentrum auf dem Gebiet der umfassenden Patientenversorgung einen Namen erworben. Es stand in dem wohlverdienten Ruf, es könne Wunder vollbringen, und seine Leistung, behinderte Menschen und deren Familien zu schulen, war hervorragend.

Doch die Rehabilitation beinhaltet mehr als die rein mechanischen Aufgaben der Körpertherapie oder Rollstuhlkenntnisse. Sie hat auch eine emotionale, menschliche Seite, und in diesem Bereich wurde das Zentrum meinen Erwartungen bei weitem nicht gerecht. Diese Arbeit wurde größtenteils von den Patienten selbst geleistet innerhalb der Grenzen der Station, auf der wir zusammen lebten und uns gelegentlich gegenseitig unglücklich machten.

Es wäre vielleicht nicht so schlimm gewesen, wenn das Zentrum den Patienten mehr Privatsphäre eingeräumt hätte. Jeder muss ab und an mal alleine sein, seinen persönlichen Gedanken nachhängen und sich mit den emotionalen Aspekten seiner Behinderung auseinander setzen. Aber wir wurden systematisch davon abgehalten. Wir mussten alles in der Gruppe tun: Wir aßen gemeinsam, schliefen gemeinsam, arbeiteten gemeinsam und, ob Sie es glauben oder nicht, duschten gemeinsam und gingen gemeinsam aufs Klo.

Wie sich herausstellte, war ich nicht die Einzige, die in den letzten Jahren Probleme mit Verstopfung und Durchfall gehabt hatte. Ich erfuhr zu meiner Überraschung, dass die Mehrheit der Rückenmarkspatienten mehr (siehe Shitty Smitty) oder weniger dieselben Probleme hatte. Noch überraschter war ich, als ich erfuhr, dass es tatsächlich eine Lösung für dieses Problem gab und dass sie nichts mit dem Gebrauch von Kaopectate oder Unmengen von Abführmitteln zu tun hatte. Die Lösung war aber genauso unangenehm.

Das »Darmtraining« oder kurz »DT« wurde jeden Montag, Mittwoch und Freitag um sechs Uhr abends abgehalten. Unmittelbar nach dem Abendessen wurden wir alle aufgefordert, uns in unseren Zimmern einzufinden, wo bereits die Schwestern warteten und die Bühne für die größte Peinlichkeit vorbereitet war, die die Menschheit kennt.

Neben jedem Bett stand ein riesiger Kunststoff-Rollstuhl, dessen Sitz in der Mitte ein rundes Loch hatte. Darunter stand ein großer Plastikeimer, und daneben lag eine braune Papiertüte, die Folgendes enthielt: ein

Einwegklistier, eine große Tube Gleitmittel, fünf oder sechs Papiertücher sowie eine Hand voll Operationshandschuhe aus Latex.

Den Rest überlässt man am besten der Phantasie. Die Stunden, die ich in diesem fürchterlichen Stuhl saß, gehören zu den unangenehmsten meines Lebens. Der einzige Trost war, dass nur wenige Meter entfernt alle anderen das gleiche unangenehme Ritual über sich ergehen lassen mussten. Weil die Schwestern die Türen unserer Zimmer aus Bequemlichkeit immer weit offen ließen, konnten wir uns laut Ermutigungen und minütliche Berichte über die erzielten Fortschritte zurufen, genau wie die Waltons (Schon was gefangen, John-Boy?). Es hatte keinen Sinn, sich zu schämen, deshalb dachte auch niemand weiter darüber nach, als wir die Schranken zwischen uns niederrissen und eine neue Dimension des Zusammenlebens kennen lernten.

Stunden später, wenn die schwere Prüfung vorüber war, wurden wir alle in den großen Gemeinschaftsduschen an beiden Enden der Station zusammengepfercht. Es hätte unserer Würde und Selbstachtung gut getan, wenn wir die privaten rollstuhlgeeigneten Duschen in unseren Zimmern hätten benutzen dürfen, doch das hätte für das Reinigungspersonal Mehrarbeit bedeutet und war deshalb untersagt.

Diese erzwungene Nähe konnte einem wirklich auf die Nerven gehen, und ich war überrascht, dass es nicht zu mehr Kollisionen kam. Es war einfach so, dass man praktisch nirgendwo hinkonnte, um der ständigen Gegenwart der anderen zu entfliehen, denn *sie* konnten auch nirgendwo hin. Man konnte noch nicht mal auf seinem Zimmer Trost vor dem Fernseher suchen oder einfach mit Freunden und Verwandten telefonieren, denn beides war strikt verboten.

Wenn man fernsehen wollte, dann nur im Aufenthaltsraum, im Rollstuhl und in Gesellschaft von zwanzig oder dreißig anderen, die einem laut ins Ohr lachten oder ständig dazwischenquatschten. Wenn man telefonieren wollte, wartete man in der Schlange, bis man drankam, denn die Station besaß nur *einen* öffentlichen Münzfernsprecher, den sich fünfzig Patienten teilen mussten.

Aber das war noch nicht das Schlimmste. Wenn man endlich ans Telefon kam, musste man selbst das intimste Gespräch in aller Öffentlichkeit führen, denn den Patienten wurde noch nicht einmal die simple Gefälligkeit einer schalldichten Telefonzelle gewährt. Stattdessen hing das Telefon an einer nackten Wand in der Mitte der Station, also in Hörweite jedes einzelnen Insassen. Wir lernten alle ziemlich schnell, dass unser angebliches »Recht auf Privatsphäre« enge Grenzen hatte.

Diese Einschränkungen wären ja verständlich gewesen, wenn wir uns auf der Armenstation eines großen öffentlichen Krankenhauses befunden hätten. Aber das Zentrum war eine private Einrichtung, deren Preisschildchen mit fünfzehntausend Dollar monatlich *pro Patient* ausgezeichnet war. Deshalb war es leicht zu verstehen, warum die Ressentiments manchmal so stark waren. Die Leute hatten das Gefühl, sie würden kräftig dafür bezahlen, dass sie für etwas bestraft wurden, das nicht einmal ihre Schuld war.

Doch es brachte nichts, sich zu beschweren, denn

Breschnew leitete die Station mit eiserner Faust. Sein Wort war Gesetz, und wenn es einem nicht passte, konnte man jederzeit gehen – es warteten bereits viele andere, die nur zu gerne den Platz übernahmen. Wie hielten wir das alles aus? Wir spielten Poker, brachen die Vorschriften und meckerten ununterbrochen über das System.

Es ist wichtig, zwischen Meckern und Jammern zu unterscheiden. Selbstmitleid konnte einen schneller aus der Gemeinschaft ausstoßen als das Eingeständnis, man habe Ronald Reagan gewählt.

Meckern galt als gesund und wurde sehr befürwortet, vor allem von den jüngeren Insassen. Wenn man mehr als fünf oder zehn Minuten verstreichen ließ, ohne laut und deutlich seinen Unmut über die Welt im Allgemeinen und das Zentrum im Besonderen Ausdruck zu verleihen, begannen sich die Leute um einen herum Gedanken zu machen. Deshalb war die Luft ständig voller Verwünschungen und Flüche.

Jammern dagegen war ein absolutes Tabu und wurde schlichtweg von allen Unterfünfzigjährigen nicht toleriert. Manche der älteren Patienten (die es besser hätten wissen müssen) hörten nie auf, zu ächzen und zu stöhnen, doch in der ganzen Zeit, die ich im Zentrum lebte, habe ich niemals einen jungen Menschen jammern, weinen oder laut über das eigene Elend klagen gehört. Nie. Nicht ein einziges Mal. Ganz egal, wie schlimm oder langweilig es wurde.

Der schwierigste Teil des Tages war der lange unausgefüllte Zeitraum zwischen dem Abendessen und dem Löschen des Lichtes. Die Erholungsabteilung hatte die

Aufgabe, uns am Abend irgendwelche Zerstreuung zu bieten, und ich denke, das haben sie auch versucht. Doch der Mensch lebt nicht nur von Bingo, wie man so schön sagt, und nach dem DT und der Dusche gingen alle in den Aufenthaltsraum und suchten nach einer Beschäftigung, bis das allabendliche Pokerspiel begann.

Wenn wir Glück hatten, war an dem Tag ein neuer Patient aufgenommen worden und wir konnten alle bei seiner Aufnahmeprüfung mitmachen. Es gab in jenem Sommer viele Patienten mit ungewöhnlichen Verletzungen auf der Station, und wir wurden es nie leid, die armen nichts ahnenden Neuankömmlinge zu Tode zu erschrecken.

Die »Halos« waren hier wirklich unschlagbar. Das waren die Jungs mit frisch gebrochenem Genick, die man in metallene schraubstockähnliche Apparate gesteckt hatte, um den Kopf ruhig zu stellen, bis ihre Wirbel und ihr Rückenmark verheilten. Das Gerät ruhte auf den Schultern und umschloss den Kopf wie ein Käfig mit einer Reihe dicker Stahlstangen, die oben durch ein breites Metallband oder einen Halo verbunden waren. Dieser Halo umspannte den Kopf in einem weiten Kreis und wurde von einem halben Dutzend Silberschrauben gehalten, die durch die Haut gingen und direkt in den Schädel geschraubt wurden.

Das war ein fürchterlicher Anblick, und aus diesem Grund sorgten wir immer dafür, dass Rob Lauriget anwesend war, wenn ein Neuer vorgestellt wurde. Er hatte mit seinem Halo mehr Spaß als jeder andere, wenn so etwas überhaupt möglich ist, und er liebte es, jedermann mit seiner Geschichte zu schocken. (Er arbeitete unter seinem Wagen, als der Wagenheber abrutschte und das Auto auf ihn fiel und ihm das Rückgrat brach.)

Die Geschichte selbst war schon grauenvoll genug, doch *wirklich* schlimm wurde es, wenn Breschnew mit seinem Werkzeugkasten auftauchte, um die Schrauben in Robbies Kopf nachzuziehen. Sie lockerten sich immer etwas und mussten regelmäßig festgezogen werden – eine unbehagliche, aber mit Sicherheit erträgliche Prozedur.

Doch wenn man Robbie dabei beobachtete, hatte man einen ganz anderen Eindruck. Sobald Breschnew sich mit seinem Schraubendreher ans Werk machte, begann das Blut aus den Löchern in Robbies Schädel zu fließen, und er fing an zu schreien und wild um sich zu schlagen, als wäre der Schmerz unerträglich. Wir anderen brüllten vor Lachen, wenn der Neue hyperventilierte und beinahe vor Schreck in Ohnmacht fiel. Es war nicht nett, was wir da taten, aber es machte einfach irre Spaß.

Wie jede große Gruppe von Menschen, die für einen längeren Zeitraum zusammengepfercht ist, entwickelten wir rasch eine eigene soziale Hierarchie, ein Klassensystem, das ausschließlich auf Glück und dem individuellen Grad der Behinderung beruhte. Am einen Ende des Spektrums standen die Quads – vor allem die oberen Quads, die vom Hals (oder, Gott helfe ihnen, von noch weiter oben) abwärts gelähmt waren und praktisch nichts selbst tun konnten. Das unglücklichste Mitglied dieser Gruppe war Dave Frohlich, dem ein Jäger in den Hals geschossen hatte und der seinen Rollstuhl nur bewegen konnte, indem er in einen Schlauch blies, der mit einem Motor verbunden war (so etwas nannten wir einen »Saug und blas«-Stuhl). Wenn jemand wie Dave um etwas bat, tat man es sofort, aus Rücksicht auf seinen Zustand und aus Respekt davor, wie schwer es ihm gefallen sein muss, die Bitte zu äußern.

Dann kamen die unteren Quads wie Bob Morgan. Diese Jungs konnten ihre Arme und Beine etwas bewegen, aber nur sehr eingeschränkt, und sie benötigten häufig die Hilfe besonderer Geräte, um selbst die einfachsten Dinge ausführen zu können. Wenn Bob rauchen wollte, musste mit Hilfe eines breiten Klebestreifens eine Gabel an seiner Hand befestigt werden. Dann wurde eine angezündete Zigarette zwischen die Zinken geklemmt, und auf diese Weise konnte er, indem er den Arm hoch zu seinem Gesicht schwang, selbstständig rauchen – und Selbstständigkeit war der Schlüssel zu allem. (Breschnew *hasste* diese Rauchhilfen, doch er konnte sich zum Teufel scheren – niemand wäre auch nur auf die Idee gekommen, dieses kleine Vergnügen aufzugeben, um Seiner Eminenz zu gefallen.)

Nach den unteren Quads kamen die Paras (wie ich), eine vergleichsweise glückliche Gruppe. Paras konnten selbstständig essen, selbst duschen und, das war das Beste, selbst ins und aus dem Bett klettern. Das war wichtig, denn wenn man auf diesem Gebiet irgendwelche Hilfe brauchte, musste man ins Bett, wann immer es den Schwestern verdammt noch mal einfiel, einen hineinzustecken. Das war oft schon um acht Uhr der Fall, selbst an Wochenenden, und das wurde als ultimative Verletzung der Persönlichkeitsrechte mit bitterem Groll geahndet. Paras konnten wenigstens bis halb zwölf oder noch länger aufbleiben, wenn die Schwestern gnädig waren und Breschnew sie nicht erwischte.

Ganz oben auf der Leiter rangierten die Amputierten, die als die Glücklichsten auf Erden betrachtet wurden. Falls Ihnen das einen Schauer über den Rücken jagt, versuchen Sie daran zu denken, dass an einem Ort wie dem Zentrum alles relativ ist. Wenn man sich dort aufhalten musste, dann war der Verlust eines Körperteils noch ein ziemlich geringfügiger Grund. Ich bin auch der Meinung, dass es nicht leicht ist, ein Bein zu verlieren oder den Umgang mit einer Prothese zu erlernen, aber diese Leute konnten sich letztlich so ein Ding umschnallen und das Zentrum auf *den Beinen* verlassen, ein Unterschied, der für uns entscheidend war.

Wie in jeder hierarchischen Gesellschaft hatten die Ränge ihre Privilegien und Pflichten, und beides wurde von jedem Gruppenmitglied ernst genommen. Schon früh setzten wir uns zusammen und rechneten aus, dass 3,6 Leute von uns für einen normalen Körper nötig wären. Mit diesem wissenschaftlichen Datenmaterial bewaffnet, machten wir uns daran, innerhalb der Gruppe spezifische Aufgaben zu verteilen. Gino war für die abendlichen Pokerspiele zuständig, und es war seine Pflicht, für jeden, der seine Hände nicht benutzen konnte, die Karten zu mischen, auszuteilen und in kleine Plastikhalter zu stecken. Eric war damit betraut, die Verkaufsautomaten stündlich zu räubern, und Tom »der Funke« Donohue (ein Para, den der Blitz getroffen hatte) war dafür zuständig, die Katheterbeutel zu leeren und darauf zu achten, dass keiner ein Leck bekam.

Zu meinem Job gehörte es, allen Quads beim Rauchen zu helfen, eine Aufgabe, der ich mich voller Eifer widmete. Es war an mir, alle Zigaretten anzuzünden, sie in den richtigen Mund zu stecken und dann die Asche abzustreifen. Das konnte manchmal verwirrend werden, je nachdem wie viele Quads gerade rauchten, aber es hat sich nie jemand verbrannt, und es hat auch nie jemand wegen mir unter Nikotinentzug zu leiden.

Sobald das Spiel angefangen hatte, war jeder auf sich selbst gestellt, und anfangs wurde wild und ruchlos geboten. Doch am späteren Abend wurde es beträchtlich ruhiger, wenn ein Dutzend alte Freunde, die sich gegenseitig allzu gut kannten, begannen, dieselbe alte Konversation wieder aufzuwärmen, die sie Abend für Abend schon länger führten, als sich jemand erinnern wollte.

Die Neuen brauchten eine Weile, bis sie genug davon hatten, doch nach zwei oder drei Wochen hatte ich Routine darin und wurde eines Tages genau wie alle anderen. Die Tage waren langweilig, die Nächte endlos, und bald war die Unterhaltung mir genauso vertraut wie allen anderen.

****

Ein Ort mit noch höherem Potential an menschlichen Qualen und Leiden als ein Reha-Zentrum ist kaum vorstellbar. Hierher kamen die schlimmsten Fälle, Menschen mit so hoffnungslos geschädigten Körpern, dass es manchmal kaum zu glauben war, dass sie überhaupt überlebten. Ein gesunder Mensch könnte jetzt meinen, der Besuch einer derartigen Einrichtung sei ein deprimierendes, entsetzliches Erlebnis.

Doch das ist ein Irrtum. Und niemand war überraschter als ich selbst, als ich dahinter kam, dass Leid und Hoffnungslosigkeit nur wenig mit dem zu tun haben, was hier tatsächlich vor sich ging.

Ein Rehabilitationszentrum war nicht der Ort, wo man aufgab, sondern wo man zurückschlug, und dabei konnte alles Selbstmitleid der Welt kein bisschen helfen. Jeder hier befand sich in der gleichen oder einer noch schlimmeren Verfassung wie man selbst, und keiner wollte die traurige Geschichte eines anderen hören – zumindest nicht öfter als einmal. Solange man sich daran hielt und sich bemühte, den Humor nicht zu verlieren, war es einfach, sich einzuleben und einen Platz unter den anderen zu finden.

Hatte man das geschafft, war man dem exklusivsten Club der Welt beigetreten. Die Beiträge waren hoch, doch die Tatsache, dass man im Rollstuhl saß, war der Beleg dafür, dass man sie bezahlt hatte, und deshalb stellte niemand das Recht der anderen auf Zugehörigkeit in Frage. Zwischen den Mitgliedern bestand eine besondere, stillschweigende Bindung, und es war vor allem dieses »Wir«-Gefühl, mit dem wir die härtesten Zeiten überstanden und verhinderten, dass die Moral in den Keller sank. Das und natürlich das Meckern.

Aber eine von »uns« konnte an überhaupt nichts teilnehmen. Sie war eine junge Frau ungefähr in meinem Alter, und wenn man genau hinsah, konnte man feststellen, dass sie früher einmal hübsch gewesen sein musste. Sie hatte langes hellblondes Haar, zarte Gesichtszüge und zwei der klarsten blauen Augen, die es je gegeben hat. Ihre Eltern hatten erzählt, dass sie vor nicht allzu langer Zeit noch eine sehr gute Skifahrerin gewesen sei, eine mit echten Chancen für eine Olympiateilnahme.

Doch davon war jetzt nichts mehr zu spüren. Die Krankheit hatte alles zerstört. Ihre einstmals kräftigen Arme und Beine waren dünn und nutzlos, die Muskeln atrophisch, die Knochen hart und brüchig. Ihre Hände waren zu nichts mehr zu gebrauchen, die Finger gekrümmt und steif, und diese wunderschönen blauen Augen waren blind und starrten leer aus einem ausdruckslosen Gesicht.

Sie hieß Jenny O'Brien, und sie hatte multiple Sklerose.

Ich werde den Moment, als ich sie zum ersten Mal sah, nie vergessen. Sie war in einem riesigen gepolsterten Rollstuhl festgebunden und schlug wild um sich, gefangen im Griff eines heftigen Krampfes. Ihre Arme waren kontrahiert und eng an ihre Brust gezogen, die Beine zappelten unkontrolliert, und jedes Mal, wenn ein neuer Krampf durch ihren Körper ging, schlug ihr Kopf vor und zurück, und sie schrie unfreiwillig auf. Es war ein hässliches grunzendes Geräusch, das einzige, zu dem sie in der Lage war. Sie war unfähig zu sprechen, zu sehen und sich selbstständig zu bewegen, und als ich dasaß und auf ihren gequälten Körper starrte, spürte ich, wie alles in mir nachgab.

Dahin kommt es also, dachte ich teilnahmslos. Nach all der Rennerei und all den vergeudeten Jahren, in denen ich die Uhr zurückzudrehen versucht hatte, endet es so – in einem verzerrten spastischen Tanz, der so leer und bedeutungslos ist wie das Nichts.

Von Anfang an hatte der Rollstuhl für mich das Ende bedeutet, aber jetzt, wo ich drin saß, war er erst der Anfang. Als ich an jenem Tag Jenny betrachtete, ließ ich von all meinen Illusionen ab und begriff endlich, dass es in dieser Welt keine Ausnahmen gibt. Es kam nicht darauf an, wer man war, wo man gewesen war oder was man mit seinem Leben getan hatte. Wenn die eigene Nummer aufgerufen wurde, war sie aufgerufen, und daran würde nichts auf der Welt etwas ändern. Nicht einmal Gott.

Jenny war nichts Besonderes, und ich war es auch nicht. Wir waren beide in demselben teuflischen Albtraum gefangen, und es gab für keine von uns ein Entkommen. Der einzige Unterschied war der, dass sie ihr Rennen bereits gelaufen war, während ich, vielleicht, noch ein paar Meter vor mir hatte.

Ich versuchte mir vorzustellen, wie es wäre, so wie sie zu leben – jeden Morgen aufzuwachen und zu wissen, dass mich jemand anderes baden, füttern, anziehen und *jede nur erdenkliche persönliche Sache* für mich machen müsste. Zu wissen, dass ich nie mehr in der Lage sein würde, ein Buch zu lesen oder den Sonnenaufgang zu sehen oder mit jemandem, den ich liebte, zu *sprechen*. Diese Vorstellung war entsetzlich, und ich spürte, wie mir die Tränen in die Augen schossen. Ich werde nie vergessen können, wie sie an jenem Tag aussah, und obwohl ich wusste, dass ich noch eine Chance hatte, nicht an den Punkt zu enden, an dem sie stand, war mir auch klar, dass nur das Glück und die Zeit uns voneinander trennten.

Aber Glück und Zeit sind bei MS entscheidend, und bis dahin war es mir im Vergleich zu Jenny nicht schlecht ergangen. Ich hatte immerhin noch meine Arme und Hände, und in der Welt der Behinderten ist nichts, absolut *nichts* von größerer Bedeutung. Der Rollstuhl war eine Plage, aber er war verdammt noch mal nicht das Ende der Welt. Solange mein Oberkörper kräftig blieb, war vieles, das ich im Leben als wichtig erachtete, nach wie vor möglich, und ich beschloss in diesem Augenblick, mit dem Selbstmitleid aufzuhören und mein Leben einfach weiterzuleben.

****

Der Entlassungstag kam und ging ohne große Feierlichkeiten vorüber, und ich kehrte mit einem leichten Gefühl des Getrenntseins und der Orientierungslosigkeit in das Haus meiner Eltern in Pittsburgh zurück. Für mich ganz untypisch, wusste ich zu diesem Zeitpunkt nicht genau, was ich tun wollte. In den folgenden fünf oder sechs Monaten streifte ich ziellos durch die Gegend und wartete darauf, dass jemand auftauchen würde. Mein Wagen war während meines Aufenthalts im Reha-Zentrum auf Handbedienung umgerüstet worden, und so verbrachte ich viel Zeit damit, durch das Land zu fahren und Freunde und Verwandte zu besuchen, die ich seit Jahren nicht gesehen hatte.

Doch als der nächste Sommer nahte, fing ich an, mich zu langweilen und rastlos zu werden. Es war an der Zeit, wieder irgendwo arbeiten zu gehen. Es hörte sich nicht besonders verlockend an, doch wenigstens musste ich wieder *irgendeine* Struktur in mein Leben bringen, einen Grund, jeden Morgen aufzustehen.

Aber Ende Juni 1983 kam es zu einem folgenschweren Unfall. Ich saß vor dem Herd und brachte einen großen Topf Wasser für Spaghetti zum Kochen, als irgendwie mein Ärmel am Henkel des Topfes hängen blieb. Als ich ihn losmachen wollte, kippte der Topf um, und ich schrie wie rasend, als sich vier Liter kochendes Wasser direkt auf meinen Schoß ergossen und mir mit mörderischer Hitze die Oberschenkel, Beine und Füße verbrühten.

Die Krankenwagenfahrt in die Klinik war ein Nebel blindwütigen Schmerzes. Als ich in der Notaufnahme ankam, bekam ich eine örtliche Betäubung, und dann wurden meine zahlreichen Verbrennungen ersten, zweiten und dritten Grades von der Leistengegend bis hinunter zu den offenen und blutenden Zehenspitzen behandelt.

Um die Sache abzukürzen: Ich lag eine Zeit lang, die mir wie eine Ewigkeit vorkam, flach auf dem Rücken im Bett und war bewegungsunfähig und vollgedröhnt mit Betäubungsmitteln. Als diese Prüfung überstanden war und ich mich endlich wieder bewegen konnte, stellte ich entsetzt fest, dass ich all den Boden, den ich im Zentrum gutgemacht hatte – und noch mehr –, verloren hatte.

Meine ganze Kraft war weg, und der Stress der Verbrennungen hatte einen neuen heftigen MS-Schub ausgelöst. Nimmt man dazu noch – unglaublich, aber wahr – die Notoperation am Blinddarm, so hatte mein Pech nahezu epische Ausmaße angenommen. Ich musste ins Zentrum zurück und wieder *ganz von vorne* anfangen. Diesmal würde es ein noch längerer Aufenthalt werden als beim ersten Mal, mit dem monatelange harte und schmerzhafte Therapien verbunden wären. Mich machte diese Aussicht beinahe körperlich krank.

Aber ich überstand es. Und dank der physikalischen Therapeuten und ihres erbarmungslosen Ansporns war ich am Ende tatsächlich in einer besseren Verfassung als nach meinem ersten Aufenthalt im Zentrum! Von der Taille aufwärts war ich fit – ich konnte Push-ups machen und Gewichte heben wie ein Preisboxer, und meine Arm-, Rücken- und Schultermuskeln waren so kräftig wie die eines Gorillas. Ich war absolut begeistert von meinen Fortschritten, und allen anderen ging es genauso.

Als der Tag meiner zweiten Entlassung näher rückte, begann ich ernsthaft darüber nachzudenken, was ich tun wollte, wenn ich wieder draußen war. Eine Priorität war natürlich die Arbeit.

Das Problem dabei war, mal wieder, meine Blase. Klar, ich war auf diesem Gebiet weit gekommen, aber weil ich mir ja nach wie vor regelmäßig einen Katheter legen musste, war es unmöglich, ein halbwegs normales Leben zu führen. Ich quälte mich wochenlang mit dieser Frage, ohne eine Lösung zu finden. Schließlich stolperte ich durch Zufall darüber.

Manche Patienten wurden mit einem Gerät ausgestattet, das »Foley« oder »Dauer-Katheter« genannt wurde. Dieses kleine Wunder war nichts weiter als ein langer Gummischlauch, der wochenlang in der Blase bleiben konnte, womit die Notwendigkeit einer regelmäßigen Selbstkatheterisierung entfiel. Ich hatte natürlich schon immer gewusst, dass es diese Dinger gibt, aber bis dahin hatte ich mich nie besonders dafür interessiert.

Doch je länger ich darüber nachdachte, desto klarer wurde mir, dass diese Idee gar nicht so schlecht war. Wenn ich einen Dauer-Katheter hätte, würden sich meine Freiheit und meine Selbstständigkeit verzehnfachen. Ich könnte trinken, *was immer* ich wollte (sogar Bier!), *wann immer* ich wollte, und müsste mir nie wieder darüber Sorgen machen auszulaufen. Warum hatte ich nicht schon früher daran gedacht? Bei der nächsten Gelegenheit griff ich mir eine der Schwestern und bat sie, mir mehr über dieses magische kleine Apparätchen zu erzählen.

Sie erklärte, der Katheter würde mit einem kleinen wassergefüllten Ballon am oberen Ende in der Blase verankert. Das andere Ende wurde an einem Operationsschlauch befestigt, der am Bein entlang nach unten lief und in einen kleinen Plastikbeutel mündete, den man sich um die Wade band. Hier wurde der Urin gesammelt, und es war ganz einfach, ihn alle paar Stunden zu entleeren. Der Katheter müsse nur alle zwei Wochen gewechselt werden.

Jeder verdammte Idiot kann sehen, wie vorteilhaft das ist. Ich sagte zu ihr, das wäre genau das, was ich bräuchte, und ich bat sie, mich so bald wie möglich mit so einem Gerät auszustatten. Aber sie schüttelte nur den

Kopf und verdrehte die Augen. Das sei etwas, was ich mit dem Arzt ausmachen müsse, insistierte sie. Ich konnte nicht verstehen, warum um die Sache so viel Wirbel gemacht wurde. Aber ich würde Breschnew bei seiner Visite am nächsten Morgen als Erstes danach fragen.

»NEIN!« schrie er höchst erregt. Ein Dauer-Katheter komme überhaupt nicht in Frage! Der wäre viel zu gefährlich, beharrte er. Ob ich für den Rest meines Lebens mit fürchterlichen Infektionen herumlaufen und warten wolle, bis meine Nieren sich schwarz färbten und kaputtgingen? Wollte ich das? *Na? Wollte ich das?*

Er war wirklich ein Diktator. Er war schließlich nicht derjenige, der die Rechnungen bezahlte. Diese Katheterwechsel können eine unverschämt teure Angelegenheit sein, und nach meinen Berechnungen musste ich *monatlich* bis zu 600 Dollar hinblättern, um trocken zu bleiben. Ich hatte zwar einen Haufen Respekt vor Breschnews Ansichten, doch das Thema war einfach zu wichtig, um sich allein auf das Urteil eines Mannes zu verlassen. Immerhin sprachen wir über *mein* Leben und nicht über seines, und auf lange Sicht war ich diejenige, die mit den Konsequenzen leben musste. Ich dachte intensiv über das Thema nach, und schließlich ließ ich den Dauer-Katheter einsetzen. Ich habe diese Entscheidung nie bereut, und selbst Breschnew stand am Ende hinter ihr.

Nachdem ich dieses Problem gelöst hatte, musste ich mich immer noch entscheiden, was ich mit dem Rest meines Lebens anzufangen gedachte. Monatelang probierte ich eine Idee nach der anderen aus, doch das war alles nicht das Richtige.

Ich konnte nicht aufhören, an Alaska und all das, was ich dort zurückgelassen hatte, zu denken. Stundenlang sortierte ich alte Fotos und verlor mich in Tagträumen von den Menschen und den Orten, die ich so sehr liebte und vermisste. Seit meiner Abreise waren fast zwei Jahre vergangen, aber ich litt immer noch unter Einsamkeit und dem Verlangen, jeden Tag beim unvergleichlichen Sonnenaufgang in Alaska aufzuwachen.

Aber es war absolut verrückt, mich mit solchen Gedanken herumzuquälen. Alaska war für mich gestorben, und eine Rückkehr kam einfach nicht in Frage.

Oder doch?

Natürlich nicht. Junge Frauen in Rollstühlen steigen *einfach nicht* ganz allein in ein Flugzeug und fliegen neuntausend Kilometer weit, um alleine in einer Gegend wie Alaska zu leben. Sie bleiben zu Hause bei ihren Familien, wo sie hingehören, und sie leben an netten, sicheren Orten und arbeiten in netten, normalen Jobs. So macht man das, und daran ist absolut nichts falsch. Diskussion beendet.

Das war ein gutes Argument, aber ich schluckte davon kein Wort. Warum *konnte* ich *nicht* zurückkehren? Ich war doch noch derselbe Mensch wie damals, als ich Alaska verließ, mit dem einzigen Unterschied, dass ich nicht mehr laufen konnte. Na und? Ich war mittlerweile daran gewöhnt, im Rollstuhl zu leben, mein Wagen war umgerüstet und ich wusste – dank der tollen Leistung des Zentrums – alles, was es über das Leben im Rahmen meiner Möglichkeiten zu wissen gab. Mir konnte nichts passieren, solange ich vorsichtig war und den mir noch verbliebenen gesunden Menschenverstand gebrauchte.

Außerdem lebten all meine Freunde dort, und ich wusste, dass ich mich auf sie verlassen konnte.

Sicher, man konnte nicht wissen, wie lange mein Zustand stabil bliebe oder wie sich ein weiterer Schub auswirken würde. Aber der Dauer-Katheter funktionierte hervorragend, und ich hatte gelernt, meinen Darmtrakt zu managen. Und vor allem – ich hatte meine Arme noch. Und nur darauf kam es an.

Mitte Februar war ich so weit. Mein Auto und alles, was ich brauchte, waren schon nach Anchorage geschickt worden, und mir blieb nur noch, mich am Flughafen von meinen Eltern zu verabschieden.

Diesmal schwankten sie ein bisschen. Es hat sie ungeheuer viel Mut gekostet, mich wieder gehen zu lassen – und wenn sie mich gebeten hätten zu bleiben, hätte ich es vermutlich auch getan, einfach aus Respekt. Doch ich werde es ihnen ewig hoch anrechnen, dass sie genau das nie von mir verlangt haben.

Der Start verlief glatt, und als die Maschine über neuntausend Meter stieg, schloss ich die Augen und bemühte mich verzweifelt, das brennende Gefühl der Taubheit, das langsam meinen linken Arm hochkroch, zu ignorieren.

Zwölf

Anchorage, Alaska
Februar 1984

In Anchorage hatte den ganzen Tag über ein arktischer Schneesturm getobt, und als ich gegen Mitternacht ankam, lag die ganze Stadt unter einer dicken Schneedecke begraben. Der Winter war schon immer meine Lieblingsjahreszeit gewesen. Als Bill und ich nun durch die stille Stadt zu seiner Wohnung fuhren, hielt ich die Augen auf die Berge und das weite Firmament gerichtet, aus Angst, wenn ich nur einmal blinzeln oder eine Sekunde lang wegsehen würde, wäre alles plötzlich verschwunden. Von neuem wurde ich von der Erkenntnis überwältigt, dass die *Realität* des Landes doch immer wieder alles, was ich mir in meiner Phantasie ausgemalt hatte, in den Schatten stellte. Ich war überglücklich, wieder da zu sein.

Dank der bereitwilligen Hilfe und ungeheuren Großzügigkeit von Jane und Bill gelang es mir schnell, mich wieder einzurichten. Innerhalb weniger Wochen hatte ich eine Wohnung gefunden, einen tollen Job bei dem großen multinationalen Maklerbüro an Land gezogen, in dem Bill zum hoch bezahlten Geschäftsführer aufgestiegen war, und einen Kreis von alten und neuen Freunden um mich versammelt, die sich um mich kümmerten und mir immer gerne zur Hand gingen, wenn ich Hilfe brauchte. Es war, als wäre ich nie weg gewesen.

Im Verlauf des Winters entwickelten wir allmählich eine lockere Alltagsroutine, in deren Mittelpunkt meine Arbeit und endlose Partien Trivial Pursuit standen. Ich denke noch immer gerne an die Marathonspiele zurück, die sich bis in die frühen Morgenstunden hinzogen, und ich habe nie vergessen, wie geborgen und sicher ich mich im Kreis dieser Freunde fühlte. Auch sie waren in ihrer Beweglichkeit eingeschränkt, nicht aufgrund ihrer körperlichen Verfassung, sondern wegen des Wetters, und solange es weiter schneite, hatte ich so viel Spaß und Gesellschaft, wie ich verkraften konnte.

Doch mit dem Anbruch des Frühlings begann sich alles zu ändern. Die Tage wurden länger und wärmer, und bald gingen alle den typischen Freizeitaktivitäten in Alaska wie Wandern, Angeln und Zelten nach, bei denen ich nicht so ohne weiteres mit von der Partie sein konnte. Natürlich war ich immer eingeladen, und *hätte* mich beteiligen können, aber das hätte für die anderen große Umstände bedeutet und den Zweck des Ausflugs zunichte gemacht. Während alle unterwegs waren und die langen Sommertage draußen verlebten, saß ich zu Hause und hatte nichts anderes zu tun, als mir über meinen linken Arm und die linke Hand Gedanken zu machen, die mit jedem Tag ein bisschen schwächer wurden.

Die Taubheit, die mir erstmals während des Flugs nach Anchorage aufgefallen war, war nur leicht gewesen, und als sie einige Tage später verschwand, hatte ich sie bald vollkommen vergessen. Aber jetzt war die Taubheit wieder da, und ich wusste aus Erfahrung, dass auch alles Wünschen, Hoffen oder Leugnen sie nicht verscheuchen würde. Die Remission hielt noch an, doch ich hatte nicht mehr die Illusion, dass sie ewig dauern würde. Die Zeit in der Reha-Klinik mit Leuten wie Jenny O'Brien hatte mir bewiesen, dass niemand von Schmerzen und Leiden verschont wurde; im Leben eines jeden, selbst der Besten und Stärksten, konnte jederzeit das Schlimmste eintreten.

Was immer kommen mochte, ich würde damit alleine fertig werden müssen, und ich wollte mich den Dingen stellen, wie ich es immer getan hatte – immer schön der Reihe nach. Bis es so weit war, entschied ich, einfach weiterzumachen. Manchmal bekam ich Angst, doch die meiste Zeit in diesem wunderbaren Jahr arbeitete ich fleißig, spielte viel, und einmal – für einen kurzen strahlenden Moment – konnte ich sogar fliegen.

Im Juli traf meine Mutter zu ihrem lang ersehnten Besuch ein, und als Überraschung hatte ich eine mitternächtliche Heißluftballon-Fahrt arrangiert. Zunächst war ich mir nicht sicher, ob ich überhaupt mitfahren könnte, doch unser Kapitän Ted Sthal meinte, der Rollstuhl wäre überhaupt kein Problem. Im Korb sei jede Menge Platz, und das zusätzliche Gewicht würde nicht viel ausmachen. Die gute alte Annabelle war vor Aufregung außer sich, als wir auf dem Old Seward Highway zum Startplatz hinausfuhren. Und ich weiß noch, dass ich dachte, wenn wir die Ballonfahrt aus irgendeinem Grund nicht überlebten, würde sie zumindest als glückliche Frau sterben. Das war das Mindeste, was ich für sie tun konnte.

Als wir eintrafen, wurden wir schon von den anderen erwartet. Jane hatte sich freiwillig dem Begleitteam am Boden angeschlossen, und mehrere andere Freunde waren mit ihren Videokameras gekommen, um das große Ereignis für die Nachwelt festzuhalten. Ted und seine vierköpfige Mannschaft schufteten schwer auf dem offenen Feld hinter uns und hatten bereits begonnen, den ungeheuren Ballon mit Heißluft zu füllen.

Der Anblick eines Heißluftballons wirkt auf die meisten Menschen unwiderstehlich. Ich weiß nicht genau, was es ist – vielleicht sind es die leuchtenden Farben oder auch nur die schiere Größe dieses Dings, was die Vorstellungskraft gefangen nimmt –, aber es ist unmöglich wegzusehen, sobald man einmal einen dieser gelassenen, schweigenden Giganten über sich entdeckt hat.

Als wir in den Korb stiegen, war das Feld voller Zuschauer. Dann wurden die Sicherheitsleinen und die Druckmesser überprüft, und während die Bodenmannschaft jedem von uns noch letzte Anweisungen zurief, lächelten Mama und ich glücklich und winkten der Menge zu, voller Ungeduld, sie endlich hinter uns zu lassen und aufzusteigen.

Auf Teds Zeichen hin wurden die Halteleinen gelöst; wir hielten vor Aufregung die Luft an und warteten, dass der Ballon abhob. Doch es war wie in den ersten ungewissen Sekunden beim Start einer Rakete: Es geschah nichts. Der Korb schwankte einige Zentimeter über dem Boden – er war fast, aber eben nicht ganz in der Luft –, und ich weiß noch, wie enttäuscht ich bei dem Gedanken war, dass wir vielleicht überhaupt nicht losfahren würden.

Doch als Ted das Gas zündete, stiegen wir plötzlich steil nach oben, und wie ein majestätischer Riese schüttelte das schwerfällige Gefährt seine Bindungen zur Erde ab und entschwebte stolz in den Himmel. Wir hatten abgehoben! Die Menge unter uns jubelte aufgeregt, und als der Korb über die Dächer stieg, streckte ich mein Gesicht zum Himmel und wartete auf das aufregende Brausen des Windes.

Doch es kam nicht. Es war kein wilder Start, die Energie und der Schub brachen nicht mit Getöse aus. Der Ballon hob sanft ab, wie wenn eine Idee Gestalt annimmt, und hoch über dem Erdboden blickten wir wie Forschungsreisende auf der Suche nach dem Zauberland von Oz auf die Welt hinab. Im Juli glüht der Himmel über Anchorage um Mitternacht in herrlichen Pastelltönen, und wir trieben geräuschlos durch die weiten schimmernden Schleier aus Rosa und Blau und Violett, die so intensiv waren, dass sie die Wolken färbten und alles um uns herum wie im Traum erscheinen ließen.

Die Stadt unter uns hatte die Größe eines Spielzeugs für ein dreijähriges Kind. In einer Höhe von hundertfünfzig Metern konnten wir immer noch einzelne Gebäude und Autos erkennen, und es machte Spaß, Janes Jeep und die anderen Wagen dabei zu beobachten, wie sie da unten herumkurvten und in unserer Nähe zu bleiben versuchten, für den Fall, dass wir unvermutet auf dem Boden aufsetzten. Hin und wieder fuhr Ted zum Spaß so niedrig, dass der Boden des Korbes die Baumwipfel streifte und wir Tannenzapfen von den höchsten Ästen zupfen konnten.

Doch der schönste Teil der Fahrt war für mich, als wir so hoch waren, dass die Stadt nicht mehr zu sehen war. Hunderte von Metern weit oben gab es nur noch die Berge und den Himmel und die Ehrfurcht gebietende silberfarbene Weite des Meeres. Das Reich der Wolken war still, und keiner von uns brachte mehr als ein Flüstern heraus, als wir sanft über die zerklüfteten Gipfel des Chugach Range trieben und auf die geheimnisvolle abgewandte Seite der Berge blickten. Langsam fielen die Jahre von mir ab. Ich fühlte mich wieder frei und unbesiegbar, und ich spürte wieder ganz deutlich, warum ich nach Alaska gekommen war.

In den zwei Stunden schwebten wir meistens hoch oben, verloren in Zeit und Raum, und wollten uns nicht eingestehen, dass wir nicht für immer hier bleiben konnten. Als es schließlich an der Zeit war, auf die Erde zurückzukehren, taten wir das nur mit größtem Widerwillen. Die Welt erschien plötzlich aufdringlich wie ein lärmender, ungesunder Störenfried.

Annabelle war von der Ballonfahrt begeistert, und die restliche Zeit ihres Aufenthalts verbrachten wir mit unzähligen Aktivitäten. Wir wollten so viel wie nur möglich in der kurzen Zeit, die wir zusammen hatten, unternehmen. Meinen Arm und meine Hand erwähnte ich ihr gegenüber mit keinem Wort, aber ich spürte, dass sie wusste, dass etwas nicht stimmte. Als wir schließlich zwei Wochen später am Flughafen voneinander Abschied nahmen, hatte sie Tränen in den Augen und sah besorgt aus.

****

Damals gab es in Anchorage mehrere Gruppen und Programme, die der behinderten Bevölkerung verschiedene Outdoor-Aktivitäten ermöglichten. Sie reichten vom Rollstuhl-Wandern und Zelten bis zu anspruchsvolleren Sachen wie Skifahren, Reiten und Kajakfahren. Diese Angebote sollten nicht nur Spaß machen, sondern auch die körperliche Fitness, das Selbstvertrauen und die Selbstständigkeit fördern, und die Programme hatten einen guten Ruf.

Ende August wurde ich von einer dieser Gruppen zu einer Wildwasserfahrt auf dem Chickaloon River eingeladen, eine Tour, die bei den Sportlern der Gegend besonders beliebt war. Ich hatte zuvor schon Raftingtrips unternommen und wusste, wie viel Spaß das machen konnte, solange man sich an die Sicherheitsbestimmungen hielt und unnötige Risiken mied – im Wildwasser sollte man sich nicht aufhalten, wenn man nicht genau weiß, was man tut. Der Chickaloon war zwar kein Weltklasse-Fluss, aber er konnte stellenweise ziemlich rau sein, und anfangs war ich leicht beunruhigt.

Doch Linda, eine der Nichtbehinderten aus der Gruppe, versicherte mir, dass unsere Führer echte Profis seien und jede Menge Erfahrung mit dem Chickaloon *und* mit Behinderten hätten. Es bestünde keinerlei Grund zur Beunruhigung, denn wir befänden uns in guten Händen, und der Trip würde für alle Beteiligten ein Riesenspaß werden.

Das hörte sich routiniert und ehrlich an. Ich nahm Linda, hoffnungslos optimistisch und naiv, wie ich schon immer war, beim Wort und erklärte mich bereit mitzukommen. An einem strahlend schönen Samstagmorgen fuhr ich Richtung Norden zu unserem Zielort, wo ich die anderen Mitglieder der Gruppe traf.

Wir waren zu acht, einschließlich meiner Wenigkeit und vier nichtbehinderten Helfern (Linda, Derek, Jason und Steve), unseren Führern Rick und Gretchen und einem anderen Behinderten, einem jungen Spastisch-Gelähmten namens Jay Garber. Jay hatte eine schwere Gehirnlähmung und konnte sich vom Hals an abwärts nicht willentlich bewegen. Seine Arme und Beine waren wie dünne Streichhölzer am Körper hochgezogen; er konnte nicht verständlich sprechen, und jedes Mal wenn er von jemandem berührt oder leicht angerempelt wurde, ergriffen ihn heftige Krämpfe, die ihn fast aus dem Rollstuhl warfen.

Ich konnte mich nicht erinnern, seit meinem Aufenthalt in der Reha-Klinik jemals einen Körper in derart schlechter Verfassung gesehen zu haben, und ich weiß noch, dass ich dachte, es sei Wahnsinn, ihn mitzunehmen. Aber erneut versicherte mir Linda, sie wüssten *genau*, was sie täten, und allen – auch Jay – ginge es ausgezeichnet.

Von alldem abgesehen, bekam ich einen ersten Hinweis, dass es möglicherweise Probleme geben könnte, als wir am Ende des langen Pfades zu unserem Startplatz kamen und ich den Fluss sah. Er war durch die späte Gletscherschmelze angeschwollen und von kaltem tödlichem Grau. Er war voller Schlamm und übellaunig. Flüsse sehen so nur aus, wenn sie schwer und reißend fließen, wenn die Fließgeschwindigkeit und die Wassermassen für das Flussbett zu groß sind, und der Chickaloon wirkte an jenem Tag so bösartig, wie ich noch keinen Fluss erlebt hatte. Er war ohrenbetäubend laut, und wir mussten schreien, um uns zu verständigen. Mir gefiel dieser Anblick ganz und gar nicht.

Auch unsere Führer Rick und Gretchen gefielen mir nicht. Sie gehörten zu der Sorte Menschen, die ich noch nie ausstehen konnte – selbst ernannte Mitglieder der Outdoor-Elite, saft- und kraftlose Typen, die von Müsliriegeln leben und über jeden, der ihre Liebe für die großartigen Outdoor-Aktivitäten nicht teilt, die Nase rümpfen. Aber weil ich vorhatte, mein Leben in ihre Hände zu legen, hielt ich meine Zunge lieber im Zaum und beobachtete kommentarlos, wie sie ihre Vorbereitungen trafen.

Die beiden großen Gummiboote wurden schnell aufgeblasen und zum Ufer getragen, wo sie von einem steilen, etwa mannshohen Abhang zu Wasser gelassen wurden. Auf der Stelle wurden beide von der Strömung erfasst, und ohne die dicken Seile, die um zwei kräftige Baumstämme gebunden waren, wären sie von dem ungeheuren Sog des Flusses mitgerissen worden.

Schlagartig wurde mir klar, dass diese Leute verrückt

waren. Nur eine Gruppe von Idioten käme auf die Idee, unter derartigen Bedingungen das eigene Leben aufs Spiel zu setzen, ganz zu schweigen von dem Leben zweier Behinderter, die ihnen auf Gedeih und Verderb ausgeliefert waren. Doch bevor ich mich dagegen wehren konnte, packte Gretchen meinen Rollstuhl und stieß ihn zum Rand des Abhangs. Dann brüllte sie »Achtung, Bombe!«, kippte ihn nach vorne und ließ mich in die Arme von zwei unten wartenden Männern plumpsen. Jay kam sofort hinterher, und wir beide blickten uns nur wortlos an, als Rick und Derek uns nebeneinander in einem der Boote verstauten und uns die dicken orangefarbenen Schwimmwesten anzogen, die auf dem Fluss jeder tragen musste.

Während die beiden noch letzte Justierungen an den Tauen und Sicherheitsleinen vornahmen, sprangen Gretchen, Jason, Steve und Linda in das zweite Boot und machten sich ebenfalls zur Abfahrt bereit. Eine Minute später wurden die Leinen gelöst, und die beiden Boote trieben in verrückten Kreiseln in die Strommitte. Jetzt gab es kein Zurück mehr, und wir konnten uns nur noch festhalten und hoffen, die Flussgötter würden uns gnädig sein.

Auf den ersten fünfhundert Metern ging alles gut. Rick, der unser Boot steuerte, schien die Sache im Griff zu haben, und wir konnten uns ein wenig entspannen und die spektakuläre Landschaft betrachten, die rechts und links an uns vorüberflog. Wir fuhren viel schneller, als mir lieb war, doch solange das Boot aufrecht blieb und wir die schlimmeren Wirbel in der Mitte des Stroms mieden, war ich bereit, den rauen Start zu vergessen und für die angeblichen Profis das bekannte »im Zweifel für die Angeklagten« gelten zu lassen.

Doch die Katastrophe ereignete sich unmittelbar hinter der ersten großen Biegung. Zu diesem Zeitpunkt befand sich unser Boot weit vor dem anderen, so dass wir als Erste die Schlucht passierten und deshalb auch als Erste in Schwierigkeiten gerieten.

Direkt vor uns in der Flussmitte ragte ein ungeheurer grauer Steinbrocken hervor, der rundum von Tonnen wütendem, kochendem Wildwasser umspült wurde. Mein erster Impuls war Panik, doch ich erkannte schnell, dass zu beiden Seiten des Felsens viel Platz war – mehr als genug Platz, um ihn sicher umfahren zu können.

Doch anstatt irgendein Ausweichmanöver einzuleiten, wie es jeder vernünftige Mensch getan hätte, schien Rick direkt auf die Strommitte zuzuhalten! Das Boot geriet außer Kontrolle, wurde schneller und schneller, und der Felsbrocken kam rasend schnell näher.

Im Augenblick des Aufpralls ging alles wie in Zeitlupe. Ich sah das vordere Ende des Boots langsam an dem Findling hochsteigen, und ich dachte, wie komisch es doch sei, dass wir in der Mitte dieses wilden Flusses stecken bleiben würden, und ich fragte mich, wie lange wir wohl warten müssten, bis uns jemand retten würde.

Um mich herum schrien die Leute, aber ich konnte nichts hören. Es war, als ob ich in eine dicke Schicht Isoliermaterial gehüllt wäre, die jedes Geräusch abhielt. Nur die Sehnerven funktionierten noch, und was ich als Nächstes sah, war eine Szene, die ich nie vergessen werde.

Die ganze rechte Seite des Boots gab dem Wüten des Flusses nach und drohte abzutauchen. Jay trennten nur noch wenige Zentimeter vom tobenden Wasser. Entsetzt streckte ich mich nach seinem Arm, um ihn in Sicherheit zu ziehen, aber ich war zu langsam. Die Seite des Boots knickte unter dem Druck des Wassers weg, und das Letzte, was ich von Jay sah, bevor er unter die Oberfläche gezogen wurde, war das blinde Entsetzen in seinen Augen.

Ich griff nach der Sicherheitsleine und klammerte mich mit aller Kraft daran fest, doch eine Sekunde später kenterte das ganze Boot, und ich spürte die schneidende Kälte des Wassers, als es über meinem Kopf zusammenschlug und mich in die eisige Tiefe hinunterzog.

Ich war unter Wasser in einem Strudel gefangen, einem mächtigen schwarzen Mahlstrom, der mich tiefer und tiefer zog, während ich mich wie wild an die Oberfläche hochzukämpfen versuchte. Mein Hirn schrie nach Luft, und ich griff verzweifelt nach *irgendetwas*, an dem ich mich festhalten könnte.

Als Sekunden später jedes Molekül Sauerstoff in meinem Blutkreislauf verbraucht war, setzte der Reflex ein, und ich öffnete den Mund, holte tief Luft und wurde bewusstlos, überwältigt von der Dunkelheit um mich herum.

Aber wie durch ein Wunder bin ich nicht gestorben, und als ich schließlich das Bewusstsein wiedererlangte, schwamm ich allein im Fluss, weit weg von dem umgedrehten Boot und gefangen in der wilden Wut der Stromschnellen. Wie Strandgut wurde ich hilflos flussabwärts getrieben, wobei das betäubend kalte Wasser mir die letzte Kraft raubte. Aber ich spürte die Kälte überhaupt nicht. Stattdessen fühlte sich der eiskalte Fluss so warm und besänftigend an wie Badewasser, und die glühende Sonne über mir brannte heiß auf meiner Haut.

Ich stand eindeutig unter Schock; das ist ein gefährlicher Zustand, der schnell lebensbedrohlich werden kann. Doch in diesem einen Fall rettete er mir vermutlich das Leben, denn ich blieb ruhig und entspannt und machte nicht den Versuch, um mich zu schlagen, als Jason in den Fluss sprang, um mich zu retten. Er hatte mit den anderen im zweiten Boot gesessen, als der Unfall geschah, und hatte nur hilflos zusehen können. Aber als sie meine orangefarbene Schwimmweste flussabwärts an der Oberfläche auf- und abtauchen sahen, rasten sie hinterher, um mich rauszuziehen, bevor der Fluss mich aus ihrer Reichweite spülte.

Das Wasser hatte sich an dieser Stelle etwas beruhigt, und sobald Jason sicher war, dass ich nicht in Panik war und ihn nicht in Gefahr bringen würde, zog er meinen Arm über seine Schulter, griff nach dem Strick an meiner Schwimmweste und schwamm mit mir im Schlepptau zum Ufer. Auf halber Strecke begann die Trance, in die ich gefallen war, nachzulassen, und ich spürte die schmerzende Kälte des Wassers. Als er mich aus dem Fluss zog, war ich ein unterkühlter Wackelpudding – bis ins Innerste durchgefroren, bibbernd und fast bewusstlos.

Die anderen warteten bereits alle am Ufer, und sobald ich aus dem Wasser raus war, legten sie mich auf den Boden und zogen mir die nassen Kleider aus. Mich und die anderen scherte es kein bisschen, dass ich vor völlig fremden Menschen nackt dalag. Es ging nur noch darum, mich wieder warm zu kriegen.

Als ich wieder sprechen konnte, fragte ich voller Angst vor der Antwort nach Jay, denn für mich war klar, dass er diese Tortur nicht überlebt hatte. Aber Gretchen versicherte mir, er sei am Leben. Sie hatten ihn rechtzeitig erwischt, und abgesehen von einer schweren Unterkühlung hatte er keine dauerhaften Verletzungen davongetragen. Aber dennoch war es dringend nötig, dass wir alle an einen warmen Ort kamen, und zwar schnell.

Ich wurde von seliger Erleichterung überwältigt, als ich endlich auf den Vordersitz meines Wagens gepackt wurde und die Heizung voll aufgedreht war. Erst eine Stunde später setzte die schockbedingte verzögerte Reaktion ein, und da begann ich dann das volle Ausmaß des Geschehenen zu begreifen. Diesmal war ich dem Tod näher gewesen, als ich je sein wollte, und wofür? Um etwas zu beweisen? Um jedermann zu zeigen, wie stark ich in meinem Rollstuhl war? Es war ein dummer und gefährlicher Kraftakt gewesen, und ich war auf mich selbst zornig, weil ich mich in eine derartige Lage gebracht hatte.

Aber ich konnte nicht glauben, was ich von den anderen, meinen nichtbehinderten sogenannten »Freunden«, hörte. Sie redeten aufgekratzt durcheinander, lachten und scherzten darüber, was für ein aufregender Trip das gewesen sei und dass eine Flussfahrt doch keine richtige sei, wenn nicht jemand dabei »baden« ging!

Das konnte doch nicht wahr sein! Diese Idioten hatten das Leben zweier behinderter Menschen in ernste

Gefahr gebracht, und alles, worüber sie reden konnten, war, was für ein *Spaß* das gewesen sei! Sie kapierten überhaupt nicht, was sie getan hatten, und als ich später erfuhr, dass man mich angelogen hatte und dass dies Ricks *erste* Fahrt auf dem Chickaloon gewesen war, entschloss ich mich, einen Anwalt aufzusuchen, sobald wir wieder in Anchorage wären.

Das tat ich auch, und schließlich einigten wir uns auf einen außergerichtlichen Vergleich. Doch das war noch nicht alles. Ich weiß nicht, ob es der mit der ganzen Sache verbundene Stress war oder ob einfach nur meine lange Remission zu Ende ging, aber die gute körperliche Verfassung, die ich vor der Flussfahrt hatte, erlangte ich nie mehr wieder.

Mitte September erwachte ich jeden Morgen müde und mit Schmerzen, und mehr als einmal fand mich mein Chef zu seiner Überraschung schlafend über einer offenen Akte. Als ob das noch nicht gereicht hätte, wurden mein linker Arm und meine linke Hand so schwach, dass ich nicht mehr als fünf oder sechs Seiten auf einmal tippen konnte, ohne dass sich meine Finger schmerzhaft krümmten und von der Tastatur in meinen Schoß fielen.

Die Tage schleppten sich ohne merkliche Besserung dahin, und am letzten Wochenende des Monats wurde mir klar, dass ich eine Zeit lang aus Anchorage heraus musste, an einen ruhigen Ort, wo ich laut denken und wieder zu mir selbst finden konnte.

Am Samstagmorgen fuhr ich in einem Stück die weite Strecke nach Homer durch; dort saß ich dann fast den ganzen Nachmittag am Hafen und saugte alles, was ich sah, hörte und roch, in mich auf, wie ich es schon in so vielen Sommern zuvor getan hatte. Ganz allein saß ich am Dock vor dem Büro des Hafenmeisters und sah zu, wie die Fischerboote hereinkamen, die unter dem Gewicht eines guten Tagesfangs tief im Wasser lagen.

Ich dachte an diesem Tag viel an die *Mariah* und daran, wie herrlich es gewesen war, auf dem Bugspriet zu stehen, die Sonne auf meinem Gesicht und den Wind im Haar zu spüren und die großen weißen, von der Brise geblähten Segel zu betrachten, die uns hinaus aufs Meer trugen. Damals war ich so glücklich gewesen, so stark und zuversichtlich. Doch das war lange her, und seitdem hatte sich sehr viel geändert.

Mir fiel ein, dass ich einmal eine Geschichte über eine junge Frau gelesen hatte, deren Ehemann in einer kalten Winternacht plötzlich gestorben war und sie allein und einsam zurückgelassen hatte, voller Trauer über den Verlust ihrer Zukunft, die sie nie erleben würde. Dann, Monate später, räumte sie an einem Frühlingsmorgen die Dachkammer auf und stieß dabei auf einen von vielen vergangenen Sommern abgewetzten alten Wasserball, der erstaunlicherweise noch mit Luft gefüllt war. Als sie ihn vom Regal nahm und in den Armen hielt, erinnerte sie sich daran, wie es gewesen war, als ihr Mann noch bei ihr war und ihr gemeinsames Leben gerade erst begann.

Langsam öffnete sie das Ventil, drückte den Ball an die Lippen und atmete etwas von seiner Luft ein. Als sie das tat, war sie voll von Erinnerungen an die Liebe ihres Mannes, und eine Weile lang war es so, als sei er niemals fortgegangen. Er war *bei* ihr, oben in der Dachkammer, wo sie ihn umarmen und für immer festhalten konnte.

Über ein Jahr lang genoss sie den Teil von ihm, den er dagelassen hatte. Wann immer der Kummer und die Einsamkeit nicht mehr zu ertragen waren, ging sie allein in die Dachkammer und atmete die Stärke und den Frieden ein, die sie brauchte, um weiterzumachen. So lange sie sich noch an diesen Teil ihres Mannes klammern konnte, würde er nie sterben. Deshalb achtete sie darauf, nie zu tief einzuatmen.

Doch schließlich kam der Tag, an dem die Luft aufgebraucht war und der Wasserball schlaff und leer in ihren Händen lag. Plötzlich war da nichts mehr zum Einatmen, war von ihrem Mann nichts mehr da. Erst da verstand sie die wahre Natur seiner Liebe und des Geschenkes, das er zurückgelassen hatte. Sie sagte ihm auf Wiedersehen und verließ ruhig die Dachkammer in dem Wissen, dass sie sie nie wieder betreten würde. Dieser Teil ihres Lebens war vorüber. Es war an der Zeit, etwas Neues zu beginnen.

In gewisser Weise ist Alaska *mein* Wasserball geworden, ein Traum, an dem ich immer noch festhielt, als es schon nicht mehr gesund oder vernünftig war. Ich hatte es in etwas Heiliges verwandelt, in einen Andenkenschrein für all die Dinge, die einst für mein Leben gestanden hatten.

Doch in meinem Rollstuhl, in dem ich nun mal saß, erkannte ich schließlich, dass es keine langen wilden Sommer mehr geben würde, in denen ich die Pracht dieser letzten Wildnis erforschen konnte, und auch keine Winter mehr in der fröhlichen Gesellschaft guter Freunde.

Das Abenteuer war zu Ende. Der Wasserball war leer, und es war an der Zeit, dass *ich* auf Wiedersehen sagte.

Das Telefon klingelte, als ich an jenem Abend in meine Wohnung zurückkam, und zu meiner riesengroßen Freude war mein Bruder am anderen Ende der Leitung. Er rief von Honolulu an, um von dem Penthouse am Meer zu schwärmen, das er den ganzen Winter hindurch für einen Freund hüten sollte.

Ja, ja, ja. Ich hörte nur mit halbem Ohr zu, als er lang und breit die Herrlichkeiten von Hawaii und sein Leben dort als Stabssergeant der Air Force beschrieb. Fast zwanzig Minuten lang quasselte er ohne Punkt und Komma, und erst als seine Stimme eine hörbare Schärfe annahm, begriff ich endlich den eigentlichen Grund seines Anrufes.

»JJ, du abgrundtiefe *Idiotin*«, sprudelte er entnervt hervor. »Kapierst du denn nicht, was ich sage? Ich will, dass du kommst und den Winter mit mir verbringst. Hier! In Honolulu!«

Er meinte es ernst, und in zehn Sekunden hatte ich mich entschieden. Wir hatten uns seit vier Jahren nicht mehr gesehen; wir waren zwar durch Telefonanrufe und Briefe in Verbindung geblieben, doch es würde spaßig werden, zur Abwechslung eine Zeit lang in *seiner* Welt zu leben.

Und die Tatsache, dass seine Welt rein zufällig in einem Tropenparadies lag, machte die Sache noch einfacher. Ein kompletter Tapetenwechsel könnte Wunder bewirken. Zumindest würde er mir bei der Rückkehr nach Pittsburgh und in die so genannte »wirkliche Welt« helfen.

An meinem letzten Wochenende in Alaska machten Jane und ich einen langen Ausflug quer durch die Halbinsel bis nach Kenai. Ich musste mich von so vielen Leuten verabschieden, und ich wollte einen letzten Blick auf all das werfen, was mir so viel bedeutet hatte. Ich würde nicht mehr wiederkommen, deshalb war es wichtig, dass die Erinnerungen, die ich mitnahm, stark genug waren, damit ich sie mein Leben lang nicht vergessen würde.

Wir hielten auf einen Kaffee in der Lodge von Cooper Landing, und als wir dasaßen und auf den See blickten, dachte ich an meinen ersten Winter hier zurück und an all die Leute, die seitdem gekommen und gegangen waren. Die ursprüngliche Lodge war in der Zwischenzeit abgebrannt und wieder aufgebaut worden, aber meine gute alte Blockhütte stand noch oben auf dem Hügel. Jane lachte sich schlapp, als ich ihr die Geschichte von meiner ersten Nacht hier erzählte und wie ich *sie* beinahe niedergebrannt hatte.

Als wir nach Kenai hinunterkamen, machten wir einen Abstecher zur »Melody Lane«, um Helen Keppel auf Wiedersehen zu sagen. Sie war gut Ende siebzig, aber noch genauso bissig und giftig wie eh und je. Jane war von Helens Haus geplättet, und ich rollte, während sie die große Besichtigungstour machte, mit meinem

Rollstuhl hinaus in den Wald zu meiner Blockhütte, um mich ein letztes Mal dort umzusehen.

Alles war noch genau so, wie ich es in Erinnerung hatte, und plötzlich war ich von Gefühlen überwältigt, verloren in der Erinnerung an eine längst vergangene Zeit. Die hier an diesem kleinen Ort verbrachten Jahre zählten zu den besten meines Lebens.

Als ich an all die Menschen dachte, die mein Leben geteilt hatten, und an all die Orte, die ich nie wiedersehen würde, stiegen mir die Tränen in die Augen. In meinem Leben würde es noch mehr Enttäuschungen geben und noch viel größere Verluste, aber irgendwie spürte ich, dass nichts davon so wehtun würde wie dies hier.

Unser letzter Stopp war Cindys Haus, und es war bereits weit nach Mitternacht, als wir dort eintrafen. Alle waren todmüde und bettreif, aber Cindy und ich hatten zu viel zu bereden, und so saßen wir bis tief in die Nacht mit einer Flasche Scotch und ein paar alten Fotoalben in der Küche.

Wir hatten massenhaft gemeinsame Erinnerungen und redeten die ganze Nacht lang; wir lachten ausgelassen über einige Leute und Orte, die uns begegnet waren. Es gab auch ernste Augenblicke, in denen uns klar wurde, dass unsere gemeinsame Zeit vorbei war und wir füreinander bereits alles getan hatten, was wir jemals tun konnten. Da sagte ich ihr, wie sehr ich sie liebte und wie viel mir ihre Freundschaft bedeutete. Ich hatte keine Ahnung, ob ich noch einmal die Chance bekäme, diese Dinge auszusprechen, und ich wollte, dass sie das wusste.

Als wir am nächsten Morgen Kenai und Cindy verließen, machte mich der Wunsch dazubleiben fast krank. Ich schloss für immer die Tür zum besten Teil meines Lebens, und ganz gleichgültig wo ich den Rest verleben oder was ich auch tun würde, dieser Ort würde immer meine Heimat sein.

Doch die Reise war nun vorbei, und als wir nach Anchorage zurückfuhren, prägte ich mir jede Straßenkurve genau ein, denn ich wusste, das alles würde eines Tages wichtig sein.

Dreizehn

Hawaii
Oktober 1984

Als ich am Honolulu International Airport aus dem Flugzeug rollte, wusste ich sofort, dass ich diesen Ort mögen würde.

Ein halbes Dutzend fette grüne Pfauen kreischten und prahlten mit ihrem Rad, während eine Stimme aus dem Lautsprecher die Passagiere zu ihren Endzielen wie Kahoolawe, Lahaina und Nawiliwili rief. Milliarden wilder exotischer Blumen blühten im Sonnenschein, Palmen sprossen überall wie übergroße Polypen hervor, und genau in der Mitte stand mein Bruder, genannt Richard das Wiesel (RdW), mit einem Arm voll Blumenkränze und grinste wie ein Idiot.

Ich war vor Aufregung außer mir bei dem Gedanken, dass ich nun tatsächlich bei meinem Bruder auf Hawaii war, doch die Tatsache, dass er mich noch nie im Rollstuhl hatte sitzen sehen, beunruhigte mich ein wenig. Ich wusste nicht, wie er darauf emotional reagieren würde.

Ich hätte es besser wissen müssen.

Er brüllte los, als er mich entdeckte, fing an auf und

ab zu hüpfen und sich einen Weg durch die Menge zu bahnen. Tausende von Touristen in »authentischen« Hawaiihemden und *muumuus* (folkloristischen Wickeltüchern) schossen auf der Suche nach Koffern und Kindern wie wild umher, und sie alle trugen von der Reise noch denselben benommenen Gesichtsausdruck – wie Frettchen auf Speed.

Schließlich stand er vor mir, und ich streckte ihm zur Begrüßung die Arme entgegen, doch mein Magen verkrampfte sich, als ich seinen Blick sah. Oh Gott, dachte ich, er nimmt es noch schwerer, als ich befürchtet hatte. Er stand da und starrte zuerst auf den Rollstuhl, dann auf mich. Seine Augen wurden feucht, seine Mundwinkel begannen zu zucken, und bevor ich noch etwas zu seinem Trost sagen konnte, fiel er vor meinen Füßen zu Boden und lachte. Ich saß nur verblüfft da, während er seinen kleinen Anfall hatte, und als er sich endlich wieder beruhigt hatte, schaffte er es unter Lachtränen zu sagen: »Baby, du wirst am Strand *echt anstrengend* sein!«

Auf dich, kleiner Bruder.

Wir brauchten über eine Stunde, um aus dem Terminal herauszukommen, denn ich musste bei jeder Kokosnussschale, jeder Muschel und jedem billigen Touristenramsch anhalten und schauen, als hätte ich einen vergrabenen Schatz entdeckt.

Zum Glück nahm RdW es locker und bewirtete mich sogar mit dem obligatorischen Mai Tai in der Flughafenbar, während ich mich nach Tom Selleck umsah. Es war kurz vor drei Uhr, als wir Richards Pick-up beladen hatten und für die Fahrt nach Honolulu auf den H-1 einbogen. Als wir die Auffahrt hochfuhren, drehte ich die Fensterscheibe herunter und stellte das Radio an. Dann schloss ich die Augen und ließ den Wind und die Musik wie einen warmen Sturm über mich brausen. Gott, es war großartig.

»Ich glaube es nicht!«, bellte RdW gegen den Verkehrslärm an. »Du hast einen Haufen Geld ausgegeben, um nach Hawaii zu kommen, und jetzt sitzt du hier und hast deine verdammten Augen zu. Was zum Teufel ist los mit dir?«

»Halt den Mund«, sagte ich spitz, »und sag mir einfach nur Bescheid, wenn wir da sind.«

»Wenn wir *wo* sind?«

»Am Meer. Halt einfach den Mund und sag mir, wenn wir ans Meer kommen.«

»JJ, um Himmels willen, wir sind auf einer Insel. Das Meer ist *überall!* Mach doch einfach die Augen auf!«

Das tat ich, und da war er, der richtige, endlose Pazifik voller Purpurfische, genau da, wo die Karte ihn zeigte. Er war noch schöner, als ich ihn mir vorgestellt hatte. Bis heute schwört RdW, dass wir wirklich am Aloha Tower und an der Fisherman's Wharf und all dem berühmten Zeug vorbeigefahren sind, aber ich war der Welt entrückt ... es würde wahnsinnig schön werden.

RdW hatte sich zu Ehren meiner Ankunft frei genommen und war so nett, für einige Tage dem »haole« in mir nachzugeben. Haole steht im Inselslang für Touristen – vor allem für weiße Touristen –, aber das war mir egal. Ich wollte alles sehen.

Zuerst stand die übliche Tour durch Waikiki auf dem Programm, einem glitzernden überdimensionalen Souvenirladen, der für immer ein amerikanisches Denkmal des schlechten Geschmacks sein wird. Horden schwitzender Touristen waren im Kaufrausch auf die Kalakaua Avenue eingefallen und stopften eifrig Pukaschalen und Hulapuppen in riesengroße Plastikbadetaschen, um auf Teufel komm raus den letzten Reisescheck aufzubrauchen, bevor sie nach Hause flogen. Für einen Neuling wie mich war das alles zu viel, und als wir gingen, war mir leicht übel.

Wir fuhren zu den Ananasfeldern von Dole, dann nach Pearl Harbor und zur Kodak Hula Show und absolvierten sogar den obligatorischen Nachmittag im so genannten Polynesischen »Kultur-Zentrum«. Am Samstag war ich völlig geschafft und deshalb heilfroh, als RdW verkündete, wir würden seinen Kumpel Danny Garofolo einsammeln und den Tag am Strand der Hanauma Bay verbringen.

Das Wetter war perfekt, der Strand war voll, und ich konnte es gar nicht erwarten, ins Wasser zu kommen. Während die Jungs den Pick-up entluden, arbeitete ich mich zum Strand hinunter, um mich umzusehen. Nach acht Jahren in Alaska war ich überzeugt, Eis und Schnee seien die schlimmsten Hindernisse, die sich einem Rollstuhl überhaupt in den Weg legen können. Da hatte ich aber die Tücken des Sandstrandes unterschätzt. Wie schwer konnte das schon sein?

Ich legte mich ordentlich in die Riemen und schob mit einem kraftvollen Stoß in Richtung Wasser los. Der Stuhl setzte sich wie ein Geschoss in Bewegung und schaffte es genau fünfzehn Zentimeter weit; dann hatten sich alle vier Räder bis zu den Achsen in den weichen weißen Sand gegraben. Verdammt. Ich konnte mich nicht rühren, und jetzt fingen auch schon die Leute an herzustarren. Ich lehnte mich nach hinten und legte einen Wheelie hin, entschlossen, mich selbst zu befreien und denen zu zeigen, wie man so etwas macht. Die Vorderräder schnellten wie beabsichtigt aus dem Sand hoch, doch anstatt sich vorwärts zu bewegen, gruben sich die Hinterräder nur noch tiefer ein, und das Nächste, was ich mitbekam, war, dass der Rollstuhl nach hinten kippte.

Oh Gott. Ich war so hilflos wie eine auf dem Rücken liegende Schildkröte. Ich lag da flach auf dem Rücken mit dem Kopf im Sand, und meine Füße schwangen wie Flossen in der Luft herum. Ich kam mir vor wie ein Idiot, und als ich endlich den Nerv aufbrachte, die Augen aufzuschlagen, sah ich, wie RdW und Danny stinksauer auf mich zurannten.

»Ich *habe* dir *doch gesagt*, sie würde eine Plage werden! Komm, wir lassen sie einfach hier liegen und gehen schwimmen.«

»Ach zur Hölle, Rich. Sie würde nur anfangen zu brüllen, und dann wär es für uns *wirklich* peinlich. Los, wir ziehen sie besser hoch.«

In meinem Herzen dachte ich an Mord, als sie mich hochhoben und wieder in den Stuhl setzten. Doch dann musste ich über ihre genauso lahmen Versuche, mich durch den Sand zu schieben lachen. Schließlich hoben sie entnervt den Rollstuhl samt Inhalt hoch, und wir schlängelten uns durch das wilde Labyrinth von

Decken und halb nackten Sonnenanbetern Richtung Meer.

Wir zogen dreist durch den Sand, während Hunderte von Zuschauern gönnerhaft lächelten und sich zuflüsterten: »Oh, wie süß, sie haben sie zum Strand gebracht, damit sie auch mal etwas Sonne abbekommt.« Die Stimmung wurde jedoch schnell peinlich, und ich hörte jemanden schreien: »OH MEIN GOTT, SIE WERDEN SIE UMBRINGEN!«, als die Jungs mich aus meinem Rollstuhl zerrten und mit dem Kopf voran ins Meer warfen. Wir entkamen einem Zwischenfall nur, indem wir unsere Brillen und Schnorchel anlegten und zum Riff an der Mündung der Bucht abtauchten.

Selbst ohne Einsatz meiner Beine konnte ich noch besser schwimmen als die meisten anderen Menschen, aber ich musste mich wirklich anstrengen, um mit den beiden Jungs mitzuhalten. Als wir am Riff entlangschnorchelten, verlor ich vor Freude über das, was ich sah, jedes Gefühl für Zeit und Raum. Die Hanauma Bay ist ein Meeresschutzgebiet, und die Anzahl und Vielfalt tropischer Fische war umwerfend. Riesige rosafarbene und blaue Pfauenfische knabberten an den roten Korallen, während in perfekter Formation Tausende von Meerengelfischen in Technicolor-Qualität vorbeisegelten. Große grüne Kugelfische schwebten das Riff entlang wie kleine Heißluftballons, immer auf der Hut vor den scharfen Stacheln der Seeigel, die wie große dornige Warzen an den Korallen klebten.

Ich fühlte mich wie im Paradies und hätte für immer dableiben können. Aber die Flut kam, und als RdW das Zeichen gab, es sei Zeit zu verschwinden, drehten wir ab und schwammen geradewegs auf den Strand zu. Als wir dort ankamen, war ich vom Kampf gegen die Strömung erschöpft und erleichtert, als die Jungs mich jeweils an einem Arm und einem Bein packten und an Land zogen. Sie ließen mich allein im Sand sitzen und gingen zum Auto, um Sandwiches und Bier zu holen. Ich träumte vor mich hin und achtete nicht darauf, als die Brandung heranrollte.

Es war nichts Aufregendes, nur die übliche leichte Strandbrandung, die jedem Sechsjährigen gefallen hätte. Aber ohne zwei funktionierende Beine wurde die Sache für mich wirklich brenzlig. Die erste Welle warf mich nach hinten und drückte meinen Kopf und meine Brust rund dreißig Zentimeter unter Wasser in den Sand. Ich war überrumpelt, doch ich schaffte es, den Kopf frei zu bekommen, und kämpfte damit, mich aufzusetzen, als die nächste Welle meine Beine ergriff und sie über meinen Kopf schleuderte. Bevor ich mich aufrichten konnte, hatte sie mich in Purzelbäumen den Strand hinabgezogen, und ich trieb immer weiter zu der Stelle, an der sich die tosende Brandung brach.

Das Wasser wurde immer tiefer, und ich geriet in Panik. Ich öffnete den Mund, um nach Hilfe zu rufen, als eine dritte Welle mich direkt im Gesicht traf, mir die Sicht nahm und mir literweise Salzwasser durch die Gurgel schüttete. Ich konnte die Leute in der Entfernung lachen und Beifall klatschen hören, und ich merkte entsetzt, dass sie dachten, ich hätte Spaß daran! Ich saß ernsthaft in der Klemme und sah schon die Schlagzeilen in der Zeitung:

TAUSENDE APPLAUDIEREN, WÄHREND GELÄHMTE ERTRINKT!

Was für eine fürchterliche, sinnlose Art zu sterben. Später schworen RdW und Danny, sie hätten nicht gemerkt, dass die Sache kritisch war, bis sie sahen, wie ihre teure Tauchermaske samt Schnorchel von meiner Hand gerissen und aufs Meer hinausgespült wurde – da beeilten sie sich, mich aus der Brandung zu ziehen. Man musste ihren Heldenmut bewundern, und vor allem ihren Sinn für Prioritäten.

Während der ganzen malerischen Fahrt nach Hause an der Küste entlang waren die Jungs damit beschäftigt, zu quatschen und auf die verschiedenen Stellen zu deuten, wo *sie* bei ihren eigenen kleinen »Abenteuern« auf der Insel fast gestorben wären. Die Felskliffe und die tosende Brandung waren spektakulär, aber mir ging dieses schöne Riff einfach nicht aus dem Kopf. Es musste doch eine Möglichkeit geben, dort mit einer Taucherausrüstung noch mal runterzugehen, um es etwas näher zu erkunden. Zuerst erschien die Idee absurd. Aber je länger ich darüber nachdachte . . .

Als ich am Abend beim Essen das Thema ansprach, war ich überrascht, wie viel Begeisterung die beiden dafür aufbrachten. Wir diskutierten sogar intensiv, welche Möglichkeiten es gäbe. Angesichts des Fiaskos vom Nachmittag waren wir uns einig, dass das Tauchen vom Strand aus nicht in Frage kam – die Brandung wäre für mich mit voller Taucherausrüstung am Leibe tödlich. Die einzige Alternative bestand darin, von einem Boot aus direkt ins tiefe Wasser hinunterzutauchen. Wir müssten ein Tauchgeschäft finden, das ein Boot hatte und bereit war, eine behinderte Taucherin mitzunehmen – was ziemlich unwahrscheinlich war. Aber ich sagte, ich würde am nächsten Tag ein bisschen herumtelefonieren und die Lage peilen.

So machte ich mich früh am nächsten Morgen mit einem Telefon und einem hiesigen Branchenverzeichnis ans Werk. Nach mehreren Telefonaten war ich entmutigt, denn nur wenige hatten je mit behinderten Tauchern gearbeitet und noch weniger waren bereit, es zu versuchen. Eine Stunde später, als ich mit jedem Tauchsportgeschäft auf der Insel gesprochen hatte, blieben mir genau zwei Möglichkeiten – der Aloha Dive Shop in Koko Marina und Craig's Diving Emporium in Waikiki. Überraschenderweise waren beide begeistert und hatten tatsächlich schon Erfahrung mit Rollstuhltauchern. Da Craigs Geschäft nur einige Querstraßen von Ala Moana entfernt lag, rief ich dort noch mal an, und wir vereinbarten, am nächsten Morgen einen Tauchversuch zu starten.

Ich verbrachte den ganzen Nachmittag am Pool und wartete darauf, dass das Wiesel von der Arbeit nach Hause kam, damit ich ihm die gute Neuigkeit mitteilen konnte. Er meinte, das höre sich klasse an. Aber er erinnerte mich auch daran, dass er am nächsten Tag zum Dienst eingeteilt war und ich deshalb auf mich allein gestellt sein würde. Natürlich war er sicher, dass alles gut gehen würde, aber vielleicht könnte ich trotzdem heute Abend mein Testament machen? Nur so für den Fall?

Mit einer ausgewachsenen Paranoia ging ich zu Bett und schwankte zwischen Angst und Hysterie bei der Aussicht auf das Abenteuer am folgenden Morgen.

****

»Ich ziehe diesen Taucheranzug nicht an.«

»Du *musst* einen Taucheranzug tragen.«

»Auf keinen Fall. Falls es noch niemandem aufgefallen sein sollte, wir kriegen heute über dreißig Grad, folglich bewegen sich die Chancen, Frostbeulen zu bekommen, gegen Null. Und außerdem, wer von euch Affen will mir denn helfen, dieses verdammte Ding anzuziehen?«

So viel zur harten Tour. Craig Eslep, der Besitzer, und seine beiden Mitarbeiter Scott und Phil blickten sich nur an und grinsten. Sie waren alle echte Tauchprofis, und die Vorstellung, dass eine vorlaute kleine Aufwieglerin in einem Rollstuhl ihr Maul darüber aufreißt, was sie tun und was sie *nicht* tun würde, war wirklich saukomisch. Doch eine halbe Stunde später – nachdem der Tauchschein geprüft, die Ausrüstung fertig und das Geld bezahlt war – war ich bereit. Wir verließen das Geschäft und gingen über die Straße auf einen großen blauen Transporter zu, der an der Ecke geparkt war. Phil sprang hinein und ließ den Motor an, und bevor ich noch die Zeit hatte, zu überlegen, wie ich wohl in das Auto käme, hatten Craig und Scott mich hochgehoben und auf dem Vordersitz abgeladen. Sie warfen den Rollstuhl hinten auf den Transporter, und schon waren wir auf dem Weg, um die anderen Taucher, die mit von der Partie sein würden, abzuholen.

Langsam wurde ich doch ein wenig nervös. Das Tauchen mit Sauerstoffflasche kann für jeden eine heikle Sache sein, sei er nun behindert oder nicht. Es ist ein Sport, für den man viel Training und Übung sowie Kraft und Koordination braucht. Wenn unter Wasser etwas schief läuft, kann die Sache sehr schnell gefährlich werden. Und wenn man sich zu diesem Zeitpunkt zufällig dreißig Meter unter der Wasseroberfläche befindet, weiß man besser ganz genau, was man tut.

Seit meinem letzten Tauchgang in Alaska waren fünf Jahre vergangen, und ich war nicht gerade in einer guten körperlichen Verfassung. Vier Jahre im Rollstuhl hatten ihren Tribut gefordert: Meine Beine waren nutzlos, mein linker Arm war schwer und taub, ich hatte zugenommen, und mein Blutdruck lag weit unter seinem Sollwert. Und als wäre all das noch nicht genug, würde es heute für mich gleich mehrere »erste Male« geben – meinen ersten Tauchgang im offenen Meer, meinen ersten Tauchgang als Gelähmte und meinen ersten Tauchgang ohne einen Partner, den ich kannte und dem ich vertraute. Deshalb stellte sogar *ich* mir die Frage, was mich eigentlich dazu trieb und ob es nicht völlig geisteskrank war, was ich hier tat.

Ich hatte in einem Sommer in Kenai tauchen gelernt, doch die Tauchgänge dort hatten in ein paar kleinen Seen stattgefunden und hatten nur Trainingszwecken gedient. Das Tauchen in den Seen Alaskas war großartig, und wie jeder Taucher bestätigen wird, besteht die Hälfte des Spaßes schon allein darin, ins Wasser zu gleiten und Blasen zu machen. Aber um ehrlich zu sein, gibt es in einem See wirklich nicht allzu viel zu sehen. Nichts im Vergleich zu diesen Jacques-Cousteau-Filmen.

Ich wusste, die richtige Action findet man im offenen Meer, doch die alaskischen Gewässer des Cook Inlet konnten tödlich kalt und tückisch sein. Da ich weder die richtige Ausrüstung noch die nötige Erfahrung besaß, hielt ich mich an harmlosere Unterwasserabenteuer und brachte die übrige Zeit mit Tagträumen von warmem Wasser und Purpurfischen zu. Jahre später, als ich vom Rollstuhl immer abhängiger wurde, setzte ich das Tauchen resigniert auf die Liste der Dinge, die ich nie wieder tun würde.

Doch das lag nun alles hinter mir, und heute würde ich entweder untergehen oder schwimmen, um es mal so auszudrücken.

Wir bogen auf die Kalakaua Avenue und fuhren nordwärts zum Hyatt Regency, um die anderen abzuholen. Vor dem Hotel warteten vier Männer, und nach der Größe ihrer Ausrüstungssäcke zu schließen, hatten sie ihr eigenes Gerät dabei. Das war für mich kein gutes Zeichen, denn wenn man das ganze Set der (sehr teuren) Tauchausrüstung besitzt, ist man schon ein Profi, und wenn diese Knaben so gut waren, wie sie aussahen, würde ich mir im Wasser wie ein echter Clown vorkommen.

Sie setzten sich in den Transporter, und Phil fuhr wieder zurück zum Ala-Wai-Yachthafen, wo das Tauchboot wartete. Als wir uns miteinander bekannt gemacht hatten, drehte sich die Unterhaltung um vergangene

Tauchausflüge. Ich sagte nicht viel, und je länger ich zuhörte, desto eingeschüchterter fühlte ich mich. Was wir hier hatten, waren vier Tauchcracks, drei professionelle Lehrer und ich, das beinlose Wunder. Ich war mir sicher, der gute alte Neptun versuchte mir damit etwas zu sagen.

Der Hafen stank nach Geld. Oder vielleicht war es auch nur der Geruch von fauligem Wasser. Alle Häfen riechen, und dieser Geruch hier war ein Wunder. Dieselkraftstoff, verendete Fische und Strandgut von tausend weit entfernten Orten hingen in der Luft, ein duftender Reisebericht von Anlaufhäfen am anderen Ende der Welt. Schaluppen und Schoner, Ketschen und Jollen lagen in Reih und Glied, Bugspriet an Bugspriet, an den endlosen ehemaligen Docks.

Das waren wirklich ernst zu nehmende Boote. Yachtclubwimpel aus der ganzen Welt schlugen gegen die Fallleinen, und ich erkannte sogar einige Gold Platers – berühmte Weltklasse-Rennyachten, einzig zu dem Zweck konstruiert und erbaut, so schnell wie möglich über die Meere zu jagen. Oh, wäre man doch stinkreich und fit.

Alle stiegen aus dem Transporter und begannen ihre Beutel abzuladen, während ich darauf wartete, dass Craig mir den Rollstuhl brachte. Stattdessen hob er mich einfach aus dem Auto und trug mich über den Parkplatz, drei oder vier Stufen hinunter und hinaus zum Boot am Ende des Docks. Ich machte es mir auf dem Hinterdeck bequem, als die anderen an Bord kamen und sich einen Sitzplatz suchten.

Als Scott meinen Rollstuhl im Bug verstaut hatte, löste er die Leinen, und bald plauderten wir alle aufgeregt, während wir aus dem Hafen fuhren. Bislang hatte noch niemand das Offensichtliche erwähnt, und da mir nichts einfiel, wie ich das Thema elegant zur Sprache bringen konnte, sagte ich auch nichts.

Wir brauchten zehn Minuten bis zu unserer Tauchstelle, die etwa einen Kilometer vor Magic Island lag. Während Phil den Anker setzte und die Leinen sicherte, begannen die anderen Taucher, ihre Ausrüstung fertig zu machen. Beim Anziehen bestimmte Craig die Tauchpartner und hielt uns den üblichen Vortrag über Tauchsicherheit, Wasserbedingungen und die örtliche Unterwasserwelt. Partner checkten Partner, um sicherzugehen, dass die Bleigürtel festgemacht waren und die Atemregler ordnungsgemäß funktionierten. Dann gingen alle nacheinander in einer Rolle rückwärts von Bord. Nach einer Minute schwammen alle vier auf dem Wasser und nahmen letzte Korrekturen an ihrer Ausrüstung vor.

Jetzt war der Augenblick der Wahrheit gekommen. Meine Hände zitterten, mein Gesicht war taub und ich wollte am liebsten alles hinschmeißen. Warum nur, fragte ich mich verzweifelt, bringe ich mich immer wieder in einen derartigen Schlamassel? War ich hier, weil ich wirklich so gerne tauchen wollte, oder wollte ich einfach nur etwas Verrücktes tun, um mir selbst zu beweisen, dass ich das noch konnte? Ich wusste es nicht. Doch darauf kam es eh nicht mehr an. Jetzt war angesagt, ins Wasser zu kommen und die verdammte Sache durchzuziehen.

Während Scott meine Ausrüstung zusammenhakte, legte ich Maske und Schnorchel an und prüfte, ob sie richtig saßen. Als alles fertig war, kamen Craig und Phil zu mir herüber, nahmen mich auf die Arme und ließen mich mit einem Kuss über die Bordwand plumpsen.

Das Wasser war kalt und kristallklar, und rechts von mir wartete Craig schon mit meiner Ausrüstung. Die Tarierweste wurde mit Luft gefüllt, und ich schlüpfte mit überraschender Leichtigkeit hinein. Während ich die Brust- und Hüftriemen festzog, schaute ich zu den anderen Tauchern. Alles was ich erkennen konnte, waren vier Augenpaare, die verdutzt hinter den Masken hervorstarrten, und zum ersten Mal dämmerte mir, dass diese Jungs keinen blassen Schimmer hatten, was da eigentlich vor sich ging.

Na gut, es war zu spät, irgendetwas zu erklären, und da anscheinend alle bereit waren, drehten wir um und schwammen gemeinsam zur Ankerkette am Bug. Jetzt ging es los. Ich griff nach der Kette, ließ die Luft aus meiner Weste und glitt mit einem letzten Stoßgebet unter die Wasseroberfläche.

Wir tauchten nur zwölf Meter tief, ein seichter Tauchgang, dennoch dauerte es einige Minuten, bis wir den Meeresboden erreichten, denn wir mussten immer wieder stoppen, um den steigenden Wasserdruck von den Ohren zu kriegen. Wir arbeiteten uns langsam zum unteren Ende der Ankerkette vor, und in zehn Meter Tiefe ließ ich los und fiel auf den Meeresboden, auf dem ich weich im weißen Sand einsank.

Die rund viereinhalb Kilo Blei an meinem Gürtel hätten mich für immer da unten gehalten, und um mich frei bewegen zu können, musste ich einen Auftrieb erzeugen. Dazu pumpt man kleine Mengen Luft aus der Flasche in die Tarierweste – ein bisschen zu viel und ich würde an die Oberfläche steigen, ein bisschen zu wenig und ich würde wieder zu Boden sinken. Ich probierte einige Minuten lang herum, und als ich endlich tariert war, geschah das Wunder ...

Zum ersten Mal seit vier Jahren befand ich mich ohne fremde Hilfe in aufrechter Haltung, und als ich feststellte, dass ein kleiner Ruck meines Handgelenks mich in jede gewünschte Richtung schnellen ließ, wurde ich zum Amokläufer. In den folgenden zehn Minuten hüpfte ich in Zeitlupe wie ein betrunkener Astronaut, der auf der Mondoberfläche herumtollt, von Korallenstock zu Korallenstock. Ich schlug Räder, machte Handstand und Purzelbäume und erfand sogar einige neue Bewegungen, um die mich jeder Tümmler beneidet hätte. Es war, als ob ich aus dem Gefängnis entlassen worden wäre, und dieses Gefühl werde ich *niemals* vergessen.

Plötzlich hörte ich jemanden an meine Sauerstoffflasche klopfen. Ich wirbelte herum und sah, wie Craig allein auf dem Meeresboden saß, umgeben von Tausenden der schönsten Wesen, die ich jemals gesehen hatte. Er hatte einen Beutel tiefgefrorener Erbsen dabei und saß reglos da, während Tropenfische jeder Größe und Farbe herbeischwammen und sie ihm direkt aus der Hand knabberten!

Ich kam mir vor wie Alice im Wunderland. Ich schwamm in das Kaleidoskop hinein und setzte mich neben Craig. Er gab mir eine Hand voll Erbsen, und ich sah entzückt zu, wie ein großer purpurfarbener Sägefisch ankam und mit einem leichten Kuss eine Erbse von meiner Fingerspitze nahm. In kurzer Zeit folgten ihm seine Freunde – Schmetterlings-, Engel-, Angler- und Triggerfische stellten sich zum Abendessen an, während kleine Putzerfische sanft an den Haaren auf meinen Armen und meinem Gesicht knabberten.

Das, dachte ich voller Ehrfurcht ... ist wie am Ende des Regenbogens.

Als uns die Erbsen ausgingen, fächerten die Fische auseinander und bildeten unsere Eskorte, als wir langsam von Riff zu Riff schwammen. Ein großer grün getupfter Kugelfisch heftete sich an meine Flossen. Er war ungefähr dreißig Zentimeter lang – das ist unter Wasser schwer abzuschätzen –, und mit seinem eckigen gedrungenen Körper und den großen runden Glupschaugen sah er richtig niedlich aus. Er blieb die ganze Zeit bei mir, und wenn ihn etwas ärgerte, fing er an Wasser zu schlucken, bis er sich zum Doppelten seiner normalen Größe aufgebläht hatte. So groß sah er wirklich komisch aus, und wir machten ein Spiel daraus, ihn wie einen Volleyball herumzuwerfen, bis es ihm langweilig wurde und er davonschwamm.

Ich taufte ihn Ulysses und nannte ihn »meinen Freund«. Es war unheimlich, doch bei meinen späteren Tauchgängen war Ulysses stets wieder zur Stelle und wartete darauf, mich zu begrüßen und mir sein Reich zu zeigen.

Craig führte uns über das große Riff und hinunter zu etwas, das wie ein versenkter Krater aussah. Während er am Eingang zu einer kleinen Höhle herumstocherte, gingen wir anderen auf Entdeckungstour. Ich saß Nase an Nase mit einer Languste auf einem Felsvorsprung, als ich wieder ein lautes Klopfgeräusch hörte. Ich drehte mich verwundert um, doch da, wo Craig gewesen war, hing nur eine große schwarze Wolke im Wasser.

Als sich die Wolke langsam auflöste, konnte ich sehen, dass er etwas festhielt, doch ich konnte nicht erkennen, was es war. Vorsichtig ging ich näher heran. Craig drehte sich zu mir um, und mit Entsetzen sah ich, dass ein riesengroßer Krake seine Tentakel um Craigs Brust und Arme geschlungen hatte! Mir rauschte das Adrenalin in die Adern, ich jagte eine Unmenge Luft in meine Tarierweste und schoss wie eine Rakete an die Oberfläche.

Von allen blödsinnigen Dingen, die man beim Tauchen anstellen kann, war das am blödsinnigsten. Und auch am peinlichsten. Während ich wie ein zu stark aufgeblasener Zeppelin an der Oberfläche herumzappelte, waren alle anderen noch unten, Ellbogen an Ellbogen bei Craig und seinem großen achtbeinigen Fang. Rot vor Scham arbeitete ich mich wieder hinunter zur Gruppe, und Craig gab mir ein Zeichen, näher zu kommen. Der Fang des Tages saß, unberührt von der ganzen Aufregung seinetwegen, noch immer ruhig auf Craigs Arm. Bei genauerem Hinsehen stellte ich fest, dass er gar nicht so riesig war – von Tentakel zu Tentakel vielleicht einen Meter –, doch er war unbestreitbar extrem hässlich. Der große röhrenförmige Kopf und die grapschenden Arme waren von schlammig grüngrauer Farbe, und an ihren Unterseiten schimmerten Reihen fetter Saugnäpfe in mattem Weiß. Ich schluckte meinen Widerwillen hinunter und streckte die Hand nach dem Kraken aus.

Zu meiner Überraschung war er überhaupt nicht schleimig. Stattdessen fühlte sich seine Haut wie weiches Leder an und legte sich in Falten, wenn ich darüber strich. Craig legte seinen Arm an meinen, und wie hypnotisiert sah ich zu, als sich erst ein Tentakel, dann noch einer vorsichtig zu mir herüberstreckte. Ich blieb vollkommen ruhig, aber mir klopfte das Herz, als der Krake herüberglitt und sich um meinen Oberarm wickelte. Ich konnte spüren, wie sich die Saugnäpfe nacheinander an meine Haut hefteten. Äääh.

Doch komischerweise war es gar nicht so unangenehm, und deshalb beschloss ich, solange der Krake nett zu mir wäre, würde ich auch nett zu ihm sein. Ich wusste, dass irgendwo in dem ganzen Geschwabbel ein scharfer Fortsatz verborgen war, die sogenannte Radula, und der Krake sollte besser nicht einmal auf den *Gedanken* kommen, ihn zu benutzen. Die anderen hatten sich um mich geschart und waren erstaunt über meinen Todesmut. Mit einer selbstgefälligen Geste ließ ich mich dazu herab, meinen Arm auszustrecken, und erlaubte allen, meinen neuen besten Freund zu streicheln.

Ich hielt das alles für sehr cool und fing gerade an, mich richtig gut zu fühlen, als ich merkte, wie sich ein kalter gummiartiger Arm um meinen Hals schlang. Oh Gott. Ein zweiter krabbelte über meine Brust und ein dritter griff nach meiner Tauchermaske.

Werd ihn los! Ich musste den Kraken loswerden! Ich schrie in meinen Atemregler und riss den Kraken voller Panik von meiner Haut. Sobald ich einen Tentakel losbekommen hatte und nach dem nächsten griff, saugte sich der erste an einer anderen Stelle wieder an mir fest, bis ich nicht mehr sagen konnte, wo ich aufhörte und der Krake begann. Verrückt vor Angst fuhr ich zu Craig herum und flehte ihn stumm mit den Augen an, mir zu helfen.

Ich hatte es mal wieder geschafft.

Craig hatte sich nach vorne gebeugt, seine Schultern zuckten in einem Lachanfall, und es dauerte volle zwei Minuten, bis er sich so weit in der Gewalt hatte, dass er das grässliche Ding von mir abziehen und uns beide voneinander befreien konnte. Sogar Ulysses blickte angeekelt drein. Später entschuldigte sich Craig damit, der Anblick einer erwachsenen Frau mit einem verängstigten Kraken auf dem Kopf sei einfach zu viel gewesen. Das konnte ich nachvollziehen.

Unsere Finimeter zeigten an, dass unsere Atemluft langsam knapp wurde, deshalb fanden wir uns zusammen, drehten um und hielten, mit Ulysses vorneweg, auf das Boot zu. Als wir uns nach oben hocharbeiteten, begann ich Entzugssymptome zu spüren, und zum ersten Mal in meinem Leben begriff ich, wie sich Süchtige fühlen müssen – ich hätte alles getan, um wieder da runter zu kommen.

Scott zog mich über das Dollbord ins Boot, und als ich meine Tauchermaske abnahm, brach die Hölle los. Die vier Taucher aus dem Hotel stürzten regelrecht auf mich zu.

»Ich kann nicht glauben, was da unten gerade passiert ist!«, rief einer von ihnen. »Wir haben nicht im Traum daran gedacht, dass du wirklich mit uns *tauchen* würdest!«

»Zur Hölle, nein!«, brüllte ein anderer. »Wir dachten, du machst einfach die Bootsfahrt mit. Aber das war unglaublich! Wo hast du so tauchen gelernt?«

Und so ging es weiter. Sie waren genauso überrascht wie ich selbst, und ich hatte wirklich nicht mit einer derartigen Reaktion gerechnet. Aber es war ein gutes Gefühl, dass nach diesem Tag vier Leute mit einer völlig anderen Meinung über Behinderte nach Hause gehen würden. Keine schlechte Leistung für einen Tag.

Bloß Craig war ungewöhnlich still, und mir fiel auf, dass er mich mit einem komischen Gesichtsausdruck anstarrte. Ich fragte ihn, was denn nicht stimme, und er sagte grinsend: »Wenn du dich sehen könntest . . .«

Mich sehen? Was meinte er damit? Ich zog einen Spiegel aus meinem Beutel und fiel fast in Ohnmacht, als ich überall in meinem Gesicht, am Hals und an den Armen Dutzende winzig kleine purpurrote Flecken entdeckte.

Krakenabdrücke! Allein auf einem Boot mit sieben Männern mitten auf dem Ozean, und dann so etwas. Das gehörte ins Buch der Rekorde. Wir lachten immer noch, als wir im Hafen waren und die Tauchausrüstung abspritzten. Alle waren bester Laune, und wir umarmten uns, als wir uns schließlich im Laden voneinander verabschiedeten.

****

In den folgenden heißen Wintermonaten verbrachte ich meine Tage mit Tauchen, Essen, Schlafen und wieder Tauchen. Ich war immer länger unter Wasser, und Ende Dezember konnte ich überhaupt nicht mehr zählen, wie oft ich bereits an verschiedenen Stellen im Umkreis der Insel getaucht war. Alle Tauchgänge verliefen völlig problemlos, und jeder neue war noch schöner als der letzte.

Aber dann merkte ich, dass das Tauchen mir von Mal zu Mal schwerer fiel. Mein linker Arm wurde rapide schwächer, und unter Wasser musste ich jetzt fieberhaft mit dem rechten Arm arbeiten, um diesen Ausfall auszugleichen. Wenn ich am Ende eines Tauchgangs ins Boot gezogen wurde, war ich vollkommen fertig, und wenn ich dann nach Hause kam, konnte ich mich nur noch für den Rest des Nachmittags ins Bett legen und hoffen, dass ich für den Tauchtrip am nächsten Tag wieder genug Kraft sammeln würde.

Dieses Mal musste man mich nicht erst mit der Nase darauf stoßen. Ich wusste auch so, was da passierte, und bevor ich völlig aus dem Leim ging, fing ich an, meine Rückkehr nach Pittsburgh zu planen.

Es war nicht leicht. Alles war mir schon so ans Herz gewachsen – die Insel, das Meer und vor allem mein Bruder. Wie ich dieses dumme Grinsen und diesen blöden Humor vermissen würde! Und wer wusste schon, wann wir uns wieder sehen würden?

An meinem letzten Tag auf Hawaii spendierten mir Craig und die anderen einen Abschiedstauchgang in der Hanauma Bay – mit mehr als zwanzig Metern war er der tiefste und schönste von allen. Doch dieses Mal war es anders. Dieses Mal musste mich Craig richtig an die Hand nehmen und langsam und vorsichtig über die Riffe führen. Es tat mir weh, dass mir jemand helfen musste, besonders unter Wasser. Doch es war notwendig, denn ich kam einfach nicht mehr alleine zurecht.

Trotzdem war es ein traumhafter Tauchtrip und bestimmt das Tollste, das man jemals für mich getan hatte. Sie waren alle so nett zu mir gewesen, und ich verabschiedete mich von der ganzen Gruppe mit einem dicken Kloß im Hals.

Als ich in die Wohnung zurückkehrte, hatte Rich schon alles gepackt und in den Pick-up geladen. Aber er ließ mir freundlicherweise noch Zeit für einen langen letzten Blick aus meinem Schlafzimmerfenster. Diesen Blick aufs Meer betrachtete ich inzwischen als ein Anrecht, das mir zustand, und ich war nicht sicher, ob ich ohne ihn leben könnte.

Mein Flug ging erst um Mitternacht, aber ich wollte am Flughafen genug Zeit haben, um Mai Tais zu trinken und letzte Erinnerungen auszutauschen. Wir saßen an jenem Abend lange in der Bar, unterhielten uns bei einem Drink und schlugen die Zeit tot, bis das Flugzeug einstiegsbereit war.

Als Rich meinen Rollstuhl verstaute und mich zu meinem Sitzplatz in der Maschine trug, waren uns die Tränen und die Worte ausgegangen. So umarmte er mich nur, gab mir einen Kuss und einen großen Blumenstrauß und verschwand. Meine Zeit auf der Insel war zu Ende.

Alles war zu Ende. Ich vergrub das Gesicht in den weißen Gardinen und weinte; ich fühlte mich so einsam und lief über vor Selbstmitleid. Das Abenteuer war vorbei und ich fuhr endgültig nach Hause.

Vierzehn

Pittsburgh, Pennsylvania
1993

Wenn ich jetzt zurückblicke, kann ich fast nicht glauben, dass seit dem Tag, als ich 1985 Hawaii verließ und zu meinen Eltern nach Pittsburgh heimkehrte, neun Jahre vergangen sind. Anlässlich meiner Rückkehr gab es Partys, ein halbes Dutzend Rundfunkinterviews und sogar einen langen ambitionierten Zeitungsartikel über mich, in dem einige meiner wilderen Heldentaten in verschiedenen Teilen der Welt geschildert wurden.

Eine Zeit lang war ich tatsächlich so etwas wie eine Heldin – eine furchtlose Abenteurerin, die alle Schranken durchbrochen und es in einer Welt »geschafft« hatte, die seit jeher als reine Männerdomäne galt.

Und bis zu einem gewissen Grad stimmte das auch. Doch meine Motive waren nie so eindeutig und überlegt gewesen, und ich zögerte auch nie, das jedem, der es hören wollte, zu sagen. Ich hatte die Kraft, die ich zur Fortführung des Kampfes brauchte, in Wahrheit aus dem Kampf selbst gezogen, aus den ewigen Aufs und Abs, Schüben und Remissionen und aus den tausend anderen Demütigungen, die mich regelmäßig frustriert in die Knie gehen ließen.

Nur Gott und ich wussten, wie viel mich dieses Ringen an Schmerz und Entbehrungen gekostet hatte. Doch das bisschen Stolz, das mir noch geblieben war, basierte auf dem Wissen, dass ich den Kampf *ausgefochten* hatte, ohne dabei zur Märtyrerin zu werden. Und dass ich alles getan hatte, um nicht eine Minute meiner Zeit zu verschwenden.

Aber damit hatte ich meine letzten Kraft- und Energiereserven aufgebraucht. Ich war dreiunddreißig, als ich schließlich für immer nach Hause zurückkehrte, aber ich fühlte mich wie dreiundneunzig. Ich war ausgelaugt, müde und unbeschreiblich verängstigt bei dem Gedanken, was noch alles auf mich zukommen würde. Ich wusste aus langer Erfahrung, dass es, wenn die Krankheit einen Teil meines Körpers einmal angegriffen hatte, nur noch eine Frage der Zeit war, bis die Schädigung dauerhaft und unumkehrbar war. Deshalb bestand jetzt praktisch keine Chance mehr, dass mein linker Arm und die linke Hand funktionstüchtig bleiben würden. Das war ein so schwerwiegender Verlust, dass er jenseits meiner Vorstellungskraft lag.

****

Nachdem sich all die Aufregung über meine Heimkehr gelegt hatte, hatte ich das große Bedürfnis, eine Zeit lang in Ruhe gelassen zu werden, bis ich mich mit meiner neuen Situation auseinandergesetzt und die Tatsache akzeptiert hatte, dass mein Leben nie mehr das gleiche sein würde. Ich brauchte einfach Zeit für mich, um in meinem Zimmer zu sitzen und nachzudenken.

Am meisten dachte ich an Jenny O'Brien. Das war die junge MS-Patientin, die ich im Reha-Zentrum getroffen hatte, und das Bild, wie sie spastisch und gekrümmt in ihrem Rollstuhl festgebunden war, verfolgte mich ständig. Ich fing an, zwischen ihrer und meiner Verfassung entsetzliche Vergleiche zu ziehen.

Zunächst einmal: Ich begann schon, wie sie auszusehen. Nach so vielen Jahren im Rollstuhl verkümmerten die Muskeln meiner Beine und meine Beine sahen allmählich wie Streichhölzer aus. Ich war immer noch eitel und hörte deshalb auf, Röcke und Shorts zu tragen. Ich versuchte sie zu verstecken – nicht vor aller Welt, sondern vor mir selbst.

Außerdem waren die leichten Krämpfe, die ich gelegentlich hatte, intensiver und unkontrollierbarer geworden. Ich konnte ruhig dasitzen, lesen oder fernsehen, und plötzlich versteifte sich mein ganzer Körper und begann heftig zu zittern, wie bei einem Epileptiker. Manchmal war der Krampf so schlimm, dass ich aus meinem Rollstuhl auf den Boden geschleudert wurde, wo ich dann weinend lag, bis jemand kam und mich aufhob. Es war Furcht erregend, gefährlich und, wenn es in der Öffentlichkeit passierte, unglaublich peinlich.

Im Laufe des folgenden Jahres verschlechterte sich meine körperliche Verfassung schnell, und nichts, was die Ärzte ausprobierten, schlug an. Dann hatte ich im Oktober 1986 wieder einmal riesiges Glück und wurde an einen prominenten Neurologen am Presbyterian University Hospital in Pittsburgh – eine erstklassige medizinische Einrichtung, wo auf dem Gebiet der MS-Forschung und -Behandlung große Fortschritte erzielt wurden – verwiesen.

Endlich hatte ich einen Arzt gefunden, den meine gesundheitliche Zukunft mehr interessierte als meine medizinische Vergangenheit. Er war klug, gut aussehend und lustig, und im Gegensatz zu vielen anderen Spezialisten behandelte er mich mit Würde und Respekt. Er begriff, dass *ich* diejenige war, die an der Krankheit litt, und erkannte, dass das, was ich darüber zu sagen hatte, tatsächlich von Nutzen sein könnte. Kurz, er behandelte mich wie einen Menschen und nicht wie einen »Fall«.

Als ich ihn das erste Mal traf, experimentierte er gerade mit etwas Neuem gegen MS – einer intensiven Chemotherapie, mit deren Hilfe es gelungen war, bei den Patienten, die sich der Behandlung bisher unterzogen hatten, das Voranschreiten der Krankheit zu verlangsamen. Natürlich wollte ich mehr darüber hören.

Es sei eine elende Prozedur, warnte er mich, mit allen möglichen gefährlichen Nebenwirkungen, wie einem (geringen) Risiko für Blasenkrebs oder einer Form von Leukämie als Spätfolge zehn oder fünfzehn Jahre später. Doch vor allem, warnte er mich, würde das Medikament mich wahrscheinlich krank – sehr, *sehr* krank – machen. Er schlug vor, ich solle die Sache mit meiner Familie genau besprechen, bevor ich eine endgültige Entscheidung träfe.

»Oh, übrigens«, sagte er mit teuflischem Grinsen, als ich schon fast draußen war, »Sie könnten sich bald um eine Perücke kümmern, denn in ungefähr vier Wochen werden Sie vermutlich so kahl wie eine Billardkugel sein. Hihi.« Das Beste hob er sich immer bis zum Schluss auf, und er hatte seinen Spaß daran.

Das Medikament wurde an zwölf aufeinander folgenden Tagen intravenös verabreicht, und ab der Halbzeit war mir unbeschreiblich schlecht. Man hatte mich davor gewarnt, ich weiß, aber ich war trotzdem nicht darauf gefasst, dass es mir so lange so mies gehen würde. Nicht die Übelkeit oder das ewige Erbrechen machten mir am meisten zu schaffen. Es waren die erbarmungslosen Schmerzen, die mich beinahe umbrachten. Jeder Knochen und jeder Muskel in meinem Körper schrie nach Hilfe, meine Haut brannte unaufhörlich, und ich kam mir vor, als hätte ich sechs Malaria-Anfälle auf einmal.

An den letzten beiden Tagen konnte ich nur noch keuchend im Bett liegen und war so krank, dass es mir völlig gleichgültig war, ob ich lebendig oder tot war. Es war die schlimmste Folter, der ich mich je ausgesetzt habe, und ich kann mich bis heute an die Erleichterung erinnern, die durch meinen Körper flutete, als sie mir endlich sagten, ich könne nach Hause gehen. Aber weil mein Immunsystem zu diesem Zeitpunkt schwer geschädigt war, musste ich zu Hause mindestens vier Wochen lang völlig isoliert werden. Das war eine sonderbare und einsame Zeit für mich. Zunächst musste mir zweimal täglich Blut abgenommen werden, und während der ganzen langen Zeit durften sich nur meine Familie und die Krankenschwestern im Haus aufhalten. Jeder, der mir nahe kam, musste geschrubbt sein, Kittel und Handschuhe übergestreift haben und eine Maske tragen. Das war schon eine ernste Angelegenheit.

An dem Morgen, an dem meine Einzelhaft endete, fand ich auf meinem Kopfkissen kleine Haarbüschel, die mir im Schlaf ausgefallen waren. Um sinnlose Gefühle zu vermeiden, wenn mir tagtäglich ganze Hände voll Haare ausfielen, bat ich sofort um eine Schere und schnitt mir mit Hilfe meiner Mutter auch die anderen Haare ab.

Viele Leute machten mir die Hölle heiß, als sie erfuhren, was ich getan hatte, aber es ging sie überhaupt nichts an. Eitelkeit war eine Sache, doch angesichts dessen, was hier auf dem Spiel stand, machte mir der Verlust meiner Haare absolut nichts aus. Außerdem sah ich mit der Perücke doppelt so gut aus wie früher.

Hat die Chemotherapie geholfen? Aus meiner heutigen Perspektive muss das mit einem eingeschränkten, aber ansonsten unqualifizierten »Ja« beantwortet werden. Ich erlebte zwar nur eine geringe körperliche *Besserung*, doch dabei darf man eine wichtige Sache nicht vergessen: Vor der Behandlung waren mein linker Arm und meine linke Hand in so schlechter Verfassung, dass in nur sechs oder sieben Monaten ein vollkommener und irreversibler Funktionsverlust eingetreten wäre. Nach der Chemotherapie aber konnte ich deren Funktionsfähigkeit (mit monatlichen Zusatzgaben des Medikaments) noch fünf Jahre lang aufrechterhalten. Und das Fortschreiten der Krankheit schien sich insgesamt auf Schneckentempo zu verlangsamen.

Aber bei den unregelmäßigen Verläufen von MS kann man unmöglich mit Sicherheit sagen, ob die Chemo mit dem, was geschah, überhaupt etwas zu tun hatte. Wie dem auch sei, meine Glückssträhne neigte sich langsam dem Ende zu.

In den vergangenen Jahren hatte ich immer stärkere Schmerzattacken in verschiedenen Körperteilen erlebt. Aber jedes Mal, wenn ich um Hilfe bat, bekam ich bloß ein gönnerhaftes Kopftätscheln und den immer gleichen Standardvortrag. Ein Arzt nach dem anderen beharrte sturköpfig darauf, dass Schmerzen, vor allem wie ich sie beschrieb, *niemals* bei MS vorkämen. Sie schafften es, dass ich mir vorkam wie eine Verrückte – oder wie ein um Drogen bettelnder Junkie.

Vielleicht war ich ja verrückt, aber an besonders schlimmen Tagen tat mein Körper höllisch weh. Meine Knochen – meistens das Rückgrat und die großen Gelenke – fühlten sich an, als seien sie mit einem Presslufthammer bearbeitet worden, meine Muskeln schmerzten unerträglich und meine Haut brannte, als sei sie in Lauge getaucht worden.

Aber mein neuer Arzt *glaubte* im Gegensatz zu allen anderen, was ich sagte, und war bereit, mir mit einer Vielzahl von Medikamenten zu helfen. Aber erst Anfang 1991, während einem meiner zahllosen Krankenhausaufenthalte, erkannte er in vollem Umfang, was ich durchmachte.

Es war eine schlechte Nacht gewesen, und bis zum späten Vormittag hatten sich die Schmerzen über jedes erträgliche Maß hinaus gesteigert. Als er zur Visite kam und sah, dass ich in mein Kissen heulte und schrie, griff er sofort zum Telefon und rief jemanden aus dem Akut-Schmerz-Team an. Ich wusste bis dahin nicht einmal, dass es so etwas gab.

Dr. Dawn Marcus, eine Expertin für neurologische Schmerzen, traf zwanzig Minuten später ein und nahm die Angelegenheit in die Hand. Sie erklärte, ich sei keineswegs verrückt und meine Schmerzen seien *sehr* real, es handle sich aber um ein seltenes Phänomen. Man habe erst kürzlich Studien durchgeführt, fuhr sie fort, die zeigten, dass ein sehr kleiner Prozentsatz von MS-Patienten *tatsächlich* im fortgeschrittenen Krankheitsstadium intensive Schmerzen hätte, und dass ich unglücklicherweise zu dieser Gruppe gehörte.

Sie erklärte weiter, aufgrund der Natur der MS und der Stärke meiner Schmerzen sei die Sache am effektivsten mit einer Kombination aus physikalischer Therapie, Stressabbau-Techniken und der streng überwachten Einnahme starker Betäubungsmittel in den Griff zu kriegen. Wir brauchten eine Weile, bis wir die richtige Mischung gefunden hatten, und obwohl ich heute weiß, dass ich nie völlig schmerzfrei sein werde, bedeutet mir das, was Dr. Marcus für mich getan hat, mehr, als ich sagen kann. Indem sie mich von den schlimmsten Schmerzen befreite, hat sie mir meinen Lebenswillen zurückgegeben. Deshalb werde ich weiter so hart ich kann mit den Therapeuten arbeiten, brav mein Morphium nehmen und nicht mehr davon träumen, mir die Beine amputieren zu lassen. In diesem Jahr ging der Dauer-Katheter, den ich so lange getragen hatte, schließlich kaputt, was zu ständigen gefährlichen Infektionen des Harntrakts führte. Und der Tag, an dem man bei mir eine Biopsie wegen Blasenkrebses durchführte (Ergebnis: negativ), war auch der Tag, an dem ich entschied, eine gefürchtete Operation machen zu lassen.

Eine Urostomie ist kurz gesagt ein komplizierter chirurgischer Eingriff, bei dem ein zehn Zentimeter langes Stück Darm entfernt und über den winzigen Kanal, der normalerweise von den Nieren zur Blase geht, direkt mit den Nieren verbunden wird. Danach wird die Blase selbst entfernt, und das Stück Darm mit dem neuen Harnleiter wird durch ein in die Bauchdecke geschnittenes Loch gezogen und anschließend dort festgenäht. Von diesem Augenblick an läuft das Urinieren sicher und automatisch ab, da der Harn durch das Darmstück, das »Stoma«, direkt in einen Plastikbeutel fließt, der am Bauch festgeklebt ist.

Der Genesungsprozess war langwierig und schmerzhaft, aber als ich körperlich und emotional dann das Schlimmste hinter mir hatte, war mir die große Erleichterung, endlich meine Blase und alle damit verbundenen Probleme los zu sein, diese ganze Tortur wert. Bald wird nun auch der Dickdarm entfernt werden müssen, und wenn es so weit ist, werde ich die Zähne zusammenbeißen und alles ein weiteres Mal durchstehen, und zwar einfach, weil ich es muss. Ich werde keine Wahl haben.

****

Trotz aller intensiven Bemühungen der physikalischen Therapeuten, Schwestern und Ärzte waren mein Arm und meine Hand an Weihnachten 1991 der Krankheit vollkommen zum Opfer gefallen. Damit gelangte ich auf eine ganz neue Stufe der Behinderung.

In den vergangenen zehn Jahren hatte ich die einfache Handhabung und den Komfort eines »ultraleichten«

manuellen Rollstuhles genossen – einem zerlegbaren, stromlinienförmigen, sexy aussehenden Sportstuhles, der nur etwas mehr als zehn Kilo wog. In erster Linie für Sportler und aktive Paraplegiker konstruiert, waren diese ultraleichten Rollstühle bequem, sehr gut manövrierbar und vor allem klein und unauffällig – kaum mehr als ein Sitz auf Rädern.

Aber mit dem Verlust eines Armes war meine Zeit in so einem Rollstuhl vorbei, und an dem Tag, als mein erster elektrischer Rollstuhl geliefert wurde, brach ich zusammen und weinte wie ein Baby.

Auf mich wirkte er unheimlich – ein schimmerndes Achtzig-Kilo-Monster aus Chrom und schwarzem Vinyl, das wie ein Panzer aussah und sich auch so bewegte. An ihm war absolut nichts Unauffälliges, und jedes Mal, wenn ich mich damit nach draußen wagte, meinte ich, alle sähen bloß den Rollstuhl, aber nicht mich. Es war fast, als wäre *ich* vollkommen verschwunden.

Aber der Stuhl verblasste schnell zur Bedeutungslosigkeit im Vergleich zu einigen anderen Lebensumständen, die mit meiner schweren Behinderung verknüpft sind. Einfache Alltagsaufgaben – an die die meisten Menschen keinen Gedanken verschwenden – können alptraumartige Dimensionen annehmen für jemanden, der zum Beispiel nicht in der Lage ist, sich ohne Hilfe die Zähne zu putzen.

Meine Eltern sind natürlich vierundzwanzig Stunden am Tag für mich da, bereiten meine Mahlzeiten zu, erledigen Besorgungen und machen Hunderte von Kleinigkeiten, die für mein Wohlergehen und meine Bequemlichkeit notwendig sind. Doch da beide herzkrank sind und nichts Schweres heben oder bewegen dürfen, sind mehrere Einrichtungen eingesprungen, die Hilfspersonal und Assistenten für diese kritischen Bereiche zur Verfügung stellen.

Barbara, einer der lustigsten Menschen, den ich je getroffen habe, kommt am frühen Morgen und macht mich für den Tag fertig. Zu ihren Aufgaben gehört es, meine Windel und meinen Urinbeutel zu wechseln – unangenehme Dinge, die sie lachend und ohne eine Spur von Verlegenheit macht. Dann badet sie mich, hilft mir beim Anziehen und hebt mich in den Rollstuhl. Wenn sie überzeugt ist, dass ich richtig sitze und die Schienen und Klammern fest sind, huscht sie umher und sorgt dafür, dass alles, was ich brauchen werde, da und für mich leicht zu erreichen ist.

Wenn sie gegangen ist, bemühe ich mich, so beschäftigt und produktiv wie möglich zu bleiben. Meistens hacke ich auf meinem Computer herum – eine langsame, schwierige Sache mit einer Hand –, denn ich bin wild entschlossen, um jeden Preis meine brandneue Schriftstellerkarriere am Laufen zu halten und ihr einen neuen Kick zu geben.

Wenn mir der Sinn danach steht, geht einer meiner anderen Helfer nachmittags mit mir einkaufen oder ins Kino und manchmal sogar zum Abendessen – alles, um die Monotonie zu durchbrechen. Zu anderen Zeiten, wenn ich mich besonders schlecht fühle und keine Lust oder keine Energie zum Arbeiten habe, lese ich oder telefoniere mit Freunden, bis Bill, die Spätschicht, nach dem Abendessen kommt und mich zu Bett bringt.

Er tut all das, was Barbara am Morgen macht, bloß in

umgekehrter Reihenfolge, und hat dazu noch die Aufgaben, mich zu duschen und jeden Quadratzentimeter meines Körpers auf Anzeichen von Wundliegen, oder vielmehr »Arealen«, zu überprüfen. Auch er tut diese Dinge ohne das geringste bisschen Scham oder Verlegenheit – Eigenschaften, die ich an einem Mann immer anziehend gefunden habe.

Doch sobald er mich ins Bett gehoben und sichergestellt hat, dass ich auch bequem liege, geht er nach Hause – und der längste und schwierigste Teil meines Tages beginnt. Früher konnte ich ohne Ende in meinem Rollstuhl sitzen – bis zu vierundzwanzig Stunden am Stück, wenn ich wollte. Aber jetzt kann ich wegen der Schmerzen und der Erschöpfung höchstens acht oder neun Stunden am Stück aufrecht sitzen. Manchmal noch weniger.

Deshalb muss ich jeden Tag fünfzehn, manchmal sechzehn Stunden allein im Bett verbringen, ohne viel tun zu können, damit die Zeit vergeht. Wenn das Liegen in der einen Stellung zu sehr wehtut, rufe ich nach meiner Mutter oder meinem Vater und bitte sie, meine Arme und Beine ein Stück zu bewegen oder sich zu mir zu setzen und die Körperpartien ein bisschen zu massieren, die mir am meisten wehtun.

Ab und zu bekomme ich Besuch von Freunden, und gelegentlich besucht mich am Freitag oder Samstag meine neunjährige Freundin Emily Wellman und darf bei mir schlafen. Wir sind die besten Freundinnen und haben immer eine tolle Zeit zusammen. Wir essen Pizza, sehen uns Filme an und bleiben bis in die Puppen auf, kichern und machen nur Blödsinn.

Ich tue mein Bestes, die langen einsamen Stunden auszufüllen, aber meistens liege ich nur da wie ein »großer alter Haufen Kartoffelbrei« (wie meine kleine Nichte Deborah sagen würde) und frage mich, warum ich noch nicht den Verstand verloren habe.

Ich bin schon oft gefragt worden, wie ich es geschafft habe, so viele Jahre lang unter dem gefährlichen Schwert zu leben, ohne einen kompletten nervlichen Zusammenbruch zu erleiden oder in eine chronische Depression zu verfallen. Wo fand ich das, was ich brauchte, um mich so zu schinden und jeden Morgen in dem Bewusstsein aufzustehen, dass der vor mir liegende Tag der letzte sein könnte, den ich als normal funktionierender Mensch erleben würde?

Die Antwort lautet: Ich weiß es nicht. Ich habe mir dieselben Fragen Tausende von Malen gestellt, aber mir ist darauf noch keine sinnvolle Antwort eingefallen. Ich weiß nur, dass Courage, Tapferkeit oder ein angeborener Sinn für Heroismus nicht das Geringste damit zu tun hatten. Das sind Eigenschaften, die aus irgendeinem Grund Behinderten *immer* zugeschrieben werden, als ob wir »kraft unseres Leidens« alle automatisch Kandidaten für die Heiligsprechung wären.

Ich nicht. Nicht die Spur. Courage, Tapferkeit und dergleichen sind Eigenschaften, die ich leider nicht besitze, und ich verbringe viel Zeit damit, den Mythos der ewig lächelnden Quadriplegiker zu demontieren. Im Gegenteil: Wahrscheinlich war es vor allem die Angst, die als Triebkraft hinter allem stand, was ich tat.

Unter dem Schwert der MS lebte ich nach meinen

eigenen Regeln und Normen. Leute, die nichts davon wissen konnten, nannten mich oft flatterhaft, verantwortungslos und Schlimmeres. Wenn ich nie länger als ein Jahr in einem Job blieb, dann deshalb, weil ich nicht so viel Zeit wie die anderen hatte, um Karriere zu machen oder auf langfristige Ziele hinzuarbeiten. Es war nicht so, dass mir solche Dinge gleichgültig gewesen wären oder ich dazu nicht fähig gewesen wäre.

Wenn ich nach Alaska davonlief und ein Leben führte, das die meisten Menschen für verrückt hielten, dann deshalb, weil ich nach einer Möglichkeit suchte, jedes Fitzelchen der Erde sehen, schmecken und fühlen zu können, bevor der Vorhang fiel und mir diese Welt für immer verschloss.

Und wenn ich nie einen Mann geliebt habe, der auch mich liebte, dann deshalb, weil ich so viel Angst davor hatte, Abschied zu nehmen.

Es gibt Leute, die meinen, ich hätte diese Entscheidung zu früh getroffen – und mir dadurch selbst jede Chance verbaut, mein Leben mit jemandem zu teilen, bevor es zu spät war. »Riskier es«, drängten Freunde mich immer wieder. »Du kannst nicht im Voraus wissen, was die Zukunft bringt. Und wenn ein Mann dich *wirklich* liebt, wird er sich auch später um dich kümmern, wenn es so weit kommen sollte.«

Doch das war nicht der Punkt. Nicht um irgendeinen armen Mann machte ich mir Sorgen – sondern um *mich.* Meine Unabhängigkeit war das Allerwichtigste für mich, und ich konnte mir nichts Schlimmeres vorstellen, als immer nur die Nehmende in einer Liebesbeziehung zu sein, ohne eine Möglichkeit, zu geben oder meinen fairen Anteil an der Beziehung zu übernehmen. Das war kein edler Akt der Selbstlosigkeit oder Tugend, es war mit Abstand die *selbstsüchtigste* Entscheidung, die ich jemals getroffen habe, und die ich wieder treffen würde.

Auch so war dieser Teil meines Lebens nicht einfach, das gebe ich offen zu. Ich war erst neunundzwanzig Jahre alt, als ich zum letzten Mal mit Tony Stone schlief und dann für immer alle Gedanken an Zärtlichkeit und Sex wegsperrte. Das war vor dreizehn Jahren, aber mein Körper ist mir einfach zu abstoßend geworden, um ihn mit einem anderen Menschen zu teilen. Da waren zu viele Steroide, zu viele Operationen, zu viel Inkontinenz und vor allem viel zu viel Scham. Im Laufe der Jahre ist mein Körper mir eine Last geworden, ein verkümmertes unbewegliches »Ding«, das häufig von unerträglichen Schmerzen gequält wird und nicht mehr in der Lage ist, Vergnügen zu bereiten oder zu empfinden.

Aber das ist unwichtig geworden und hat überhaupt nichts mehr mit der Person zu tun, die ich jetzt bin. Der Teil von mir, der heute zählt, existiert nur in meinem Kopf und in meinem Herzen, die beide zum Ausgleich enorm gewachsen sind. Paradoxerweise habe ich festgestellt, dass ich jetzt anderen mehr zu geben habe als zu irgendeinem anderen Zeitpunkt in meinem Leben. Nicht in körperlicher oder materieller Hinsicht, aber emotional, was Freundschaft, Liebe und Unterstützung angeht.

Ich bin in den letzten fünf oder sechs Jahren viel erwachsener geworden. Ich habe verstehen und schätzen gelernt, was in meinem Leben wirklich wichtig ist –

Dinge wie die Familie, Freunde, Menschen, die viel weniger Glück haben, als ich abbekommen habe, und vor allem die Liebe eines Kindes. Meine Nichte Deborah und mein Neffe Matthew Brooks sind der glücklichste und reichste Teil meines Lebens geworden, und sie haben mir zusammen mit Emily beigebracht, was es heißt, jemanden bedingungslos zu lieben, ohne Berechnung, was für mich dabei drin sein könnte. Diese Lektion habe ich gerne gelernt, und sie wird mir mein Leben lang bleiben.

Aber Emily ist jetzt erwachsen, und da Matt und Deborah in Oregon leben, muss ich noch immer irgendwie diese langen und leeren Stunden füllen. Fernsehen, Bücher oder Musik fesseln mich nur begrenzt, und immer öfter flüchte ich in die Welt der Phantasie, die ich mir im Kopf erschaffen habe.

Eine meiner Lieblingsbeschäftigungen ist ein Spiel, das ich »Was wäre, wenn?« nenne. Wann immer ich das Bedürfnis habe, eine Weile zu entfliehen, stelle ich mir eine hypothetische Frage wie etwa: »Was wäre, wenn ich hundert Millionen Dollar im Lotto gewonnen hätte?« Dann blende ich den Rest der Welt aus und verbringe die nächsten vierundzwanzig Stunden damit, den unverhofften Gewinn bis auf den letzten Cent auszugeben.

Ein anderes Mal frage ich mich, was ich tun würde, wenn ich leben könnte, wo ich wollte. Sobald ich das entschieden habe, beginne ich mir ein Traumhaus zu bauen, Stein für Stein. Dann richte ich es bis zur letzten Rolle Klopapier im Badezimmer ein. Manchmal erträume ich mir noch ein paar aufregende Nachbarn dazu und erschaffe mir ein komplettes Stadtviertel.

Ein anderes Spiel, das ich besonders liebe, heißt »Tom Selleck und andere Traummänner, die ich nicht gehabt habe«. Es hilft mir dabei, zurechnungsfähig zu bleiben. Die meiste Zeit kann ich Gefühle wie Wut, Frustration und Niedergeschlagenheit ganz gut kontrollieren, aber es gibt Zeiten, in denen es einfach zu viel wird, und dann renne ich weg in mein geheimes Universum der Tagträume und imaginären Geliebten.

In diesem Universum lebt ein Traummann, den ich mir ganz für mich allein gebacken habe. Er ist mir näher als jeder andere Mensch auf der Welt, und ich weiß einfach alles von ihm. Ich weiß, wie er seine Eier mag, wo er das Aspirin aufbewahrt, welches seine Lieblingsfilme sind, wie er seine Hemden gebügelt haben will, und sogar, wen ich anrufen muss, wenn er krank ist. Wenn man so viel Zeit mit jemandem verbringt wie ich mit ihm, weiß man solche Sachen einfach. Und wir sind jetzt schon ziemlich lange zusammen.

Wir sind zusammen tausendmal um die Welt gesegelt und haben uns an jedem Strand von den Fidschis bis Fatu Hiva geliebt. Wir sind durch den Himalaya gewandert, nackt durch die Serengeti gerannt und haben die ganze Nacht zu den wilden Trommeln auf Jamaika durchgetanzt. Wenn wir zusammen sind, gehört uns die Welt, und ich weiß, dass mir, solange er an meiner Seite ist und meine Hand hält, nie wieder etwas Schlimmes passieren kann.

Er ist der einzige Mensch auf der Welt, dem ich *alles* sagen kann und bei dem ich nicht befürchten muss, er könnte es falsch verstehen. Er kennt das Beste und das

Schlimmste an mir, und er kennt auch das verängstigte, geschädigte Kind, das in mir lebt.

Manchmal ist meine Wut so groß, sind der Zorn und die Bitterkeit so übermächtig, dass ich Angst habe, wenn ich sie herausließe, würden sie das Universum mit so viel Gift füllen, dass dort nichts Gesundes mehr wachsen könnte. Wenn diese Angst mich überwältigt und ich zu schreien anfange, hält er mich in seinen Armen und lässt mich weinen, bis alles raus ist.

Es gibt ein Spiel, das ich *nicht* mehr spiele; ein Spiel, das ich früher »Was würdest du tun, wenn sie morgen eine Heilmethode fänden?« nannte. Mehr als zehn Jahre lang war das mein liebster Zeitvertreib und ich hatte großen Spaß daran, mir vorzustellen, wie es wäre, wenn ich plötzlich wieder laufen und all die Dinge, die ich früher getan habe, tun könnte.

Fast immer entschied ich mich für Alaska, und ich verbrachte unzählige Stunden damit, mir vorzustellen, wie es wäre, dort für den Rest meines Lebens zu wohnen, mit meinen Freunden und Verwandten, in dem Land, das ich so sehr liebe. Manchmal war die Vorstellung so intensiv, dass ich spüren konnte, wie mir die kalte arktische Brise über die Haut strich, und das Meer riechen konnte, dessen salzige Gischt mich an den Ort zurückrief, wo ich einst hingehört hatte.

Ich habe damit aufgehört. Zwanzig Jahre sind eine zu lange Zeit, um sich selbst noch etwas vorzumachen und Träume zu träumen, die niemals wahr werden können. Das ist, als ob man Gott um Hilfe bittet, Nacht für Nacht, Jahr für Jahr, nur um jeden Morgen in schlechterer Verfassung aufzuwachen als am Tag zuvor. Nach einer Weile sind die Gebete nichts weiter als der rhetorische Schrei nach Gnade.

Habe ich die Hoffnung auf eine Heilmethode ganz aufgegeben? Ehrlich gesagt, ich denke nicht einmal mehr darüber nach. Ich habe meinen Teil am Regenbogen gejagt, bin auf der Suche nach einem Wunder durch die ganze Welt gerannt, und jetzt ist jemand anderes dran. Sollen die anderen nach Deutschland, Israel und Gott weiß wohin rennen und Antworten auf Fragen suchen, die nie gestellt worden sind. Ich bleibe hier, wo ich bin, und warte ab, was geschieht; ich bin zu müde, um noch länger mitzumachen.

Was ich jetzt brauche, ist Ruhe, einen tausend Jahre dauernden Schlaf, Erholung von dem Aufruhr in meinem Kopf. Die Zukunft war etwas, vor dem ich die meiste Zeit meines Lebens davongerannt bin, aber jetzt holt sie mich ein, und je näher sie kommt, desto ängstlicher werde ich. Auch mein anderer Arm wird jetzt schon schwächer.

Ich bin nicht der erste Mensch, der diese Straße hinunterblickt und kein Ende sieht, und ich weiß, ich werde nicht der letzte sein. Die Straße ist gut markiert von denjenigen, die sie vorher schon gegangen sind. Mitreisenden, die allein in der Dunkelheit unterwegs waren und eine Möglichkeit fanden, etwas zu hinterlassen, ein Licht, das anderen den Weg weist. Und das werde ich auch. Ich weiß nicht wie und manchmal nicht einmal warum, aber es muss eine Möglichkeit geben, der Welt zu sagen, dass ich hier war und dass das wichtig war.

Doch im Augenblick kann ich nur über das Gestern nachdenken – eine verschleierte sanfte Erinnerung an eine Zeit, als noch alles möglich war. Die schönsten Tage, die ich je erlebt habe, liegen hier vor Anker, in meinen Träumen und Erinnerungen.

Ich gehe in Gedanken jetzt häufig dorthin, zurück zu den Sommern in Alaska, und erinnere mich daran, wie es war, als die Tage einfach und die Nächte lang und warm waren. Die Morgen waren damals irgendwie klarer, der Himmel mit Blau- und Goldtönen schraffiert, und ich konnte es nicht erwarten, jeden Tag aufzuwachen und zu sehen, was die Welt für mich parat hatte.

Ich denke an Homer und die dort am Wasser verlebten Sommer, als ich Heilbutt fischte und so tat, als hätte ich Ahnung davon. Ich erinnere mich daran, wie ich den ganzen Tag durch die Kachemak Bay schipperte, mir die Arme vom Hochziehen der Netze und Krebskörbe wehtaten und ich mich einfach nur freute, am Leben zu sein.

Ich erinnere mich auch an das Salty Dawg, wie ich dort knöcheltief im Sägemehl stand und ein Bier nach dem anderen trank, während ich die Namen lang vergessener Seeleute las, die auf die alten Rettungsringe an den Wänden gekritzelt waren. Mehr als alles andere wollte ich mir das Recht verdienen, meinen Namen eines Tages auch hier hinzuschreiben.

Doch am meisten denke ich an die Winter zurück. Ich werde nie vergessen, wie der Schnee am Morgen roch, wenn die Luft still und alles frisch und sauber war. Oder was für ein Gefühl es war, mich jeden Abend sicher und warm in meiner Blockhütte in meinen Schlafsack zu kuscheln, während der eiskalte arktische Wind vor der Tür heulte. Es gibt einfach ein paar Dinge, die die Sinne nicht verschwinden lassen. Ich habe nur noch den Wunsch, ein letztes Mal dorthin fahren zu können, nur um alles noch einmal zu sehen, zu riechen und zu schmecken.

Aber dieses Vergnügen ist jetzt anderen vorbehalten, jenen, die das Glück oder den Verstand haben, zu wissen, dass es nur auf die Freiheit ankommt. Das sind die Menschen, von denen ich mir erhoffe, dass sie das Rennen für mich zu Ende laufen – in die fernen wilden Ecken der Welt rennen und Geschichten mit zurückbringen, die alles lebenswert machen.

Wenn Sie also je nach Homer kommen, halten Sie bitte am Salty Dawg Saloon und sagen Sie für mich hallo. Aber bevor Sie sich an der Bar niederlassen, schauen Sie doch mal auf die Wand links von der Eingangstür. Der Rettungsring von der *Willie Allen* hängt jetzt dort, und wenn Sie genau hinsehen, finden Sie die Stelle, wo mein Name steht.